독자의 1초를
아껴주는 정성을
만나보세요!

세상이 아무리 바쁘게 돌아가더라도 책까지 아무렇게나 빨리 만들 수는 없습니다.
인스턴트 식품 같은 책보다 오래 익힌 술이나 장맛이 밴 책을 만들고 싶습니다.
땀 흘리며 일하는 당신을 위해 한 권 한 권 마음을 다해 만들겠습니다.
마지막 페이지에서 만날 새로운 당신을 위해 더 나은 길을 준비하겠습니다.

모두의 깃&깃허브

Git & GitHub for Everyones

초판 발행 · 2022년 7월 25일
초판 3쇄 발행 · 2024년 2월 16일

지은이 · 강민철
발행인 · 이종원
발행처 · (주)도서출판 길벗
출판사 등록일 · 1990년 12월 24일
주소 · 서울시 마포구 월드컵로 10길 56(서교동)
대표 전화 · 02)332-0931 | **팩스** · 02)323-0586
홈페이지 · www.gilbut.co.kr | **이메일** · gilbut@gilbut.co.kr

기획 및 책임편집 · 정지은(je7304@gilbut.co.kr) | **디자인** · 여동일 | **제작** · 이준호, 손일순, 이진혁
마케팅 · 임태호, 전선하, 차명환, 박민영, 지운집, 박성용 | **영업관리** · 김명자 | **독자지원** · 윤정아, 최희창

교정교열 · 이미연 | **전산편집** · 여동일 | **출력 및 인쇄** · 금강인쇄 | **제본** · 금강제본

ISBN 979-11-407-0069-1   93000
(길벗 도서번호 080299)

정가 20,000원

독자의 1초를 아껴주는 정성 길벗출판사

길벗 | IT단행본, IT교육서, 교양&실용서, 경제경영서
길벗스쿨 | 어린이학습, 어린이어학

페이스북 · www.facebook.com/gbitbook

즐거운
프로그래밍
경 험

모두의
깃&깃허브

누구나 쉽게 시작하는
git&github 버전 관리

강민철 지음

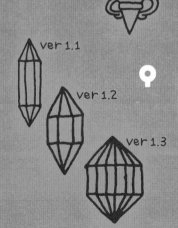

ver 1.1

ver 1.2

ver 1.3

길벗

컴퓨터공학과를 전공하고 전산직으로 일하고 있어서 코딩을 알려달라는 사람들이 꽤 많습니다. 그중에서 '깃허브? 그런 것도 있다며?'라고 말하면서 알려달라고 할 때 '이 책을 보세요'하면 될 것 같아요. 대학교 1학년 때 이 책을 선물 받았다면 더 빠르고 멋지게 내 커리어를 쌓을 수 있지 않았을까라는 생각이 들 정도입니다. 만약 학교에 출강한다면 이 책을 사서 새내기들에게 선물하고 싶을 정도로 자세하고 이해가 쉽게 되어 있어요. "누구나 깃을 사용하여 배포하고 나만의 앱을 만들 수 있다. 강태공과 함께라면!"

실습 환경 Windows 10 Pro, Git 2.36.0, Sourcetree 3.4.8   **정현주** | 예술의전당 전산직

버전 관리를 어렴풋이 알고 있는 분이라면 이 책으로 큰 그림부터 세세한 부분까지 다시 한 번 정리할 수 있는 좋은 기회가 될 것입니다. 설치 및 설정부터 버전 관리 맛보기까지 천천히 알기 쉽게 설명하여 깃을 처음 사용하는 분도 쉽게 따라 할 수 있습니다. 특히, 실습하면서 소스트리에서 사용할 수 있는 기능들을 한 번씩 훑을 수 있게 구성되어 있어서 좋았습니다. 소스트리를 처음 사용하는 분이라면 이 책을 읽고 시작하면 많은 도움이 될 것입니다.

실습 환경 Windows 10, 21H2, Git 2.36.0, Sourcetree 3.4.8   **이예림** | 서울과학기술대학교 컴퓨터공학과

일부 IT 책을 읽어보면 책에 나온 개발 환경과 현재 내 컴퓨터 환경이 맞지 않아 실습에 필요한 프로그램을 설치하는 것부터 막혀 당황하게 되는 경우가 자주 있습니다. 하지만 이 책은 그런 책과 다르게, 깃과 소스트리의 설치에 대한 모든 과정을 그림으로 하나씩 보여주며 정말 자세하게 안내해 주었습니다. 덕분에 책을 따라가기가 한결 쉬워 설치 과정에서 낙오되는 일이 없었습니다. 또한, 실습 과정에서 갑자기 경고 메시지나 안내 문구 등이 나와도 당황하지 않고 실습을 이어나갈 수 있도록 Tip, Note, 잠깐만요 구성으로 설명하고 있어 많은 도움이 되었습니다. 특히, UI로 버전 관리를 할 수 있는 소스트리를 알게 되어 더 직관적으로 깃 명령어를 이해할 수 있었습니다. 저는 비전공자로, 이 책을 읽기 전에는 협업에 대해 아무것도 모르는 백지 상태였습니다. 이제는 버전 관리가 무엇이고, 왜 중요한지 그 큰 틀을 이해할 수 있게 되었습니다. 저처럼 비전공자이면서 개발에 관심이 있으신 분은 꼭 한 번 읽어보는 것을 추천드립니다.

실습 환경 Windows 11 home, 21H2, Git 2.34.0, Sourcetree 3.4.9.0   **김재욱** | 서울시립대학교 수학과

깃이 처음이었고, 컴퓨터에 대한 배경지식이 전무한 저 같은 문과생은 실습하다 보면 이런 저런 질문이 나오기 마련인데, '잠깐만요' 코너에서 그 부분을 모두 해결해줘서 좋았습니다. 마치 옆에서 설명해주는 듯한 저자의 친절한 설명도 인상 깊었고요. 깃/깃허브의 기초를 닦으려는 분께 입문서로 강력 추천합니다.

실습 환경 Windows 10, VMware Workstation pro16, Ubuntu   **이수민** | 경희대학교

먼저 소스트리를 사용해 깃이 가진 놀라움에 대해 소개한 다음, 명령어를 알려주며 심화 방법을 설명하 는 구성입니다. '이런 부분까지 생각했다고?'라며 놀랄 정도로 입문자를 많이 배려하였으며, 깃을 처음 사용하는 사람도 쉽고 빠르게 사용할 수 있도록 도와줍니다. 혼자서 알음알음 깃 명령어를 배우던 시절에 이 책이 있 었으면 시간을 많이 허비하지 않았을 것입니다. 여러분은 저와 다르게, 이 책으로 실습하며 빠르게 깃에 대한 지식을 익혔으면 좋겠습니다.

실습 환경 Windows 10, Git 2.36.0, Sourcetree 3.4.8   **윤창식** | 프런트엔드 개발자

 나도 버전 관리를 이렇게 처음 접했으면 조금 더 쉽게 이해하지 않았을까? 과거의 나에게 보여주고 싶 은 책입니다. 초심자라면 와닿지 않을 스테이지 같은 개념을 최대한 풀어서 설명한 뒤 그를 보조하는 소스트리로 초반 개념을 잡고 가는 과정이 좋았습니다. 따라가며 실습하다 보면 한 번씩 궁금할 법한 내용을 짚어주 기에 저자와 같이 진행하고 있다는 느낌이 들어 혼자 처음 공부하는 분에게 적합합니다. 깃은 여러 개발자와 협력해 야 한다면 절대 빼놓을 수 없는 부분이기에 직접 실습하면서 내 것으로 만들기를 추천합니다.

실습 환경 Windows 10 Home, Git 2.36.0, Sourcetree 3.4.9   **이성령** | UI 개발자

유튜브나 블로그에서 깃을 찾아보면 지나치게 간단히 설명하거나 다짜고짜 명령어를 남발해 눈앞이 하얘질 때가 있습니다. 반면 이 책에서는 깃을 사용하는 데 필요한 개념을 쉽게 알려줄 뿐 아니라 일반적인 사용 예를 그림과 함께 설명해 이해하기도 쉽습니다. 초반에 나오는 작업 디렉터리, 스테이지, 저장소 개념을 잘 생각하면서 책을 보면 도움이 될 것입니다. 또 각 절의 내용이 연결되어 있어 그때그때 직접 실습하면 더 좋습니다. 실습을 따라 하다 보면 '포크하고 풀 리퀘스트 보내기'는 '포크로 케이크를 찍어 먹듯' 쉽게 할 수 있을 겁니다. 깃을 처음 사용하거나 협업을 앞두고 있는 분께 추천합니다.

실습 환경 Windows 10 Home, 21H1, Git 2.35　　　　　　　　　　　　　　　　　**염규환** | 서울시립대학생

처음 깃을 사용하는 사람이 이 책으로 배워도 무리가 없을 정도로 친절하고 구체적으로 설명하고 있습니다. 책을 읽기 전에는 아주 기본적인 명령어만 아는 상태로 GUI 프로그램을 사용했는데 한계를 느끼면서도 더 깊게 공부하기가 부담스러워 시작하지 못하고 있었습니다. 그런데 이 책을 보고 따라 하면서 다양한 기능을 쉽게 익힐 수 있었습니다. 단순히 명령어를 나열해 알려주는 게 아니라 그림으로 각 기능이 필요한 이유나 발생할 수 있는 문제점 등도 자세히 설명하고 있어 충분히 이해하고 받아들일 수 있었습니다. 깃을 사용하고 싶은 분께 큰 도움이 될 것입니다.

실습 환경 Windows 10 Home, 21H1, Git 2.36.1, Sourcetree 3.4.9　　　　　　　　**박보람** | 코딩강사

직관적인 그림과 함께 설명하고 곧바로 실습으로 적용하는 구성이 책을 읽고 난 후에 바로 실전에 적용할 수 있겠다는 자신감을 만들어 줬습니다. 무엇보다 단순한 명령어의 나열이 아닌 이해를 위한 충분한 설명이 어떤 상황에서 어떤 명령어를 사용해야 할지 정확히 이해하고 적절하게 사용할 수 있게 되었다는 점에서 특히 좋았습니다. 제대로 된 의미를 모르고 명령어를 그저 복사해 붙여서 사용해온 사람에게 특히 더 추천하는 책입니다. 책은 윈도를 기준으로 설명되어 있지만, macOS 유저도 충분히 따라 할 수 있을 것입니다.

실습 환경 macOS 12.3.1　　　　　　　　　　　　　　　　　　　　　　　　　**최정혜** | 부산대학교

지은이의
말

개인적으로는 지은이의 말을 잘 읽지 않습니다. 좋은 습관이라고 보긴 어렵지만, 곧바로 책의 본문으로 뛰어들고 싶은 마음 때문이었지요. 하지만 막상 오랜 기간과 정성을 들여 직접 책을 집필하고 나니 지은이의 말이 얼마나 무거운 글인지, 또 작가의 복잡 미묘한 감정을 담은 글인지 이제는 새삼 알 것 같습니다.

제가 깃을 사용한 지 10년 정도 된 것 같습니다. 고등학교 기숙사 2층 침대에서 인터넷도 되지 않는 낡은 노트북으로 처음 깃을 접하고, 그 편리함에 놀랐던 기억이 아직 생생합니다. 당시에는 10년 뒤, 개발자가 되려면 누구나 반드시 깃을 익혀야 하는 시대가 올 줄 몰랐어요.

그때에 비하면 지금은 깃도, 깃허브도 많이 달라진 듯하지만 깃과 깃허브를 이용한 버전 관리의 본질은 변하지 않았습니다. 그리고 이 책에 그 본질을 담기 위해 노력했습니다.

이에 독자 여러분께 한 가지를 미리 당부하고자 합니다. 이 책은 깃과 깃허브, 소스트리를 다루고 있습니다. 다만, 깃과 깃허브, 소스트리는 지금도 지속적으로 개발되고 있는 만큼 이 책이 출간된 뒤에도 버튼의 위치 등 사소한 모양새가 얼마든지 바뀔 수 있습니다. 실제로 제가 이 책을 집필하는 도중에도 소스트리와 깃허브는 사소하게나마 변경되기도 했습니다.

다만, 깃과 깃허브, 소스트리에서 변경되는 대부분은 이 책에서 설명하는 버전 관리의 본질에서 크게 어긋나지 않습니다. 달리 말해, 깃과 깃허브, 소스트리는 여러분이 이 책의 내용을 이해하고 따라 하는 데 무리 있을 정도로 하루가 다르게 변하지 않습니다(만일 그랬더라면 깃과 깃허브, 소스트리를 이용하는 전 세계 개발자가 매일 같이 당황할 수밖에 없을 테니까요).

그러니 깃과 깃허브, 소스트리의 모습이 이 책과 조금 다르다고 해서 전혀 당황할 필요가 없습니다. 만일 여러분이 이 책을 실습하기에 무리가 있을 정도로 중대한 변경 사항이 생길 경우에는 다음 링크에 정리하여 업로드하겠습니다.

- https://github.com/kangtegong/git-for-everyone

끝으로 본 원고를 꼼꼼히 검수하고 멋지게 편집해주신 길벗출판사의 정지은 편집자님에게 감사를 전합니다. 더불어 김동혁, 김태연, 박준영과 가장 지혜로운 아버지, 가장 따뜻하신 어머니, 가장 믿음직스러운 형에게도 감사의 말씀을 전합니다.

강민철

이 책은 크게 세 부분으로 구성되었습니다.

깃&깃허브 준비 운동 ▶ **1장**	깃이 왜 필요한지, 버전 및 버전 관리가 무엇인지 등을 먼저 학습합니다. 깃과 소스트리를 설치하고, 깃허브에 회원 가입하여 실습을 준비합니다.
깃&깃허브 익히기 ▶ **2~5장**	버전 하나가 만들어지는 과정을 큰 그림으로 그려본 후 본격적으로 버전을 다룹니다. 소스트리를 이용해 버전을 만들고, 버전끼리 비교하는 방법, 작업 내역을 되돌리는 방법, 브랜치로 나누어 관리하는 방법 등 깃의 기본 기능을 학습합니다.
명령어로 깃 다루기 ▶ **6~8장**	소스트리로 깃과 깃허브의 기본 사용 방법을 모두 익혔다면 이제부터는 명령어로 깃과 깃허브를 다루는 연습을 합니다. 먼저 깃 명령어를 알아야 하는 이유를 설명하고, 앞에서 배운 내용을 명령어로 다시 한 번 실습합니다. 여기까지 학습하면 소스트리를 이용하지 않고도 깃과 깃허브를 다룰 수 있습니다.

**오탈자
확인&문의**

이 책의 오탈자는 저자 깃허브와 길벗출판사 웹 사이트에서 확인할 수 있습니다.

- **저자 깃허브:** https://github.com/kangtegong/git-for-everyone
- **길벗출판사 웹 사이트:** https://www.gilbut.co.kr (도서명 검색 → 자료실)

도서 관련 문의는 **길벗출판사 웹 사이트 〉 고객센터 〉 1:1 문의**로 부탁드립니다.

깃과 깃허브, 소스트리는 지속적으로 개발되고 있으므로 책이 출간된 뒤에 버튼의 위치 등 사소한 모양새가 얼마든지 바뀔 수 있습니다. 하지만 깃과 깃허브, 소스트리에서 변경되는 대부분은 이 책에서 설명하는 버전 관리의 본질에서 크게 어긋나지 않습니다. 따라서 깃과 깃허브, 소스트리의 모습이 책과 조금 다르다고 해서 당황하지 마시고 책을 참고하여 따라 해 보세요.

만일 여러분이 실습하기에 무리가 있을 정도로 중대한 변경 사항이 생길 경우에는 다음 링크에 정리하여 업로드하겠습니다.

- https://github.com/kangtegong/git-for-everyone

목차

PART 1 명령어 없이 깃 배우기

PART 2 명령어로 깃 다루기

명령어 없이
깃 배우기

깃(Git)은 버전 관리 시스템입니다. 쉽게 말해, 버전을 다루는 일종의 도구입니다. 이런 깃의 사용법을 쉽고 오래 기억하는 가장 좋은 방법은 무엇일까요? 무작정 깃 명령어를 외우는 것은 바람직하지 않습니다. 명령어를 외우는 것 자체가 우리의 목적인 버전 관리는 아니기 때문입니다.

다양한 깃 명령어를 숙지하는 것은 분명 중요한 역량이지만, 사실 명령어는 단지 깃이라는 도구를 편하게 다루기 위한 수단일 뿐입니다. 중요한 것은 버전에 대한 개념을 올바르게 이해하는 것과 버전을 관리하는 다양한 상황을 이해하는 것입니다. 따라서 왜 버전을 관리해야 하는지, 버전은 어떤 과정을 통해 만들어지며, 만들어진 버전은 어떻게 관리할 것인지 등을 이해하는 것이 우선되어야만 깃 명령어를 적재적소에 활용할 수 있습니다.

이런 이유에서 이번 파트에서는 버전에 대한 개념, 깃과, 깃을 활용하는 여러 상황을 쉽게 이해하고자 명령어와 관련한 내용을 최소화했습니다. 대신 쉽고 직관적으로 깃을 사용할 수 있는 도구인 소스트리(Sourcetree)를 활용하여 깃과 버전 관리를 익혀보겠습니다.

CHAPTER 01 준비하기

깃을 학습하고 활용하기 위한 첫 출발입니다. 우선 깃이 왜 필요한지, 버전 및 버전 관리란 무엇인지 등을 학습합니다. 그리고 깃과 소스트리를 설치하고, 깃허브(GitHub)에 회원 가입까지 하여 실습을 준비합니다.

CHAPTER 02 깃으로 버전 관리 시작하기

본격적으로 버전을 다룹니다. 먼저 하나의 버전이 만들어지는 과정에 대한 큰 그림을 그려본 후 실습을 통해 직접 버전을 만들어볼 예정입니다. 또 태그란 무엇인지를 학습하고, 이를 통해 여러분이 만든 버전이 어떻게 사용자에게 릴리스되는지 이해해 보겠습니다.

CHAPTER 03 버전 가지고 놀기

버전끼리 비교하는 방법과 작업 내역을 되돌리는 여러 방법에 대해 학습합니다. 또한, 버전을 만들기 전 지금까지의 작업 내역들을 임시로 저장하는 방법에 대해서도 학습합니다.

CHAPTER 04 브랜치로 나누어 관리하기

깃을 이용한 버전 관리에서 빼놓을 수 없는 개념이 바로 브랜치(branch)입니다. 브랜치란 무엇인지, 브랜치를 어떻게 나누며 합칠 수 있는지, 또 그 과정에서 발생할 수 있는 '충돌'이라는 문제를 어떻게 해결할 수 있을지 배우며 다음 장에 대한 초석을 다집니다.

CHAPTER 05 깃허브로 협업하기

깃허브가 무엇인지 학습하고, 깃허브를 천천히 둘러보며 익숙해지는 시간입니다. 또 원격 저장소를 직접 만들어보고, 만들어진 원격 저장소와 상호작용하는 방법을 익히며 어떻게 여러분의 버전을 백업하고 다른 개발자와 협업할 수 있는지 알아보겠습니다.

1장

준비하기

프로그래밍하다 보면 어떤 방식으로든 버전을 관리해야 하는 상황이 많이 생깁니다. 이 장에서는 비전과 버전 관리란 무엇인지 알아보고, 실습을 위한 설치, 초기 설정, 회원 가입을 진행하겠습니다. 먼저 깃이 없을 경우 겪을 수 있는 여러 문제 상황을 짚어보며 버전 관리가 왜 필요한지부터 살펴보겠습니다.

1.1 깃이 없는 세상

깃은 버전을 관리하기 위한 도구입니다. 버전 관리란 무엇이며, 왜 해야 하는 걸까요? 깃 없이 다음과 같은 웹 사이트를 만든다고 가정해 봅시다.

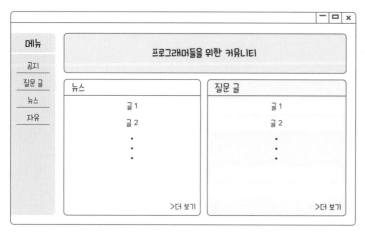

그림 1-1 | 만들 웹 사이트

 변경 내역을 확인하기 어렵다

대개 파일을 단순히 저장하면 이전에 저장된 내용에서 현재 내용으로 덮어씁니다. 즉, 저장된 파일은 항상 최신 상태만 갖게 됩니다. 하지만 이런 방식으로는 현재 저장된 내용이 이전에 비해 무엇이 어떻게 달라졌는지 알기 어렵습니다. 다시 말해, 변경 내역을 추적하기가 어렵습니다. 매번 다른 이름으로 따로 파일을 저장하여 관리하는 방법도 있지만, 이는 프로그램 개발 과정에서만큼은 권장할 만한 방법이 아닙니다. 매번 파일을 다른 이름으로 새롭게 저장하여 변경 내역을 관리하는 것은 저장 공간을 낭비하는 일일 뿐 아니라 쉽게 실수할 수도 있기 때문입니다.

그림 1-2 | 단순 저장 방식의 문제점

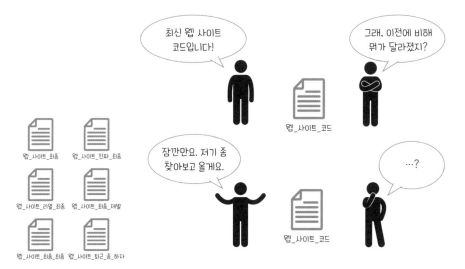

그림 1-3 | 다른 이름으로 파일을 저장하는 방식의 문제점

2 버전을 되돌리기 어렵다

파일을 단순히 덮어쓰거나 다른 이름으로 저장하는 방식으로는 과거 특정 시점으로 파일을 되돌리기도 쉽지 않습니다. 가령 우리가 개발할 웹 사이트에서 다음과 같이 옆 메뉴의 디자인을 변경했다고 합시다.

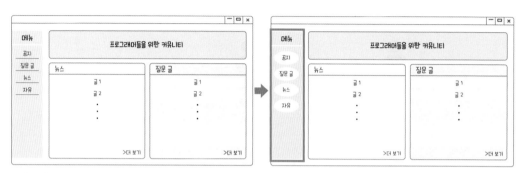

그림 1-4 | 웹 사이트 디자인 수정 전과 후

디자인을 변경하는 과정에서 소스 코드 파일 곳곳을 수정하거나 삭제했을 것입니다. 하지만 이때 수정한 코드에 문제가 생겼거나 사용자 반응이 영 좋지 않은 등 여러 문제로 이전의 모습으로 되돌려야 하는 상황이 생길 수 있습니다. 만일 파일을 단순히 덮어썼거나 다른 이름으로 저장하는 방식으로 변경 내역을 관리했다면 파일의 어느 부분이 삭제됐고, 어느 부분을 어떻게 되돌려야 할지 파악하기 어려울 것입니다. 다시 말해, 이전으로 되돌리기가 어려워집니다.

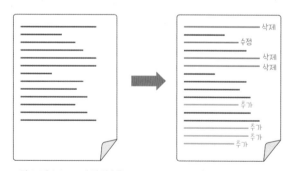

그림 1-5 | 소스 코드 수정 전과 후

③ 협력하기 어렵다

대규모 소프트웨어는 대부분 여러 개발자가 협업하여 개발합니다. 예를 들면 누군가는 메뉴를 만들고 누군가는 결제 기능을 만들고 누군가는 로그인을 만드는 식으로 각자 개발할 업무를 맡고, 추후 각자 만든 내용들을 합치는 것입니다.

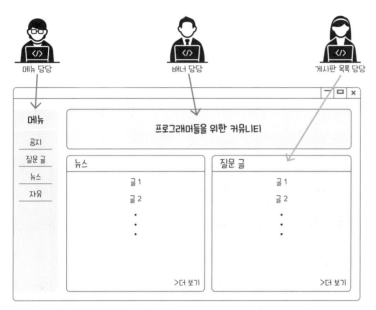

그림 1-6 │ 여러 개발자가 협업해 만드는 웹 사이트

만일 모두가 작업한 파일을 덮어쓰는 방식으로 저장했거나 다른 이름으로 파일을 저장하는 방식으로 파일을 관리했다면 서로의 작업 내역을 합칠 때 매우 어려워집니다. 웹 사이트를 이루는 파일이 여러 개이고 코드 양이 방대하다면 누가 어떤 파일에서 어떻게 코드를 수정했는지 파악하기 힘들기 때문입니다. 코드를 합치는 과정에서 서로가 작업한 내용을 일일이 비교해야 한다면 시간이 많이 걸릴뿐더러 실수도 매우 빈번하게 발생할 것입니다.

그림 1-7 │ 각자 개발한 소스 코드를 합치는 어려움

1.2 버전과 버전 관리 이해하기

지금까지 버전을 관리하지 않을 경우 생길 수 있는 상황에 대해 알아보았습니다. 그렇다면 이제 우리가 관리하려는 버전이란 정확히 무엇이며, 이를 어떻게 관리해야 하는지 알아봅시다.

'버전'이라는 말은 그림 1-8의 우측 하단처럼 게임이나 앱부터 그림 1-9와 같은 관용적 표현에 이르기까지 우리 생활 주변에서 쉽게 접할 수 있는 말입니다.

경험상 알 수 있듯이, 새로운 버전은 주로 기능이 새로 추가되거나 크고 작은 버그가 수정되는 등 기존과는 다른 유의미한 변화가 생겼을 때 만들어집니다. 즉, 버전이란 '유의미한 변화가 결과물로 나온 것, 유의미한 변화가 결과물로 저장된 것'을 의미합니다.

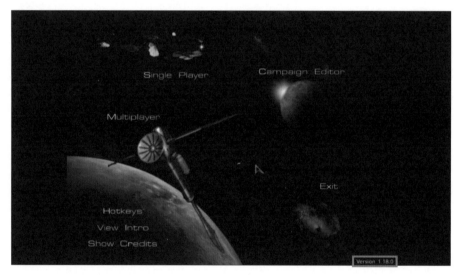

그림 1-8 | 게임에서 사용하는 '버전' 용어

HOME KBL

[KBL 챔프] 공격 리바운드에 재미 붙인 남자, 문성곤은 현실 버전 강백호?

손동환 기자 ✉ / 기사승인 : 2021-05-11 11:46:04

그림 1-9 | 관용적으로 사용하는 '버전' 용어

* 출처: http://basketkorea.com/news/newsview.php?ncode=1065581210245379

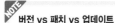
버전 vs 패치 vs 업데이트

패치와 업데이트라는 말도 버전과 비슷한 의미로 자주 쓰입니다. 패치는 시급한 오류 해결을 동반하거나 비교적 규모가 작은 버전이라는 의미가 강합니다. 업데이트는 패치의 의미와 더불어, 그림 1-10의 Windows 업데이트처럼 주기적으로 추가되는 버전, 새롭게 추가되는 기능을 담은 버전이라는 의미도 포괄합니다.

그림 1-10 | Windows 업데이트

버전, 패치, 업데이트는 보통 '용어의 사전적 정의'나 '말'로써 엄격히 구분 짓지는 않으니 이 말들의 정의를 암기하지 않아도 괜찮습니다.

버전, 패치, 업데이트, 즉 소프트웨어 변경의 종류는 용어의 사전적 정의보다 버전을 작성하는 규칙을 통해 구분합니다. 그림 1-11의 [v9.3.2], [v9.3.0]과 같이 점을 기준으로 적힌 숫자 세 개가 버전 규칙에 따른 버전 표기의 예입니다. 이러한 숫자 표기로 소프트웨어 변경의 종류를 나타낸다고 보면 됩니다. 이와 관련한 내용은 2장에서 자세히 다루겠습니다.

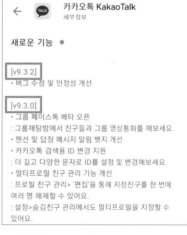

그림 1-11 | 소프트웨어 버전 규칙의 예

우리가 코드로 무언가를 만드는 일은 유의미한 변화(버전)들을 쌓아 올리는 것과 같습니다. 벽돌이 모이고 모여 거대한 건물이 완성되듯, 버전이 모이고 모여 거대한 소프트웨어 결과물이 만들어지는 것이죠.

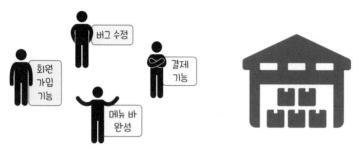

그림 1-12 | 여러 버전이 쌓여 만들어지는 소프트웨어

버전 관리는 앞에서 언급한 문제를 발생시키지 않으면서 유의미한 변화를 쌓아 올리며 소프트웨어를 만들어 나가는 과정이라 볼 수 있습니다. 다시 말해, 개발에서 버전 관리는 다음과 같이 정리할 수 있습니다.

- 누가, 어떻게 변경했는지 변경 내역들을 기억하며

- 필요하다면 특정 시점의 버전으로 되돌리며

- 여러 명이 협업하는 과정에서 코드를 쉽게 나누고 합치며

- 개발하는 것

아직은 버전 관리가 무엇인지 분명히 와닿지 않는 독자가 있을 수 있습니다. 다만 버전 관리는 말로 이해하는 것보다는 직접 손으로 실습하고 눈으로 확인하며 이해하는 것이 더 쉽기 때문에, 앞으로 있을 설명과 실습을 잘 따라온다면 버전 관리가 무엇인지 더욱 분명히 알 수 있을 것입니다.

1.3 깃, 소스트리, 깃허브 알아보기

이 책에서는 깃, 소스트리, 깃허브로 버전을 관리하는 방법을 설명합니다. 깃과 소스트리를 설치하기 전에 깃, 소스트리, 깃허브란 무엇이며, 어떤 역할을 하는지 간략하게 알아봅시다.

1 깃

깃은 버전 관리를 도와주는 소프트웨어로, 버전 관리 시스템(Version Control System, VCS)입니다.

그림 1-13 | 깃

여러분은 깃을 이용해 버전을 만들고 되돌리며, 다른 개발자들과 협업할 수도 있습니다. 깃은 리눅스의 아버지 리누스 토르발스(Linus Torvalds)가 전 세계 수많은 개발자와 함께 오픈 소스 프로젝트(리눅스 커널)를 진행하다가 버전 관리에 어려움을 느껴 만든 도구입니다. 깃 또한 오픈 소스 프로젝트로, 모든 소스 코드가 공개되어 있습니다.

URL https://github.com/git/git

깃은 그림 1-14처럼 명령어로 이용하는 소프트웨어[1]이기 때문에 깃을 제대로 활용하려면 깃 명령어와 옵션을 숙지해야 합니다.

---

1 이를 명령 줄 인터페이스(Command Line Interface, CLI)라고 합니다.

```
minchul@DESKTOP-9KULGUE MINGW64 /c/test
$ git init
Initialized empty Git repository in C:/test/.git/

minchul@DESKTOP-9KULGUE MINGW64 /c/test (master)
$ echo "This is a test file for git" >> test.txt

minchul@DESKTOP-9KULGUE MINGW64 /c/test (master)
$ ls
test.txt

minchul@DESKTOP-9KULGUE MINGW64 /c/test (master)
$ git add .
warning: LF will be replaced by CRLF in test.txt.
The file will have its original line endings in your working directory

minchul@DESKTOP-9KULGUE MINGW64 /c/test (master)
$ git commit -m "first commit"
[master (root-commit) 3db7636] first commit
 1 file changed, 1 insertion(+)
 create mode 100644 test.txt

minchul@DESKTOP-9KULGUE MINGW64 /c/test (master)
$ git log
commit 3db763638c7967b423c946f5175e09ec2e59365c (HEAD -> master)
Author: Kang Minchul <tegongkang@gmail.com>
Date:   Sun Aug 8 22:50:44 2021 +0900

    first commit

minchul@DESKTOP-9KULGUE MINGW64 /c/test (master)
$ |
```

그림 1-14 | 명령어로 동작하는 깃

 2 소스트리

깃은 그 자체로도 분명 편리하지만, 모든 깃 명령어와 옵션을 숙지하거나 시각적으로 와닿
지 않는 명령 줄 인터페이스를 이용하는 과정에서 어렵다고 느낄 수 있습니다. 그래서 아틀
라시안이라는 회사는 깃을 더 직관적이고 편리하게 사용할 수 있는 프로그램을 만들었습니
다. 이것이 바로 소스트리입니다.

◉ Sourcetree

그림 1-15 | 소스트리

그림 1-16이 여러분이 학습할 소스트리 화면입니다. 명령어만으로 사용했던 깃을 버튼, 그
래프, 메뉴 등으로 더 편리하게 이용할 수 있게 만들었습니다.[2]

---

2   이를 그래픽 사용자 인터페이스(Graphic User Interface, GUI)라고 합니다.

그림 1-16 | 편리하게 깃을 다룰 수 있는 소스트리

정리하자면 깃은 버전 관리 시스템이고, 소스트리는 본래 명령어만으로 동작하는 깃을 사용자 입장에서 더 편리하게 사용하도록 만든 클라이언트 프로그램입니다.

③ 깃허브

깃허브는 원격 저장소 호스팅 서비스입니다. '원격 저장소'라는 말이 조금 생소하겠지만, 지금은 '깃으로 버전을 관리하는 프로젝트들이 모여 있는 웹 사이트' 정도로 생각해도 무방합니다. 이와 관련해서는 5장에서 자세히 다룰 예정입니다.

그림 1-17 | 깃허브

여러분은 깃으로 버전 관리한 프로젝트를 깃허브에 업로드할 수 있고, 깃허브에 업로드한 여러분의 프로젝트에 새로운 버전을 추가할 수도 있습니다.

또 반대로 깃허브에 업로드된 전 세계 개발자들의 프로젝트를 여러분의 컴퓨터로 다운로드할 수도 있습니다. 텐서플로(tensorflow), 쿠버네티스(kubernetes), 리액트(react) 등 이름만 들어도 알 만한 유명한 프로젝트들이 이미 깃허브에 업로드되어 있습니다. 여러분은 깃허브에 업로드된 프로젝트에 코드를 기여하고, 다른 개발자들과 협업할 수도 있습니다.

깃허브에 어떻게 여러분의 프로젝트를 업로드하는지, 업로드한 프로젝트를 어떻게 관리하며 다른 개발자들과 어떻게 협업하는지는 5장에서 자세히 학습하겠습니다.

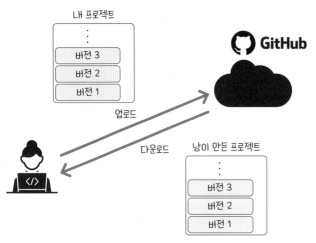

그림 1-18 | 깃으로 버전을 관리한 프로젝트의 업로드 및 다운로드가 가능한 깃허브

1.4 깃 설치하고 설정하기

이제 깃을 설치하고 간단한 초기 설정을 진행해 봅시다. 이 절에서는 윈도(Windows) 환경에서 설치하는 방법을 다루겠습니다.

참고로 이번에 설명할 깃 설치나 바로 다음 절에서 다룰 소스트리 설치, 깃허브 회원 가입을 다루는 과정에서, 여러 웹 사이트들(깃, 소스트리, 깃허브)에서 구한 그림 자료들을 설명과 함께 첨부하였습니다.

이때 책에 수록된 그림과 여러분이 실제로 접속하여 마주한 웹 사이트의 화면이 조금 달라도 당황할 필요는 없습니다. 웹 사이트는 시간에 따라 모양새가 조금씩 바뀌기 마련이며, 설치나 회원 가입 과정의 큰 틀이 변하는 경우는 적기 때문입니다.

책을 보고 따라 하기 어려울 정도로 달라졌을 경우, 미리 자료실(https://github.com/kangtegong/git-for-everyone)에 업데이트할 예정입니다.

1 깃 설치하기

❶ 깃 홈페이지에서 설치 파일을 받을 수 있습니다. 홈페이지에 접속한 후 **Downloads**를 클릭합니다.

URL https://git-scm.com

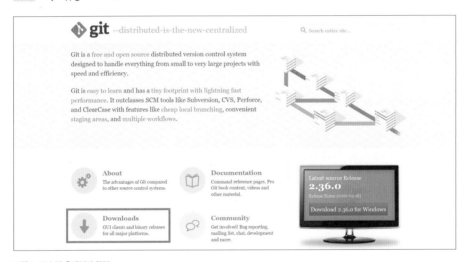

그림 1-19 | 깃 홈페이지 화면

> **TIP**
>
> 이 책은 깃 2.36.0 버전을 다룹니다. 깃은 지금도 지속적으로 개발되고 있기 때문에 여러분이 이 책을 읽을 즈음에는 버전이 올라가 있을 것입니다. 최신 버전을 설치해도 괜찮지만, 이 책과 동일한 버전의 깃을 설치하려면 다음 링크에서 설치 파일을 내려받길 바랍니다.
>
> 64비트 컴퓨터를 사용한다면 Git-2.36.0-64-bit.exe를, 32비트 컴퓨터를 사용한다면 Git-2.36.0-32-bit.exe를 다운로드하면 됩니다.
>
> URL https://github.com/git-for-windows/git/releases/tag/v2.36.0.windows.1

② 윈도 운영 체제에 설치할 예정이니 Windows를 선택합니다. 그러면 설치 파일이 자동으로 내려받아집니다.

그림 1-20 | 운영 체제 선택하기

③ 내려받은 파일을 실행합니다. 초기 설치 화면이 나오면 Next를 누릅니다.

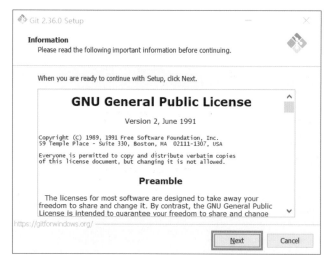

그림 1-21 | 초기 설치 화면

> TIP
> 깃을 잘 모르는 상태에서 처음 설치하는 경우에는 이제부터 선택하는 초기 설정들이 낯설 수 있습니다. 설정은 언제든 변경할 수 있고
> 깃을 사용하면 차차 알 수 있는 내용이니, 설치 과정에서 등장하는 설정의 모든 의미를 다 알 필요는 없습니다.

④ 깃을 설치할 경로를 지정합니다. 별도의 공간에 깃을 설치하고 싶다면 설치하려는 경로를 입력하면 됩니다. 이 책에서는 기본으로 설정된 경로에 설치하므로 그대로 Next를 누릅니다.

그림 1-22 | 설치 경로 선택하기

⑤ 깃과 함께 설치할 것을 선택하는 창이 나옵니다. 기본으로 체크되어 있는 항목을 그대로 두고 Next를 누릅니다.

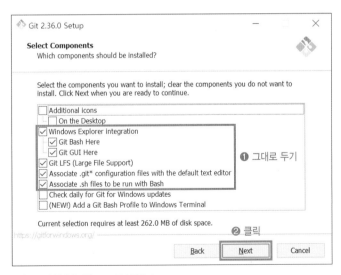

그림 1-23 | 함께 설치할 프로그램 선택하기

⑥ 시작 메뉴에 깃 폴더를 생성하는 항목입니다. 시작 메뉴에 깃 폴더를 만들고 싶지 않다면 **Don't create a Start Menu folder**에 체크한 다음 Next를 누르면 됩니다. 이 책에서는 체크하지 않은 상태로 진행하겠습니다.

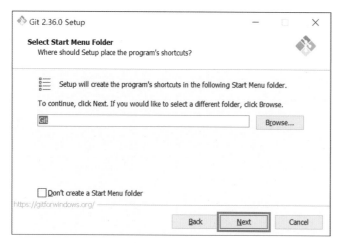

그림 1-24 | 시작 메뉴에 만들 깃 폴더 설정하기

⑦ 다음으로 깃에서 사용할 기본 문서 편집기(에디터)를 선택하는 창이 나옵니다. 이 책에서는 Vim을 사용할 예정이므로 Use Vim (the ubiquitous text editor) as Git's default editor를 선택하고 Next를 누릅니다.

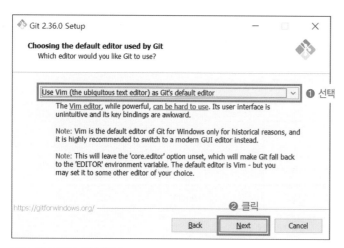

그림 1-25 | 기본 에디터 선택하기

> **TIP**
> 문서 편집기는 윈도 메모장이나 코드 편집기처럼 파일을 읽고 쓰고 저장할 수 있는 도구를 말합니다. 깃으로 버전을 만들고 관리하는 과정에서 버전과 관련한 문서를 작성할 수 있습니다.

❽ initial branch의 이름을 정하는 항목이 나옵니다. 기본으로 선택된 Let Git decide를 그대로 두고 Next를 누릅니다. 브랜치는 4장에서 자세히 다룰 예정입니다.

그림 1-26 | initial branch 이름 결정하기

❾ 환경 변수 설정에 대한 선택 항목이 나옵니다. 여기에서도 기본으로 선택된 Git from the command line and also from 3rd-party software를 그대로 두고 Next를 누릅니다.

그림 1-27 | 환경 변수 설정하기

⑩ SSH 클라이언트 프로그램을 선택하는 항목이 나옵니다. 여기에서는 Use bundled OpenSSH를 선택하고 Next를 누릅니다.

그림 1-28 | SSH 클라이언트 선택하기

⑪ 이번에는 SSL/TLS 라이브러리를 선택합니다. 마찬가지로 기본으로 선택된 Use the OpenSSL library를 그대로 두고 Next를 누릅니다.

그림 1-29 | SSL/TLS 라이브러리 선택하기

⑫ 개행(줄 바꿈)에 관련한 설정입니다. 기본으로 선택된 첫 번째 항목 Checkout Win
dows-style, commit Unix-style line endings를 그대로 두고 Next를 누릅니다.

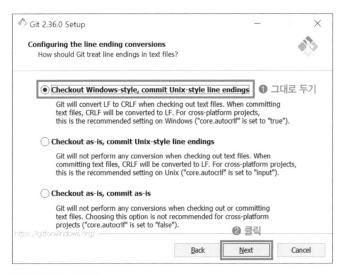

그림 1-30 | 개행 설정하기

⑬ 다음은 터미널을 선택하는 항목입니다. 기본으로 선택된 Use MinTTY (the default
terminal of MSYS2)를 그대로 두고 Next를 누릅니다.

그림 1-31 | 터미널 설정하기

⑭ git pull 명령에 대한 기본 동작을 설정합니다. 기본으로 선택된 Default (fast-forward or merge)를 그대로 두고 Next를 누릅니다.

그림 1-32 | git pull 명령에 대한 동작 설정하기

⑮ 인증과 관련한 설정 화면이 나옵니다. Git Credential Manager를 그대로 두고 Next를 누릅니다.

그림 1-33 | 깃 인증 설정하기

⑯ 이 항목은 기타 옵션을 선택하는 항목입니다. 기본으로 선택된 Enable file system caching을 그대로 두고 Next를 누릅니다.

그림 1-34 | 기타 옵션 설정하기

⑰ 이 항목은 아직 완전하지 않은 실험적 기능에 대한 설정으로, 체크하지 않아도 무방합니다. 이 책에서는 체크하지 않고 Install을 눌러 설치를 진행하겠습니다.

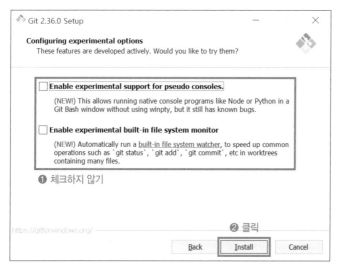

그림 1-35 | 실험적 기능 활성화 여부 체크하기

⑱ 설치가 끝나면 Finish를 누릅니다.

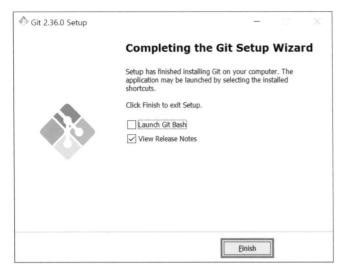

그림 1-36 | 깃 설치 완료 화면

⑲ 잘 설치됐는지 확인해 봅시다. 바탕화면 등 편한 공간에 폴더를 만들고 그 안에서 마우스 오른쪽 버튼을 클릭하면 Git Bash Here 항목이 생겼을 것입니다. **Git Bash Here**를 클릭합니다.

그림 1-37 | Git Bash Here 항목 확인하기

⑳ 다음과 같이 명령어를 입력할 수 있는 공간, 즉 깃 배시(git bash)가 나옵니다. 여기에 깃 명령어를 직접 입력할 수 있습니다.

그림 1-38 | 깃 배시

> **TIP**
>
> 참고로 다음 그림에서 박스 친 부분이 현재 내가 명령어를 입력하고 있는 작업 공간, 다시 말해 현재 작업 공간을 의미합니다. 여기서는
> C 드라이브의 test 폴더입니다. 내가 지금 어디에서 명령어를 사용하고 있는지는 매우 중요하므로 이 '현재 작업 공간'에 각별히 유의해
> 야 합니다.
>
> ```
> minchul@DESKTOP-9KULGUE MINGW64 /c/test (master)
> $ |
> ```
>
> 그림 1-39 | 현재 작업 공간 확인하기

㉑ git 명령어를 입력해 잘 설치됐는지 확인합니다. 다음 그림처럼 git과 관련한 명령어 목록이 잘 뜨는 걸 확인했다면 현재 깃이 잘 설치된 것입니다.

```
minchul@DESKTOP-9KULGUE MINGW64 /c/test (master)
$ git
usage: git [--version] [--help] [-C <path>] [-c <name>=<value>]
           [--exec-path[=<path>]] [--html-path] [--man-path] [--info-path]
           [-p | --paginate | -P | --no-pager] [--no-replace-objects] [--bare]
           [--git-dir=<path>] [--work-tree=<path>] [--namespace=<name>]
           [--super-prefix=<path>] [--config-env=<name>=<envvar>]
           <command> [<args>]

These are common Git commands used in various situations:

start a working area (see also: git help tutorial)
   clone             Clone a repository into a new directory
   init              Create an empty Git repository or reinitialize an existing one

work on the current change (see also: git help everyday)
   add               Add file contents to the index
   mv                Move or rename a file, a directory, or a symlink
   restore           Restore working tree files
   rm                Remove files from the working tree and from the index
   sparse-checkout   Initialize and modify the sparse-checkout

examine the history and state (see also: git help revisions)
   bisect            Use binary search to find the commit that introduced a bug
   diff              Show changes between commits, commit and working tree, etc
   grep              Print lines matching a pattern
   log               Show commit logs
   show              Show various types of objects
   status            Show the working tree status

grow, mark and tweak your common history
   branch            List, create, or delete branches
   commit            Record changes to the repository
   merge             Join two or more development histories together
   rebase            Reapply commits on top of another base tip
   reset             Reset current HEAD to the specified state
   switch            Switch branches
   tag               Create, list, delete or verify a tag object signed with GPG

collaborate (see also: git help workflows)
   fetch             Download objects and refs from another repository
   pull              Fetch from and integrate with another repository or a local branch
   push              Update remote refs along with associated objects

'git help -a' and 'git help -g' list available subcommands and some
concept guides. See 'git help <command>' or 'git help <concept>'
to read about a specific subcommand or concept.
See 'git help git' for an overview of the system.
```

그림 1-40 | 깃 설치 확인하기

② 깃 설정하기

① 깃을 잘 설치했다면 이제 본인 컴퓨터에 사용자 이름과 이메일을 등록하는 간단한 초기
설정을 해봅시다. 앞으로 깃을 이용해 만드는 모든 버전에는 '만든 사람', '지은이'와 같은 개
념으로 지금부터 설정할 이름과 이메일이 함께 명시될 것입니다. 다음과 같이 명령을 입력
해 봅시다(이름은 가급적 영어를 사용할 것을 권장합니다).

```
minchul@DESKTOP-9KULGUE MINGW64 ~/c/test
$ git config --global user.name "Kang Minchul"
minchul@DESKTOP-9KULGUE MINGW64 ~/c/test
$ git config --global user.email tegongkang@gmail.com
```

② 설정한 이름과 이메일은 다음과 같은 명령으로 확인할 수 있습니다.

```
minchul@DESKTOP-9KULGUE MINGW64 ~/c/test
$ git config user.name
Kang Minchul

minchul@DESKTOP-9KULGUE MINGW64 ~/c/test
$ git config user.email
tegongkang@gmail.com
```

③ 이처럼 git config 명령으로 깃과 관련한 내용을 설정하거나 설정한 값을 확인할 수
있습니다. 다음 명령은 이름과 이메일뿐 아니라 다른 설정 값도 보여주는 명령인데, 자세히
살펴보면 우리가 초기 설치 과정에서 선택한 항목들도 설정된 값으로 출력되는 걸 확인할
수 있습니다(지금 시점에서 설정 값의 의미 하나하나를 모두 알 필요는 없습니다).

```
minchul@DESKTOP-9KULGUE MINGW64 ~/c/test
$ git config --list
diff.astextplain.textconv=astextplain
filter.lfs.clean=git-lfs clean -- %f
filter.lfs.smudge=git-lfs smudge -- %f
filter.lfs.process=git-lfs filter-process
filter.lfs.required=true
```

```
http.sslbackend=openssl
http.sslcainfo=C:/Program Files/Git/mingw64/ssl/certs/ca-bundle.crt
core.autocrlf=true
core.fscache=true
core.symlinks=false
pull.rebase=false
credential.helper=manager-core
credential.https://dev.azure.com.usehttppath=true
init.defaultbranch=master
user.name=Kang Minchul
user.email=tegongkang@gmail.com
```

1.5 소스트리 설치하기

① 소스트리 홈페이지에 접속한 후 Download for Windows를 선택합니다.

URL https://www.sourcetreeapp.com

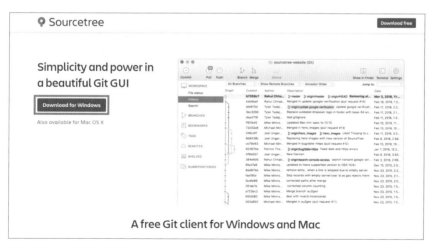

그림 1-41 │ 소스트리 홈페이지 화면

② 각종 라이선스와 개인 정보 정책에 동의하는지 묻는 화면이 나옵니다. 이 정책을 읽어보고 동의에 체크한 후, Download를 클릭하여 설치 파일을 내려받습니다.

그림 1-42 | 소스트리의 라이선스 및 개인 정보 정책

> **TIP**
>
> 이 책은 소스트리 3.4.8 버전으로 실습합니다. 설치할 소스트리의 버전은 설치 파일의 이름을 보면 확인할 수 있습니다. 깃과 마찬가지로 소스트리 또한 지속적으로 개발되고 있는 소프트웨어인 만큼 여러분이 내려받을 소스트리는 이보다 더 높은 버전일 것입니다. 최신 소스트리를 설치해도 괜찮지만, 이 책과 동일한 버전의 소스트리를 설치하고 싶다면 다음 링크에서 3.4.8 버전을 내려받기 바랍니다.
>
> **URL** https://www.sourcetreeapp.com/download-archives

③ 내려받은 설치 파일을 실행합니다. 이 책에서는 빗버킷(Bitbucket)[3]을 다루지 않기 때문에 빗버킷 계정을 등록하지 않고 설치하겠습니다. **건너뛰기**를 누릅니다.

그림 1-43 | 빗버킷 계정 등록 또는 건너뛰기

---

3 빗버킷은 깃허브와 유사한 아틀라시안의 원격 저장소 호스팅 서비스입니다.

④ 이제 버전 관리 도구를 선택하는 항목이 나옵니다. Mercurial도 버전 관리 시스템인데, 이 책에서는 다루지 않으므로 선택하지 않겠습니다. Mercurial 체크를 해제하고 **다음**을 눌러 넘어갑니다.

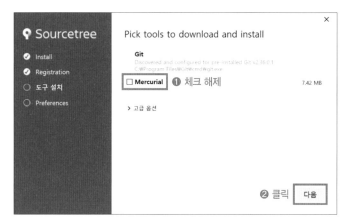

그림 1-44 | Mercurial 설치 여부 선택하기

⑤ 다음으로 소스트리 사용자 이름과 이메일을 입력하는 공간이 나옵니다. 앞서 설정한 이름과 이메일을 입력한 뒤 **다음**을 누릅니다.

그림 1-45 | 사용자 정보 입력하기

⑥ 'SSH 키를 불러오시겠습니까?'라는 창에 **아니오**를 눌러 설치를 완료합니다.

SSH(Secure SHell)는 SSH 키를 이용해 안전하게 원격 컴퓨터와 연결하는 통신 방법입니다. SSH 키를 만들고 등록하는 방법은 5장에서 설명하겠습니다.

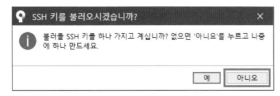

그림 1-46 | SSH 키 등록 여부를 묻는 창

⑦ 설치가 완료된 모습입니다.

그림 1-47 | 소스트리 설치 완료 화면

⑧ 잘 설치됐는지 확인해 보겠습니다. 버전들이 만들어지고 관리되는 공간인 저장소(로컬
저장소[4])를 컴퓨터 내에 만들어 보겠습니다. 상단의 **Local**을 클릭합니다.

그림 1-48 | 'Local' 클릭하기

4　내 컴퓨터 안에 있는 저장소를 로컬 저장소, 웹상에(원격에) 존재하는 저장소를 원격 저장소라 부릅니다.

⑨ 상단의 **Create**를 누르면 Create a repository라고 적힌, 저장소를 만들 수 있는 화면으로 이동합니다.

그림 1-49 | 'Create' 클릭하기

⑩ **목적지 경로**에는 내 컴퓨터 어느 곳에 저장소를 만들 것인지를 지정하면 됩니다. **탐색** 버튼을 눌러 저장소를 만들고 싶은 위치를 선택합니다. 내 PC 〉 로컬 디스크 (C:) 〉 hello-sourcetree 폴더에 로컬 저장소를 만들고 싶다면 목적지 경로에 C:\hello-sourcetree를 입력하면 됩니다.

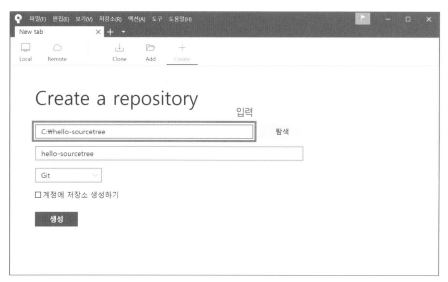

그림 1-50 | 로컬 저장소가 만들어질 공간(목적지 경로) 입력하기

⑪ 목적지 경로를 선택했다면 경로 하단에 저장소의 이름을 알맞게 입력합니다. 기본으로 입력된 hello-sourcetree를 입력하고, Git을 이용한 저장소를 만들겠다는 의미에서 **Git**을 선택한 뒤 **생성**을 누릅니다.

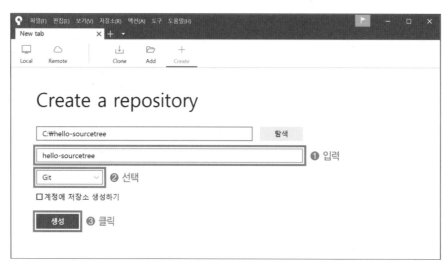

그림 1-51 | 로컬 저장소 이름 및 저장소 유형 선택하기

⑫ 다음과 같은 화면이 나타난다면 성공입니다. 앞으로 이 화면에서 버전을 관리할 것입니다.

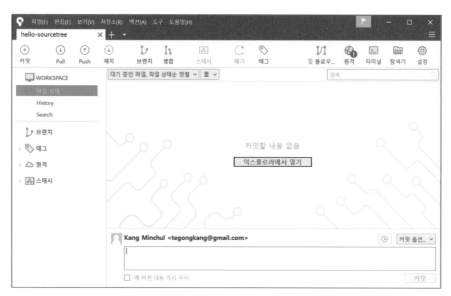

그림 1-52 | 로컬 저장소 생성 완료 화면

⑬ 로컬 저장소가 잘 만들어졌는지 확인하겠습니다. 로컬 저장소를 만들 때 선택한 목적지 경로에 그림과 같이 .git 숨김 폴더가 잘 만들어졌는지 확인해 봅시다. .git 숨김 폴더가 있다면 깃 저장소가 잘 만들어진 것입니다. .git 숨김 폴더가 있는 공간이 '버전이 관리되는 공간'입니다.

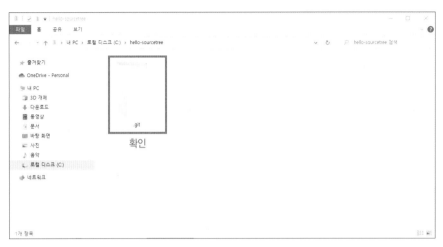

그림 1-53 | 목적지 경로에 만들어진 로컬 저장소

숨김 파일 및 폴더를 보는 방법

1. 파일 탐색기 상단의 보기 〉 옵션 〉 폴더 및 검색 옵션 변경(O)을 누릅니다.

그림 1-54 | 숨김 파일 및 폴더 보는 방법

2. 보기 탭을 선택합니다. **고급 설정**에서 숨김 파일 및 폴더를 숨김 파일, 폴더 및 드라이브 표시로 선택하고 **확인**을 누릅니다.

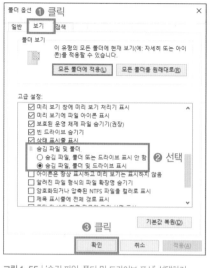

그림 1-55 | '숨김 파일, 폴더 및 드라이브 표시' 선택하기

1.6 깃허브 회원 가입하기

① 깃허브 홈페이지에 접속해 **Sign up**을 클릭합니다.

URL https://github.com

그림 1-56 | 깃허브 홈페이지

❷ 깃허브에서 사용할 아이디에 해당하는 email, password, username을 입력한 뒤 깃허브 관련 소식을 이메일로 받아볼지 여부를 입력합니다 (깃허브 소식을 받아보고 싶다면 y를, 그렇지 않다면 n을 입력하면 됩니다). 입력이 끝났다면 Continue를 클릭합니다.

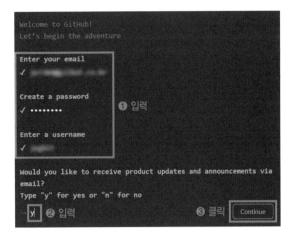

그림 1-57 | 아이디 정보 입력하기

❸ **확인**을 눌러 간단한 퍼즐을 풉니다.

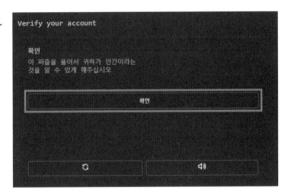

그림 1-58 | 간단한 퍼즐 풀기

❹ 퍼즐을 다 풀었다면 Create account를 누릅니다.

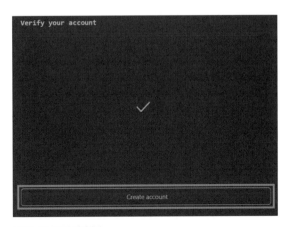

그림 1-59 | 계정 생성하기

⑤ 이제 이메일 주소를 인증합니다. 입력한 이메일 주소로 코드 6자리가 적힌 이메일이 발송됐을 것입니다. 이메일을 확인해 코드 6자리를 입력합니다.

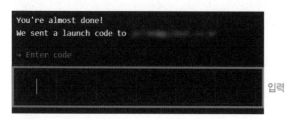

입력

그림 1-60 | 이메일 인증하기

⑥ 회원 가입이 완료되면 다음과 같은 페이지가 나타납니다. 이 화면이 앞으로 여러분이 각자의 아이디로 깃허브에 로그인했을 때 볼 수 있는 초기 화면입니다. 깃허브를 어떻게 활용할 수 있는지는 5장에서 자세히 알아보겠습니다.

그림 1-61 | 회원 가입 직후 깃허브 첫 화면

깃 설치와 초기 설정, 소스트리 설치, 깃허브 회원 가입까지 모두 끝났습니다. 아직은 낯설고 아리송한 부분이 있겠지만, 이제부터 함께 하나씩 궁금증을 해결할 예정입니다. 우선 버전을 직접 만들어보며 버전 관리의 기초부터 익혀봅시다.

2장

깃으로 버전 관리
시작하기

이제 깃과 깃허브를 이용할 준비를 모두 마쳤습니다. 이제 실습을 통해 버전이 어떻게 만들어지는지, 또 버전을 어떻게 관리할 수 있는지 알아봅시다.

2.1 버전 관리의 큰 그림

버전은 아무런 근거 없이 만들어지지 않습니다. 뜬금없이 하늘에서 뚝 떨어지는 것도 아닙니다. 실습하기 전에 버전은 언제, 어떻게 만들어지는지 큰 그림을 그려보겠습니다.

버전이 만들어지는 과정을 이해하려면 깃이 관리하는 세 개의 공간, 작업 디렉터리(working directory), 스테이지(stage), 저장소(repository)를 먼저 이해해야 합니다. 이 세 공간은 이 책 전체에 걸쳐 언급될 매우 중요한 내용이니 집중해서 읽기 바랍니다.

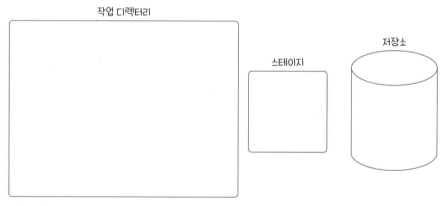

그림 2-1 | 깃이 관리하는 세 공간

지난 장을 잘 실습했다면 내 컴퓨터 안의 저장소, 즉 로컬 저장소를 만들었을 것입니다. 로컬 저장소를 만들면 .git이라는 숨김 폴더가 생성됐죠.

.git 숨김 폴더가 놓여 있는 곳이 우리의 프로젝트가 위치할 공간입니다. 이 공간, 즉 우리의 프로젝트가 위치할 공간을 작업 디렉터리 또는 작업 트리(working tree)라고 합니다. 그리고 여러분은 깃을 이용해 작업 디렉터리 내에 위치한 파일 및 폴더의 현재 상태를 버전으로 만

들고, 만들어진 버전을 관리할 수 있습니다. 즉, 작업 디렉터리는 버전 관리의 대상이 위치하는 공간입니다.

작업 디렉터리에 있는 프로젝트가 다음 그림처럼 여러 파일과 폴더로 이루어져 있다고 가정해 봅시다. 우리는 이 프로젝트에 새로운 파일 또는 폴더를 생성할 수도 있고, 기존의 파일 또는 폴더를 수정하거나 삭제할 수도 있습니다. 달리 말해, 작업 디렉터리에 변경 사항을 만들 수 있습니다.

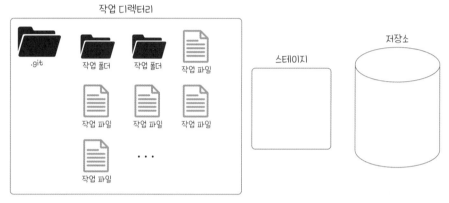

그림 2-2 | 작업 디렉터리에 위치한 프로젝트

'버전을 만든다'는 말은 '특정 순간의 변경 사항을 기억한다'는 말과 같습니다. 그렇기에 작업 디렉터리에 있는 프로젝트에 변경 사항이 생기는 순간 새로운 버전을 만들 수 있게 됩니다. 이 변경 사항은 새로운 파일이 추가되는 것일 수도 있고, 특정 파일을 수정하거나 삭제하는 것일 수도 있습니다.

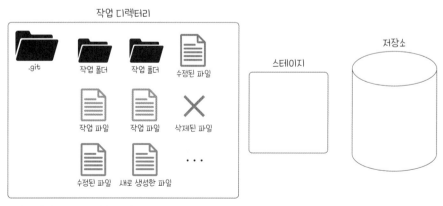

그림 2-3 | 작업 디렉터리 내에 변경 사항 발생

이때 꼭 모든 변경 사항을 모조리 새로운 버전으로 만들어야만 할까요? 예를 들어 작업 디렉터리에 파일 1,000개가 있고 이 중에서 100개가 생성되거나 수정되거나 삭제됐을 때 이 모든 변경 사항이 꼭 새로운 버전이 되어야만 할까요?

반드시 그래야 할 필요는 없습니다. 변경 사항 중에서 새로운 버전에 포함하고 싶지 않은 경우도 있기 때문입니다. 가령 새로 만들 버전과는 크게 관련이 없거나, 새로운 버전으로 만들 만큼 중요하지 않거나, 임시로 변경했거나, 실수로 변경했을 경우에는 변경 사항이 있더라도 굳이 새로운 버전으로 만들 필요는 없습니다.

> **TIP** 프로그래밍 경험이 적은 독자는 이런 상황이 익숙하지 않을지도 모르나, 깃을 조금씩 사용하다 보면 이것이 어떤 상황인지 쉽게 납득할 수 있을 것입니다. 지금은 '변경 사항이 생겼다고 해서 무조건 새로운 버전으로 만들 필요는 없다'는 사실을 아는 것이 중요합니다.

그렇기에 새로운 버전을 만들기 전에 작업 디렉터리 내에서 변경 사항이 생긴 파일 중 '다음 버전이 될 후보를 선별하는 작업'이 필요합니다. 예를 들어 작업 디렉터리에 파일이 1,000개 있고 이 중 100개가 변경됐을 때, 100개 중 새로운 버전이 될 파일을 선별하는 작업이 필요하지요.

그래서 깃으로 버전을 만들 때는 작업 디렉터리 내에서 변경된 파일들 중에서 새로운 버전이 될 파일만 특별한 공간으로 옮기는 작업을 거치게 됩니다. 이 특별한 공간이 바로 스테이지입니다. 즉, 스테이지는 변경 사항이 있는 파일 중 다음 버전이 될 후보가 올라가는 공간인 셈입니다.

다시 말해, 우리는 버전을 만들기 위해 작업 디렉터리에 있는 파일에 변경 사항을 만들고, 이 변경 사항들 중 새로운 버전으로 만들려는 파일을 선별해 스테이지로 옮깁니다.

스테이지는 스테이징 영역(staging area) 또는 인덱스(index)라고도 부릅니다. 참고로 작업 디렉터리는 프로젝트가 위치한 공간이라 눈으로 직접 볼 수 있는 반면, 스테이지는 명시적으로 보이지 않습니다.

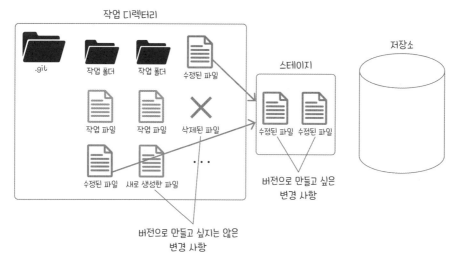

그림 2-4 | 버전이 될 후보를 스테이지로 옮기기

다음 버전이 될 후보들을 모두 스테이지로 옮겼다면 이제 이 파일을 새로운 버전으로 만들어야겠죠. 스테이지에 있는 파일을 바탕으로 새로운 버전을 만들면 새 버전이 저장소에 추가됩니다. 작업 디렉터리에서 만들어진 모든 버전들의 내역이 저장소에 있습니다. 즉, 저장소는 버전이 만들어지고 관리되는 공간입니다.

참고로 저장소는 스테이지와 마찬가지로 사용자에게는 명시적으로 보이지 않습니다.

스테이지에 올라온 파일을 토대로 새로운 버전을 만들면 새로운 버전이 될 후보가 더 존재하지 않으니 스테이지는 깨끗하게 비워집니다.

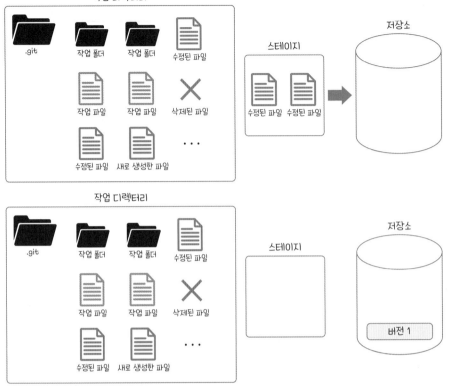

그림 2-5 | 스테이지에 있는 버전이 될 후보를 버전으로 만들기

이러한 과정을 반복하며 저장소에는 새로운 버전들이 차곡차곡 쌓이게 됩니다.

이때 작업 디렉터리에서 버전이 될 후보 파일을 스테이지로 옮기는 것을 '스테이지에 추가한다(add)' 또는 '해당 파일을 스테이지시킨다(staged)'라고 표현합니다. 그리고 스테이지에 추가된 파일을 '추가된(add) 파일' 또는 '스테이지된(staged) 파일'이라고 표현합니다.

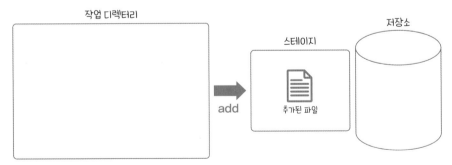

그림 2-6 | 버전이 될 변경 사항을 스테이지로 추가하기

또한, 저장소에 새로운 버전을 만드는 것을 '커밋한다(commit)'라고 표현합니다. 저장소에 저장된 각각의 버전들을 커밋이라 부르기도 하지요. 이 책에서도 '깃으로 만든 버전'을 편의상 '커밋'이라 지칭하겠습니다.

그림 2-7 | 스테이지에 있는 변경 사항을 커밋하여 버전 만들기

정리하자면, 작업 디렉터리의 파일은

    1 | 변경 사항 생성

    2 | add

    3 | commit

의 과정을 통해

    1 | 작업 디렉터리

    2 | 스테이지

    3 | 저장소

순으로 이동하며 새로운 버전으로 만들어집니다.

2.2 버전 관리 맛보기

첫 버전 만들기

자, 그렇다면 소스트리를 이용해 직접 버전을 만들어 봅시다. 버전을 만들려면 로컬 저장소와 버전 관리를 할 대상, 이렇게 두 가지가 필요합니다. 그럼 로컬 저장소부터 만들어 봅시다.

■ 로컬 저장소 만들기

① 소스트리 실행 후 Create를 누릅니다.

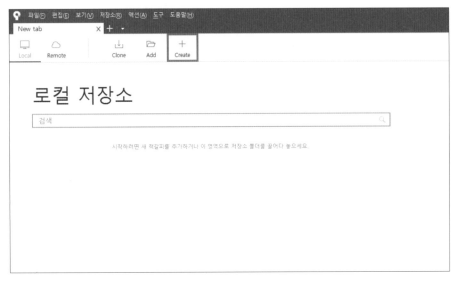

그림 2-8 | 'Create' 클릭하기

② 목적지 경로에 로컬 저장소를 생성할 경로를 설정하고, 이름은 이와 동일하게 입력합니다. 이 책에서는 목적지 경로를 C:\git-test로 설정했습니다. 모두 입력한 후 **생성**을 누릅니다.

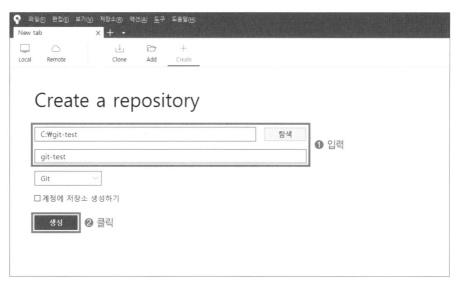

그림 2-9 | 로컬 저장소의 목적지 경로와 이름 입력하기

❸ 로컬 저장소가 잘 만들어졌다면 다음과 같은 화면이 나옵니다. 로컬 저장소가 실제로 잘 만들어졌는지 직접 로컬 저장소의 경로(이번 예제의 경우 C:₩git-test)를 확인해 봅시다. 우측 상단의 **탐색기**를 클릭합니다.

그림 2-10 | 로컬 저장소가 잘 만들어졌는지 확인하기

④ .git 숨김 폴더가 보인다면 성공적으로 로컬 저장소를 만든 것입니다. 그리고 이 경로 (C:\git-test)가 작업 디렉터리입니다. 깃으로 버전을 관리할 대상을 여기에 놓으면 되는 것이지요.

그림 2-11 | .git 폴더 확인하기

■ 버전을 관리할 대상 만들기

자, 그렇다면 이제 버전을 관리할 대상을 만들어 볼까요?

① 작업 디렉터리에 a.txt, b.txt, c.txt라는 텍스트 파일을 만들고, 각각의 파일 안에 text file a, text file b, text file c를 적은 뒤 저장합니다.

지금은 간단한 텍스트 파일로 실습하지만, 이 텍스트 파일들이 여러분의 프로젝트 소스 코드 파일일 수 있다는 점을 염두에 두길 바랍니다.

그림 2-12 | 깃으로 버전을 관리할 텍스트 파일 만들기

잠깐만요

줄 바꿈을 하고 저장하세요!

각 텍스트 파일에 내용을 적은 후 바로 저장하지 말고, 다음 그림처럼 줄 바꿈을 한 뒤 저장해 주세요.

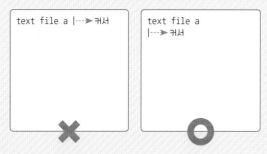

그림 2-13 | 파일을 저장할 때에 줄 바꿈을 한 뒤 저장하기

줄 바꿈을 하지 않고 저장하면 스테이지에 올릴 때 다음과 같이 경고 메시지가 뜰 수 있기 때문입니다.

그림 2-14 | 줄 바꿈 없음을 나타내는 메시지

위와 같은 메시지는 무시해도 무방하지만, 이러한 메시지가 뜨지 않게 하려면 파일 내에 저장할 내용을 적고 줄 바꿈을 한 뒤에 저장해야 합니다.

❷ 텍스트 파일을 작성한 뒤 저장하면 소스트리의 **파일 상태**에서 **스테이지에 올라가지 않은 파일** 항목에 방금 생성한 파일들이 추가됩니다.

스테이지에 올라가지 않은 파일은 말 그대로 '작업 디렉터리 내 변경 사항이지만, 아직 버전이 될 후보로 선정되지는 않은 파일'을 말합니다.

2장 깃으로 버전 관리 시작하기 **057**

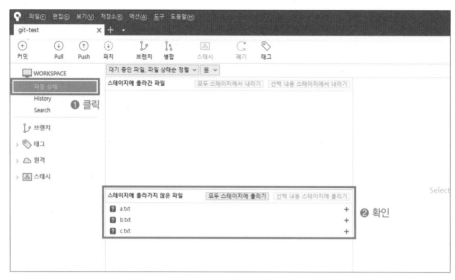

그림 2-15 | '스테이지에 올라가지 않은 파일' 항목에 추가된 파일

위와 같은 화면이 바로 뜨지 않는다면 F5 를 눌러 소스트리를 새로고침해 보세요.

③ **모두 스테이지에 올리기**를 클릭하여 모든 파일을 스테이지에 올리면 a.txt, b.txt, c.txt 파일
이 **스테이지에 올라간 파일** 항목에 표시됩니다.

그림 2-16 | 스테이지에 올라간 파일

스테이지에 파일을 올리는 방법

다음과 같은 방식으로 변경 사항이 생긴 파일을 스테이지에 올릴 수 있습니다.

- 스테이지에 올라가지 않은 파일 전체를 올리는 방법: **모두 스테이지에 올리기**를 클릭합니다.

- 파일별로 올리는 방법: 파일 이름 우측의 **+**를 클릭합니다.

- 선택한 파일만 올리는 방법: Ctrl 을 누른 채 스테이지에 올리려는 파일을 클릭한 후 **선택 내용 스테이지에 올리기**를 클릭합니다.

참고로 **스테이지에 올라간 파일** 항목에서 파일 이름 우측의 **–**를 클릭하면 해당 파일은 스테이지에서 내려옵니다. 즉, 버전이 될 후보에서 제외하는 것이지요.

④ 각 파일을 클릭하면 각 파일의 변경 사항을 볼 수 있습니다. 초록색 표시와 + 표시는 각 파일에서 새롭게 추가된 내용을 의미합니다.

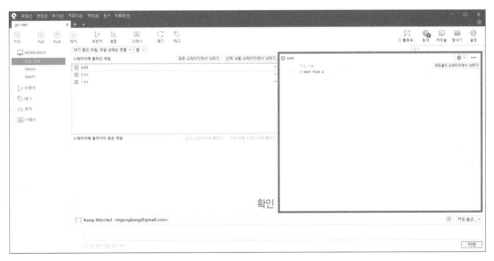

그림 2-17 | '스테이지에 올라간 파일'의 변경 사항 확인하기

■ 커밋 메시지 작성하기

스테이지에 올라온 파일을 새로운 버전으로 만드는 것을 무엇이라고 했었죠? 커밋이라고 했습니다. 즉, 스테이지에 올라온 파일을 커밋하면 새로운 버전(커밋)이 만들어집니다. 우측 하단의 커밋 버튼을 누르면 커밋할 수 있지만, 아직은 버튼을 누르지 말아주세요.

커밋하기 전 마지막 한 단계가 남아 있습니다. 커밋 버튼 바로 위에 무언가 글을 적을 수 있는 공간이 보이나요? 커밋하기 전에 여기에 커밋 메시지(commit message)를 작성해야 합니다.

그림 2-18 | 커밋 메시지를 남길 수 있는 공간

커밋 메시지란 버전을 설명하는 메시지입니다. '내가 지금 어떤 파일을 어떻게 변경했는지, 왜 이렇게 변경했는지' 등의 내용을 담은 일종의 쪽지라고 보면 됩니다.

커밋 메시지는 크게 제목과 본문으로 이루어져 있으며 본문은 생략할 수 있습니다. 첫 줄에는 제목을 쓰고, 한 줄 띄고 다음 줄에는 본문을 작성합니다.

깃을 통해 새로운 버전을 만들 때 반드시 커밋 메시지를 적기를 권장합니다. 커밋 메시지를 적지 않는다면 프로젝트의 규모가 커지고 수많은 커밋이 쌓였을 때 다른 누군가가(또는 커밋했던 본인조차) 누가, 언제, 어떤 변경 사항을 만들었는지, 이 변경 사항이 의미하는 것은 무엇인지 파악하기 어렵기 때문입니다.

커밋 메시지는 별것 아닌 것처럼 보일지라도 개발자에게는 매우 중요한 의사소통 수단이 됩니다. 코드 한 줄을 수정할 때도 때로는 아주 긴 커밋 메시지를 남기기도 하지요. 백문이불여일견이라고 다른 개발자들이 남긴 커밋 메시지를 한번 볼까요?

우선 리눅스와 깃의 창시자인 리누스 토르발스의 커밋 메시지부터 살펴봅시다. 커밋 메시지에 담긴 의미는 중요하지 않습니다. 그저 형식만 보기 바랍니다. 커밋 메시지가 제목(mm: allow~)과 본문(Commit 2a9127fcf229~)으로 이루어져 있다는 점, 변경 사항에 대한 메시지를 아주 길고 자세하게 서술했다는 점을 확인해 보세요.

```
author      Linus Torvalds <torvalds@linux-foundation.org>   2020-09-13 14:05:35 -0700
committer   Linus Torvalds <torvalds@linux-foundation.org>   2020-09-17 10:26:41 -0700
commit      5ef64cc8987a9211d3f3667331ba3411a94ddc79 (patch)
tree        235a20a31fb410573d0bb16d616f5457102fea46
parent      5925fa68fe8244651b3f78a88c4af99190a88f0d (diff)
download    bpf-next-5ef64cc8987a9211d3f3667331ba3411a94ddc79.tar.gz
```

| mm: allow a controlled amount of unfairness in the page lock | 제목 |

```
Commit 2a9127fcf229 ("mm: rewrite wait_on_page_bit_common() logic") made
the page locking entirely fair, in that if a waiter came in while the
lock was held, the lock would be transferred to the lockers strictly in
order.

That was intended to finally get rid of the long-reported watchdog
failures that involved the page lock under extreme load, where a process
could end up waiting essentially forever, as other page lockers stole
the lock from under it.

It also improved some benchmarks, but it ended up causing huge
performance regressions on others, simply because fair lock behavior
doesn't end up giving out the lock as aggressively, causing better
worst-case latency, but potentially much worse average latencies and
throughput.

Instead of reverting that change entirely, this introduces a controlled
amount of unfairness, with a sysctl knob to tune it if somebody needs
to.  But the default value should hopefully be good for any normal load,
allowing a few rounds of lock stealing, but enforcing the strict
ordering before the lock has been stolen too many times.

There is also a hint from Matthieu Baerts that the fair page coloring
may end up exposing an ABBA deadlock that is hidden by the usual
optimistic lock stealing, and while the unfairness doesn't fix the
fundamental issue (and I'm still looking at that), it avoids it in
practice.

The amount of unfairness can be modified by writing a new value to the
'sysctl_page_lock_unfairness' variable (default value of 5, exposed
through /proc/sys/vm/page_lock_unfairness), but that is hopefully
something we'd use mainly for debugging rather than being necessary for
any deep system tuning.

This whole issue has exposed just how critical the page lock can be, and
how contended it gets under certain loads.  And the main contention
doesn't really seem to be anything related to IO (which was the origin
of this lock), but for things like just verifying that the page file
mapping is stable while faulting in the page into a page table.

Link: https://lore.kernel.org/linux-fsdevel/ed8442fd-6f54-dd84-cd4a-941e8b7ee603@MichaelLarabel.com/
Link: https://www.phoronix.com/scan.php?page=article&item=linux-50-59&num=1
Link: https://lore.kernel.org/linux-fsdevel/c560a38d-8313-51fb-b1ec-e904bd8836bc@tessares.net/
Reported-and-tested-by: Michael Larabel <Michael@michaellarabel.com>
Tested-by: Matthieu Baerts <matthieu.baerts@tessares.net>
Cc: Dave Chinner <david@fromorbit.com>
Cc: Matthew Wilcox <willy@infradead.org>
Cc: Chris Mason <clm@fb.com>
Cc: Jan Kara <jack@suse.cz>
Cc: Amir Goldstein <amir73il@gmail.com>
Signed-off-by: Linus Torvalds <torvalds@linux-foundation.org>
```

본문

그림 2-19 | 커밋 메시지 예시 1 – 리누스 토르발스의 커밋 메시지

* 출처: https://bit.ly/3vBHKTy

다음은 필자가 과거에 남긴 커밋 메시지입니다. 역시 제목(scripts: Make~)과 본문(Parenthesis for~)으로 구성된 것을 알 수 있죠. 커밋 메시지를 읽을 다른 개발자가 잘 이해할 수 있게 에러 메시지나 링크를 첨부한 점도 확인해 보세요.

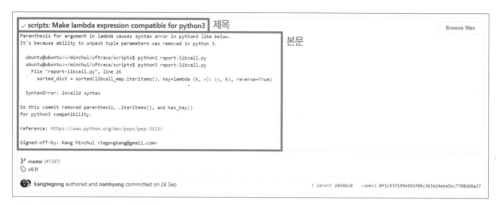

그림 2-20 | 커밋 메시지 예시 2 – 필자의 커밋 메시지

* 출처: https://bit.ly/3vE3huM

이제 커밋 메시지를 작성해 봅시다.

① 우리의 첫 커밋 메시지도 제목과 본문으로 구성해야겠죠? 따라서 첫 줄에 제목을 적고, 한 줄을 띄고 다음 줄에 본문을 작성한 후 **커밋** 버튼을 클릭합니다.

그림 2-21 | 첫 커밋에 대한 커밋 메시지

TIP 본문은 생략해도 되기 때문에 첫 줄(제목)만 작성해도 괜찮습니다.

❷ 커밋되며 첫 번째 버전이 만들어졌습니다. 커밋을 완료하면 **파일 상태**에는 커밋할 내용이 없다고 표시됩니다.

그림 2-22 | 첫 번째 버전(커밋) 생성 직후

❸ 우리가 만든 커밋(버전) 내역들은 History에서 볼 수 있습니다. History를 클릭하면 커밋들의 커밋 메시지, 만들어진 시간, 작성자 등을 확인할 수 있습니다.

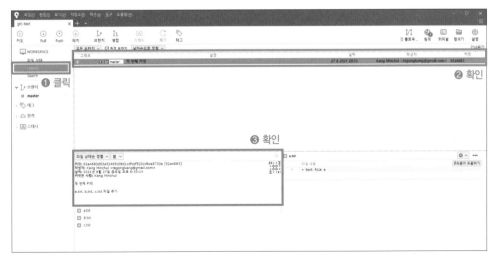

그림 2-23 | History에서 작성한 커밋(버전) 내역 확인하기

2 커밋 쌓아 올리기

이번에는 방금 만든 첫 번째 버전을 수정한, 또 다른 버전을 만들어 봅시다.

① a.txt 파일 안에 새로운 줄로 changed를 추가한 뒤 저장합니다. 그리고 c.txt 파일은 삭제
해 볼까요?

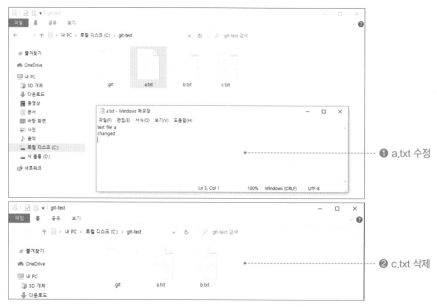

그림 2-24 | a.txt 파일은 수정하고, c.txt 파일은 삭제하기

② 소스트리로 들어가 보면 History에 '커밋하지 않은 변경 사항'이 추가된 것을 확인할 수
있습니다.

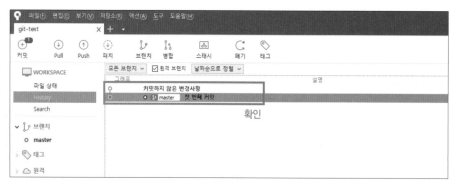

그림 2-25 | '커밋하지 않은 변경사항' 확인하기

③ 좌측의 **파일 상태**를 클릭해 보세요. **스테이지에 올라가지 않은 파일**에서 a.txt 파일과 c.txt 파일을 볼 수 있습니다.

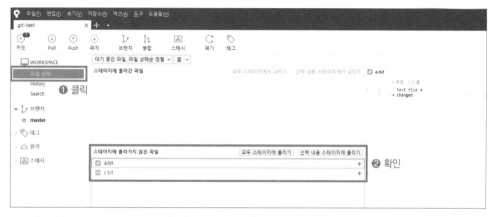

그림 2-26 | '스테이지에 올라가지 않은 파일'에 추가된 a.txt 파일과 c.txt 파일

④ 두 변경 사항을 커밋하여 새로운 버전(커밋)으로 만들어 봅시다. 첫 번째 커밋을 만들었을 때와 동일하게 **모두 스테이지에 올리기**를 눌러 두 파일을 모두 스테이지에 올립니다. 그리고 커밋 메시지를 작성한 뒤 **커밋** 버튼을 누르면 되겠죠?

그림 2-27 | 변경 사항을 모두 스테이지로 올리고, 커밋 메시지 작성 후 커밋하기

⑤ 커밋한 뒤 History로 들어가 보면 두 번째 커밋이 생성된 것을 확인할 수 있습니다. 여기서 **그래프** 항목에 주목해 봅시다.

동그라미 두 개가 연결되어 있는 것을 볼 수 있습니다. 여기서 동그라미 하나는 커밋 하나, 즉 하나의 버전을 나타냅니다. '두 번째 커밋'의 동그라미가 '첫 번째 커밋'의 동그라미와 연결되어 있는 것은 두 번째 커밋이 첫 번째 커밋에서부터 만들어진 버전임을 나타냅니다.

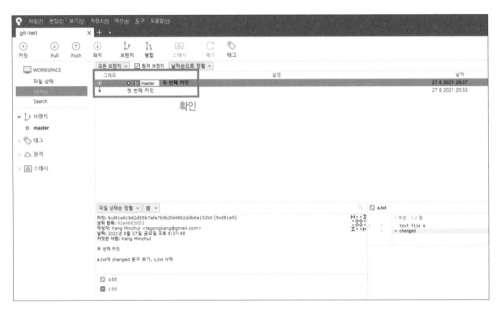

그림 2-28 | 커밋 그래프

이렇게 버전 두 개를 만들어 보았습니다.

이번에는 여러분이 새로운 버전을 만들어 보세요. text file d라는 내용을 담은 텍스트 파일 d.txt를 만들고, 이를 스테이지에 올린 뒤 커밋해 보세요. 그리고 커밋 메시지는 다음과 같이 작성해 주세요.

- 제목: 세 번째 커밋
- 본문: d.txt 파일 추가

올바르게 커밋했다면 History는 다음과 같습니다.

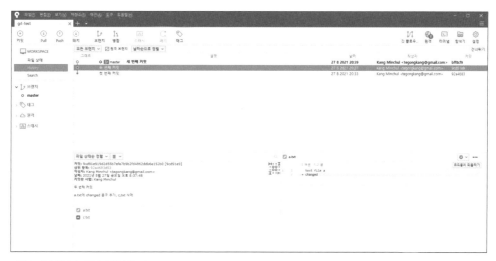

그림 2-29 | 세 번째 커밋까지 완성된 모습

관리 대상(tracked) 파일과 관리 대상이 아닌(untracked) 파일

d.txt 파일이 추가된 버전을 만드는 과정에서 이런 의문이 들 수 있습니다.

"a.txt 파일을 수정하고 c.txt 파일을 삭제한 두 번째 버전을 만들 때는 펜 모양의 아이콘과 빼기 모양의 아이콘이 뜨고 새롭게 d.txt 파일을 추가한 세 번째 버전을 만들 때는 물음표 모양의 아이콘이 뜨는데, 이건 각각 무슨 의미인가요?"

그림 2-30 | '스테이지에 올라가지 않은 파일'에 뜨는 아이콘 모양

물음표 모양의 아이콘은 깃이 기존에 변경 사항을 추적하지 않았던 새로운 파일을 의미합니다. 이런 종류의 파일, 즉 기존에 깃이 관리하지 않았던 파일을 'untracked 상태'에 있는 파일이라고 합니다.

반면, 깃이 변경 사항을 추적하고 있는 파일도 있습니다. 스테이지에 올라왔거나 한 번이라도 커밋된 적 있는 파일이 이런 파일에 속합니다. 이런 파일을 'tracked 상태'에 있는 파일이라 합니다.

tracked 상태의 파일이 삭제된 경우에는 c.txt처럼 빼기 모양 아이콘으로 나타내고, 수정된 경우에는 a.txt처럼 펜 모양 아이콘으로 나타냅니다.

3 .gitignore로 무시하기

버전에 포함하지 않을 파일이나 폴더를 자동으로 무시하는 방법을 끝으로 이 절을 마무리하겠습니다.

지금까지의 실습을 잘 따라왔다면 작업 디렉터리 안에서 새로운 추가/수정/삭제가 이루어질 때마다 깃이 언제나 해당 변경 사항을 알아차린다는 사실을 알았을 것입니다.

하지만 종종 버전 관리 대상에서 제외하고 싶은 파일이나 폴더, 즉 변경 사항이 생기더라도 앞으로도 쭉 버전에 포함하고 싶지 않은 파일이나 폴더가 있을 수 있습니다. 다시 말해, 깃으로 변경 사항을 추적하고 싶지 않은 파일이나 폴더가 있을 수 있습니다. 이러한 파일이나 폴더는 .gitignore 파일로 무시할 수 있습니다. .gitignore 파일은 쉽게 말해 '무시할 파일/폴더 목록'을 적은 파일입니다. 깃은 .gitignore 파일에 적은 파일이나 폴더에 변경 사항이 생겨도 이를 무시합니다. 직접 실습해 볼까요?

① 작업 디렉터리에 .gitignore 파일을 만듭니다. .gitignore 파일은 일반 텍스트 파일처럼 생성해도 좋습니다(이때 .txt와 같은 확장자는 지워주세요. 깃은 정확히 .gitignore라는 파일명을 인식하기 때문입니다).

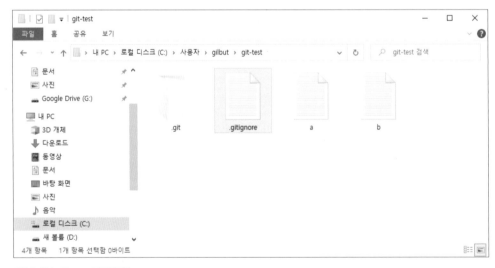

그림 2-31 | .gitignore 파일 만들기

확장자가 안 보일 때 확장자를 지우는 방법!

1. 작업 디렉터리에서 **보기**를 누른 다음 **파일 확장명**에 체크합니다.

그림 2-32 | 파일 확장명 체크

2. .gitignore.txt 파일에서 마우스 오른쪽 버튼을 클릭한 후 **이름 바꾸기(M)**를 누릅니다.

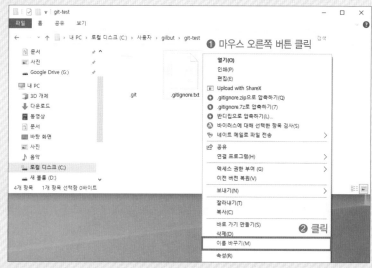

그림 2-33 | 파일 이름 바꾸기

3. .txt를 지우고 Enter 를 누릅니다.

그림 2-34 | 확장자 지우기

② 생성된 .gitignore 안에 e.txt를 적은 뒤 저장해 봅시다. 이는 '깃이 작업 디렉터리 내 e.txt 파일을 무시하겠다'는 의미입니다.

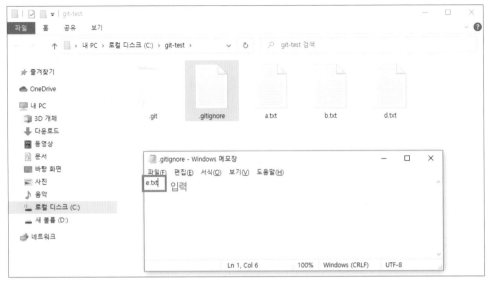

그림 2-35 | .gitignore에 e.txt 적고 저장하기

③ .gitignore 파일 또한 작업 디렉터리 내에 있는 파일이기 때문에 깃은 이 파일이 만들어진 것을 알아차리겠죠? 그렇기에 소스트리의 **스테이지에 올라가지 않은 파일** 항목에 .gitignore 파일이 추가됩니다.

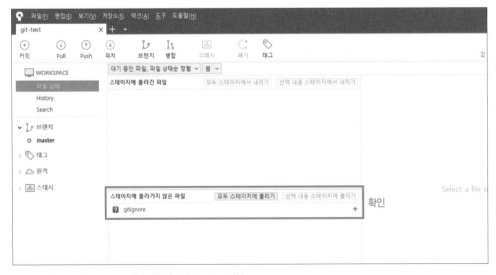

그림 2-36 | '스테이지에 올라가지 않은 파일'에 추가된 .gitignore 파일

④ 이제 e.txt 파일을 만들고 text file e라고 적은 후 저장해 보세요.

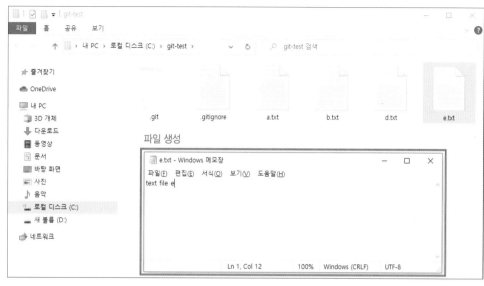

그림 2-37 | e.txt 파일 만들기

⑤ 작업 디렉터리에 e.txt 파일이 새롭게 추가됐는데도 소스트리의 **스테이지에 올라가지 않은 파일** 항목에 e.txt 파일이 생성되지 않는 것을 확인할 수 있습니다. 즉, 깃이 e.txt 파일을 무시한 것이지요.

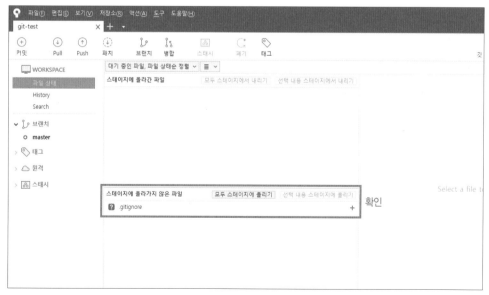

그림 2-38 | e.txt 파일의 변경 사항 무시

⑥ 이번에는 깃이 무시할 폴더도 추가해 봅시다. .gitignore 안에 적힌 e.txt 다음 줄에 ignore/라고 작성합니다. /는 보통 폴더(디렉터리)를 지칭할 때 사용합니다. 즉, 'ignore라는 이름의 폴더는 깃이 무시하겠다'는 의미지요.

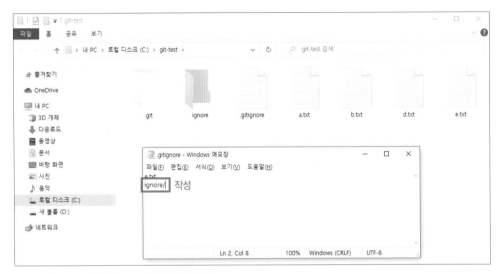

그림 2-39 | .gitignore를 통해 ignore 폴더의 변경 사항 무시

⑦ 정말 gitignore가 ignore 폴더를 무시하는지 테스트해 볼까요? 작업 디렉터리에 ignore 폴더를 만들고 ignore 폴더 안에 여러 파일을 임의로 만들어 봅시다.

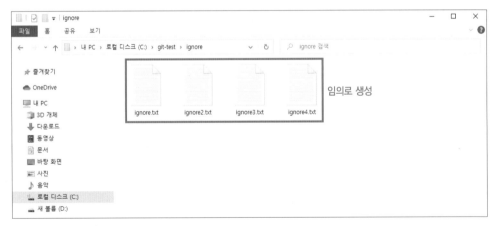

그림 2-40 | ignore 폴더 내에 임의의 파일 만들기

⑧ 소스트리를 보면 ignore 폴더 안의 모든 파일들이 **스테이지에 올라가지 않는 파일**에 추가되지 않은 것을 확인할 수 있습니다.

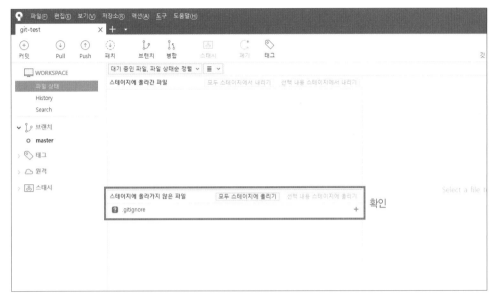

그림 2-41 | ignore 폴더의 변경 사항 무시

2.3 버전이 쌓여 사용자에게 선보여지기까지

여러분이 개발할 프로젝트는 커밋 하나만으로 완성되지 않습니다. 수많은 커밋이 쌓이고 쌓여 만들어지지요. 여러 커밋이 쌓여 있는 상황에서는 각각의 커밋을 구분할 수 있어야겠죠? 이 절에서는 각각의 커밋을 구분하는 커밋 해시와 여러 커밋이 쌓인 프로젝트를 사용자에게 선보이는 과정에 대해 이야기해 보겠습니다.

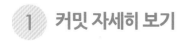

1 커밋 자세히 보기

커다란 건물이 작은 벽돌 하나하나가 모여 만들어지듯, 커다란 프로젝트는 커밋들이 모이고 모여 만들어집니다. 딥러닝에 사용되는 텐서플로는 커밋이 10만 개 이상 모여 만들어졌고, 리눅스 운영 체제는 100만 개 이상 모여 만들어졌죠.

그림 2-42 | 10만 개 이상의 커밋이 쌓여 만들어진 텐서플로

* 출처: https://github.com/tensorflow/tensorflow

그림 2-43 | 100만 개 이상의 커밋이 쌓여 만들어진 리눅스 운영 체제

* 출처: https://github.com/torvalds/linux

여러분이 개발자로 일할 때도, 여러분의 프로젝트는 이렇게 수많은 커밋들이 쌓여 완성될 것입니다. 그렇다면 이렇게 수많은 커밋들이 쌓인 상황을 생각해 봅시다. 이렇게 많은 커밋들은 각각 어떻게 구분할 수 있을까요?

각 커밋에는 고유한 커밋 해시가 있습니다. 커밋 해시란 마치 학번, 사번과 같이 각 커밋이 가진 고유한 ID입니다.

소스트리에서 우리가 만든 커밋을 확인해 봅시다. 그림 2-44의 박스 친 부분에서 언뜻 보기에는 무작위한 문자열로 이루어진 듯한 문자열이 커밋의 해시입니다. 각 커밋을 클릭해서 커밋별로 다른 해시 값을 가지고 있는 것을 확인해 보세요.

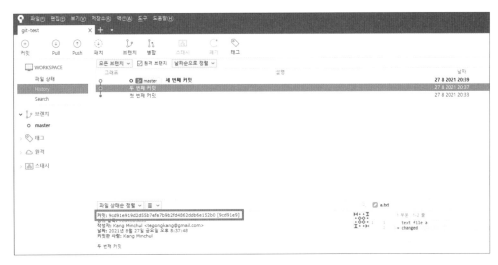

그림 2-44 | 커밋을 구분할 수 있는 커밋 해시

그런데 해시 값의 길이가 너무 길어 보입니다. 그래서 때로는 해시 값의 앞부분 일부만 활용하기도 합니다. 가령 그림 2-45에서 소스트리의 **커밋** 항목(❶)은 특정 커밋을 지칭하기 위해 커밋 해시의 앞부분을 사용한 것입니다.

파일 상태순 정렬 부분에서 상위 항목(❷) 또한 특정 커밋을 지칭하기 위해 짧은 커밋 해시를 사용했습니다. 상위 항목이란 이 커밋이 어떤 커밋에서부터 나온 것인지, 다시 말해 어떤 커밋을 변경해서 만들어진 커밋인지를 나타냅니다.

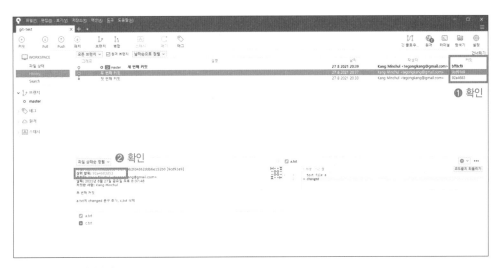

그림 2-45 | 짧은 커밋 해시 값

커밋 해시는 커밋 메시지 등에서 특정 커밋, 즉 특정 변경 사항을 지칭할 때도 사용합니다.

앞서 예시로 보여드린 리누스 토르발스의 커밋 메시지를 다시 볼까요? 특정 변경 사항을 지칭하기 위해 짧은 커밋 해시를 이용한 것을 알 수 있습니다.

```
author      Linus Torvalds <torvalds@linux-foundation.org>   2020-09-13 14:05:35 -0700
committer   Linus Torvalds <torvalds@linux-foundation.org>   2020-09-17 10:26:41 -0700
commit      5ef64cc8987a9211d3f3667331ba3411a94ddc79 (patch)
tree        235a20a31fb410573d8bb16d616f5457102fea46
parent      5925fa68fe8244651b3f78a88c4af99190a88f0d (diff)
download    bpf-next-5ef64cc8987a9211d3f3667331ba3411a94ddc79.tar.gz

mm: allow a controlled amount of unfairness in the page lock
Commit 2a9127fcf229 ("mm: rewrite wait_on_page_bit_common() logic") made
the page locking entirely fair, in that if a waiter came in while the
lock was held, the lock would be transferred to the lockers strictly in
order.
```

그림 2-46 | 커밋 해시 사용 예시 – 커밋 메시지에서 특정 커밋(버전)을 가리킬 때

2 태그를 붙여 릴리스하기

이제 실무에 조금 가까운 이야기를 해봅시다.

우선 이 이야기부터 하는 것이 좋겠습니다. 모든 의미 있는 소프트웨어는 사용자가 있습니다. 웹 서비스든 앱이든 깃처럼 개발을 돕기 위한 도구든, 모든 소프트웨어는 사용하기 위해 만들어진 존재입니다.

자, 깃을 이용해 여러분이 웹 서비스를 만들었다고 가정해 봅시다. 웹 서비스를 만드는 과정에서 여러 커밋이 쌓였을 것입니다. 여러분이 만든 커밋 중에는 로그인 기능, 글쓰기 기능과 같이 새로운 기능을 추가하는 커밋도 있을 것이고, 버그를 수정하는 커밋도 있을 것이고, 때로는 아주 사소한 변경 사항만 담은 커밋도 있을 것입니다.

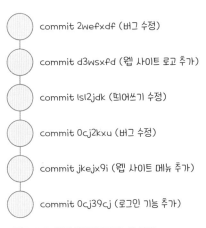

commit 2wefxdf (버그 수정)

commit d3wsxfd (웹 사이트 로고 추가)

commit lsl2jdk (띄어쓰기 수정)

commit 0cj2kxu (버그 수정)

commit jkejx9i (웹 사이트 메뉴 추가)

commit 0cj39cj (로그인 기능 추가)

그림 2-47 | 커밋이 쌓여 만들어지는 웹 서비스

이렇게 커밋이 쌓이며 여러분의 웹 서비스는 점차 완성되어 가겠죠. 그러다 웹 서비스가 충분히 개발됐다고 판단하면 여러분은 마침내 사용자에게 결과물을 선보일 것입니다.

개발한 소프트웨어를 사용자에게 선보이는 것을 릴리스(release)라고 합니다. 즉, 커밋이 쌓이면 언젠간 사용자에게 릴리스하게 됩니다.

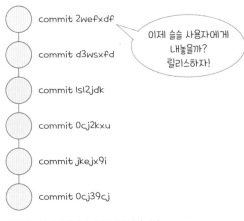

commit 2wefxdf

이제 슬슬 사용자에게 내놓을까? 릴리스하자!

commit d3wsxfd

commit lsl2jdk

commit 0cj2kxu

commit jkejx9i

commit 0cj39cj

그림 2-48 | 커밋이 쌓여 릴리스가 준비된 시점

이때 사용자에게 선보일 웹 서비스의 버전은 어떻게 나타내는 것이 좋을까요? 다시 말해, 사용자에게 선보이는 버전은 어떻게 표기하는 것이 좋을까요?

각 커밋은 고유한 해시 값이 있으니, 최근의 커밋 해시를 이용하면 될까요? 그리 좋은 방법은 아닙니다. 커밋 해시는 무작위한 문자열과 같아서 가독성이 좋지 못하기 때문입니다.

그림 2-49 | 사용자에게 선보이는 버전을 커밋 해시로 삼을 때의 문제점 1

게다가 이런 방식으로는 여러분도 수많은 커밋 중 유의미한 커밋(버전)이 무엇인지 찾기 어려울 것입니다.

그림 2-50 | 사용자에게 선보이는 버전을 커밋 해시로 삼을 때의 문제점 2

이럴 때 사용할 수 있는 것이 바로 태그(tag)입니다. 태그는 특정 커밋에 붙일 수 있는 꼬리표와 같습니다. 릴리스되는 커밋(버전)에 태그를 붙인다면 커밋이 여러 개 있는 상황에서도 의미 있는 커밋이 무엇인지 한눈에 알아보기 쉽습니다.

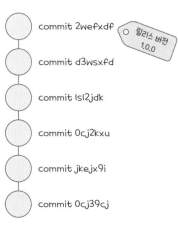

그림 2-51 | 특정 커밋에 붙이는 꼬리표로서의 태그

■태그 붙이기

소스트리를 이용해 직접 태그를 붙여봅시다. 가령 네 번째 커밋을 사용자에게 선보이고자 합니다. 사용자에게 선보일 버전은 네 번째 커밋이므로 네 번째 커밋에 태그를 붙여볼까요?

1 먼저 임의의 커밋 하나를 추가해 총 네 개의 커밋을 만듭니다.

그림 2-52 | 커밋 네 개 만들기

2 태그를 클릭합니다.

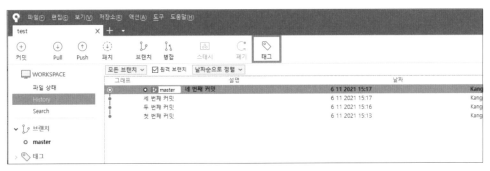

그림 2-53 | '태그' 클릭하기

3 태그 창이 나타납니다. 여기에서 태그를 새롭게 생성하거나, 생성된 태그를 제거할 수 있습니다. 태그 이름을 v1.0.0이라고 적고, **태그 추가** 버튼을 눌러봅시다.

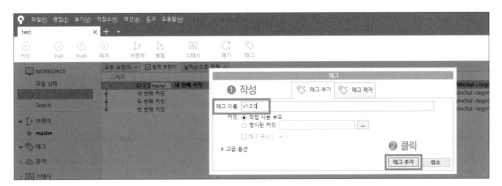

그림 2-54 | v1.0.0 입력 후 '태그 추가' 클릭하기

④ 최근에 만든 커밋에 v1.0.0 태그가 잘 붙은 것을 확인할 수 있습니다. 좌측 **태그**에서도
생성한 태그를 확인할 수 있네요.

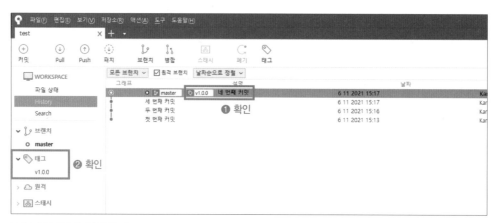

그림 2-55 | 네 번째 커밋에 붙은 태그

이렇게 분기점이 되는 특정 커밋에 태그를 붙일 수 있습니다. 그리고 태그 안에는 보통 다음
과 같이 사용자에게 선보이는 버전을 명시하게 됩니다.

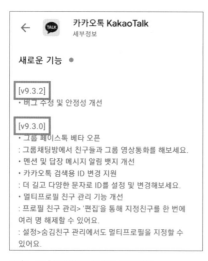

그림 2-56 | 사용자에게 선보이는 버전 예시

사용자에게 선보이는 버전 표기 방식은 소프트웨어마다 다르고, 개발자가 정하기 나름입니다. 어떤 소프트웨어는 이 버전을 〈연도.월.일〉 형태로, 어떤 소프트웨어는 〈숫자.숫자.숫자〉 형태로, 어떤 소프트웨어는 〈숫자.숫자〉 형대로 명시하기도 합니다.

Version	LTS	Date	V8	npm	NODE_MODULE_VERSION[1]			
Type versions of Node.js or npm to search (e.g: 'Node.js 14.17.5' or '6.14.14' ...)								
Node.js 17.0.1		2021-10-20	9.5.172.21	8.1.0	102	다운로드	변경사항	문서
Node.js 17.0.0		2021-10-19	9.5.172.21	8.1.0	102	다운로드	변경사항	문서
Node.js 16.13.0	Gallium	2021-10-26	9.4.146.19	8.1.0	93	다운로드	변경사항	문서
Node.js 16.12.0		2021-10-20	9.4.146.19	8.1.0	93	다운로드	변경사항	문서
Node.js 16.11.1		2021-10-12	9.4.146.19	8.0.0	93	다운로드	변경사항	문서
Node.js 16.11.0		2021-10-08	9.4.146.19	8.0.0	93	다운로드	변경사항	문서
Node.js 16.10.0		2021-09-22	9.3.345.19	7.24.0	93	다운로드	변경사항	문서
Node.js 16.9.1		2021-09-10	9.3.345.16	7.21.1	93	다운로드	변경사항	문서
Node.js 16.9.0		2021-09-07	9.3.345.16	7.21.1	93	다운로드	변경사항	문서
Node.js 16.8.0		2021-08-25	9.2.230.21	7.21.0	93	다운로드	변경사항	문서

1 2 3 4 ... 65

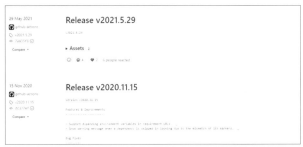

그림 2-57 | 소프트웨어마다 각기 다른 버전 표기법

하지만 많은 경우, 소프트웨어 버전은 다음처럼 숫자 세 개로 표기합니다.

vX. Y. Z

그림 2-58 | 가장 대중적인 버전 표기법

가장 앞에 나오는 숫자는 주(Major) 버전이라고 부릅니다. 이는 가장 중요한 버전으로, 일반적으로 새롭게 내놓은 버전이 기존에 내놓은 버전과 호환되지 않을 정도로 큰 변화가 있을 때 증가합니다.

vX. Y. Z

그림 2-59 | 주 버전

두 번째 숫자는 부(Minor) 버전이라 부릅니다. 일반적으로 새롭게 내놓은 버전이 기존에 내놓은 버전과 문제없이 호환되지만, 새로운 기능을 추가했을 때 증가합니다.

vX.Y.Z

그림 2-60 | 부 버전

마지막 숫자는 수(Patch) 버전이라 부릅니다. 일반적으로 기존에 내놓은 버전과 문제없이 호환되며 버그를 수정한 정도의 작은 변화가 있을 때 증가합니다.

vX.Y.Z

그림 2-61 | 수 버전

이 장에서 배운 내용을 정리해 봅시다. 하나의 버전을 만드는 과정은 다음과 같습니다.

1 | 작업 디렉터리 내의 파일을 변경하기

2 | 변경한 내용 중 버전에 포함할 파일을 스테이지에 올리기

3 | 커밋하기

그리고 .gitignore를 작성해 버전 관리를 하지 않을 파일이나 폴더를 자동으로 걸러낼 수 있었죠.

각 커밋에는 **커밋 해시**라는 고유한 문자열이 있고, 이렇게 쌓이고 쌓인 커밋에 **태그**라는 꼬리표를 붙일 수 있었습니다. 그리고 이 꼬리표 안에는 보통 버전을 작성하는 규칙에 따라 작성된 버전을 명시하고, 사용자에게 내놓을 준비가 끝나면 이를 릴리스하게 됩니다.

3장

버전 가지고 놀기

지난 장에서 여러분은 소스트리를 이용해 첫 번째 커밋(버전)을 만들어 보았습니다. 그리고 버전이 쌓여 사용자에게 릴리스되기까지의 과정도 학습했죠. 이 장에서는 커밋들을 비교하고, 작업 내역을 되돌리고, 임시 저장하는 방법을 학습하며 버전 관리와 더 친해져 봅시다.

3.1 버전 비교하기

커밋은 각 버전의 변경 사항을 포함합니다. 여러분이 앞으로 개발할 프로젝트는 수많은 커밋이 쌓여 만들어진다고 했었죠.

여러분이 웹 서비스를 개발하는 과정에서 커밋이 1,000개 정도 쌓였다고 가정해 봅시다. 여기서 1,000번째 커밋이 995번째 커밋에 비해 무엇이 달라졌는지 어떻게 알 수 있을까요? 그리고 995번째 커밋은 300번째 커밋에 비해 무엇이 달라졌는지 어떻게 알 수 있을까요?

깃을 이용하면 각 커밋의 변경 사항을 쉽게 비교할 수 있습니다. 이 절에서는 이를 실습해보며 알아보겠습니다. 그 전에, 우선 초기 설정을 해봅시다. 지난 장을 가볍게 복습한다는 마음으로 따라 해보세요.

① 소스트리에 로컬 저장소를 만들고, 그 안에 test.txt라는 빈 파일을 만듭니다.

그림 3-1 | 로컬 저장소와 test.txt 파일 만들기

② test.txt 파일 안에 A를 적고 저장합니다.

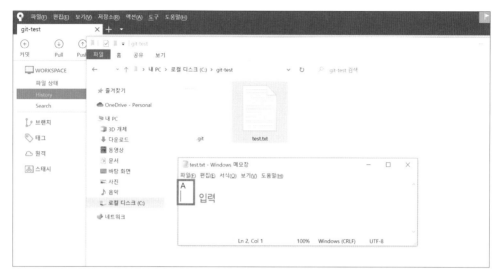

그림 3-2 │ test.txt에 A를 적고 저장하기

③ 이를 스테이지에 올리고 커밋하여 첫 번째 버전을 만듭니다. 커밋 메시지는 1로 하겠습니다.

그림 3-3 │ 첫 번째 버전 커밋 만들기

④ 만들어진 첫 번째 버전을 History에서 확인합니다.

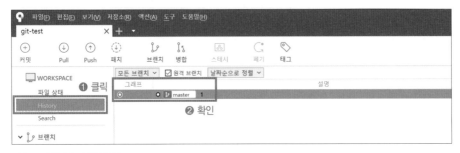

그림 3-4 | 첫 번째 버전 확인하기

⑤ 이제 두 번째 버전을 만듭니다. test.txt 파일에 A 다음 줄에 B를 적고 저장합니다.

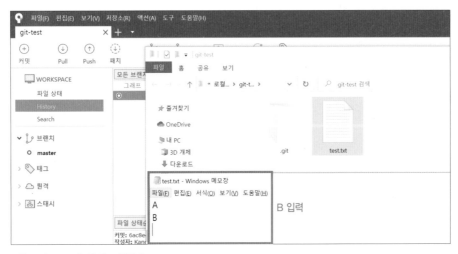

그림 3-5 | test.txt에 B를 적고 저장하기

⑥ 이를 스테이지에 올리고, 커밋하여 두 번째 버전을 만듭니다. 커밋 메시지는 2로 하겠습니다.

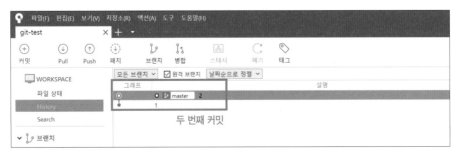

그림 3-6 | 두 번째 버전 커밋 만들기

❼ 이번엔 세 번째 버전을 만들어 봅시다. 이번에는 test.txt 파일에서 A를 삭제해 봅시다.

그림 3-7 | test.txt 파일에서 A 삭제하기

❽ 이를 스테이지에 올리고, 커밋하여 세 번째 버전을 만듭니다. 커밋 메시지는 3으로 하겠습니다.

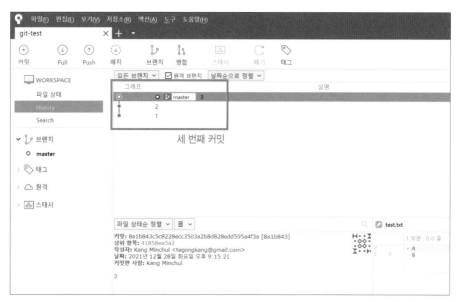

그림 3-8 | 세 번째 버전 커밋 만들기

9 이번에는 test.txt 파일 마지막 줄에 C를 적고 저장합니다.

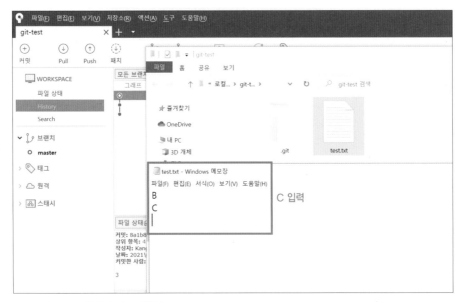

그림 3-9 | test.txt 파일에 C를 적고 저장하기

10 이를 스테이지에 올리고, 커밋하여 네 번째 버전을 만듭니다. 커밋 메시지는 4로 하겠습니다.

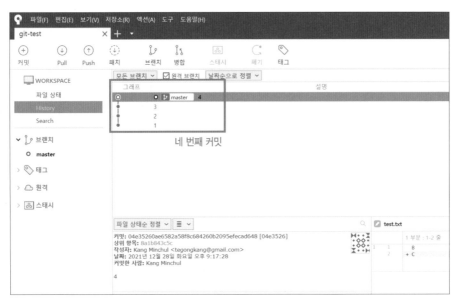

그림 3-10 | 네 번째 버전 커밋 만들기

⑪ 이제 마지막 버전을 만들어 봅시다. 이번에는 test.txt 파일의 C를 삭제하고, 저장해 봅시다.

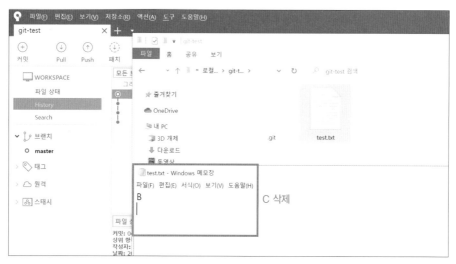

그림 3-11 | test.txt 파일에서 C 삭제하기

⑫ 이를 스테이지에 올리고, 커밋하여 다섯 번째 버전을 만듭니다. 커밋 메시지는 5로 하겠습니다.

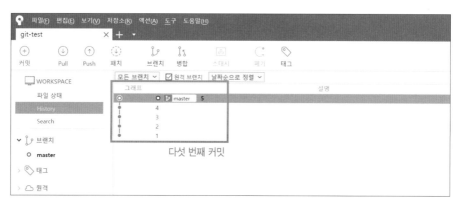

그림 3-12 | 다섯 번째 버전 커밋 만들기

이 예제에서는 하나의 텍스트 파일 속 내용이 추가되고 삭제되는 과정만 표현했지만, 실제 개발 과정에서는 수많은 파일의 내용들이 추가되고 삭제됩니다. 그렇기에 여러분도 방금 실습한 예시를 '여러 파일 속 코드가 삭제되고 추가되는 과정'에 빗대어 생각해 보세요.

1 직전 버전과 비교하기

자, test.txt 최종 파일에는 B만 저장되어 있습니다. 그런데 B가 저장되기까지 다섯 번의 변경(커밋)이 있었습니다. 최종 파일이 만들어지기까지의 과정을 그림으로 표현하면 다음과 같습니다. 추가된 글자는 파란색, 삭제된 글자는 붉은색으로 표현해 보았습니다.

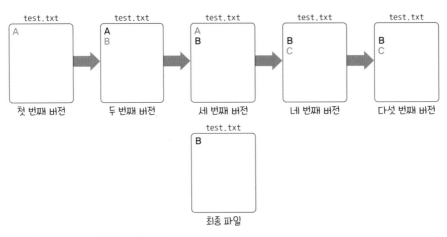

그림 3-13 | 다섯 번째 버전이 만들어지는 과정

각각의 버전이 어떤 변경을 토대로 만들어졌는지, 다시 말해 이전 버전에 비해 무엇이 바뀌었는지는 소스트리의 History에서 확인할 수 있습니다.

첫 번째 버전을 클릭해 봅시다. 우측 하단의 초록색 + A는 A가 추가된 것을 나타냅니다.

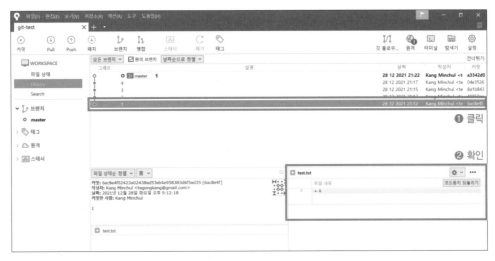

그림 3-14 | 첫 번째 버전 클릭하기

이번에는 세 번째 버전을 클릭해 봅시다. 붉은색 – A는 A가 삭제된 것을 나타냅니다.

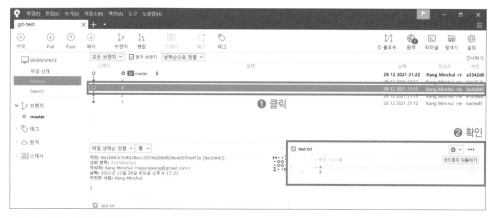

그림 3-15 | 세 번째 버전 클릭하기

각 버전과 직전 버전의 차이를 비교하려면 이렇게 개별 커밋을 클릭하여 확인하면 됩니다.

2 버전별 비교하기

그렇다면 버전별 비교는 어떻게 할까요? 예를 들어 두 번째 커밋과 네 번째 커밋의 차이를 알고 싶다면 어떻게 해야 할까요?

① 우선 두 번째 커밋을 할 당시의 test.txt 파일을 확인해 봅시다. 두 번째 커밋을 클릭하고 test.txt 공란에 마우스 오른쪽 버튼을 클릭한 후 **선택한 버전 열기**를 클릭해 보세요.

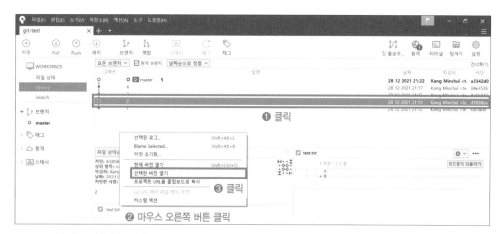

그림 3-16 | '선택한 버전 열기' 클릭하기

② 그러면 두 번째 버전의 test.txt 파일의 내용을 확인할 수 있습니다.

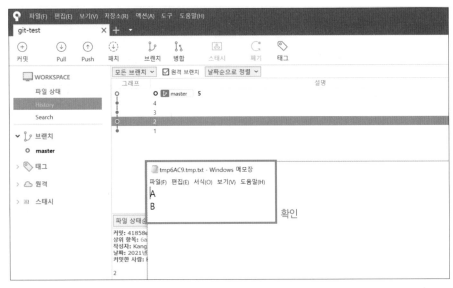

그림 3-17 | 두 번째 버전 파일 열기

③ 같은 방식으로 네 번째 버전의 내용도 확인할 수 있습니다.

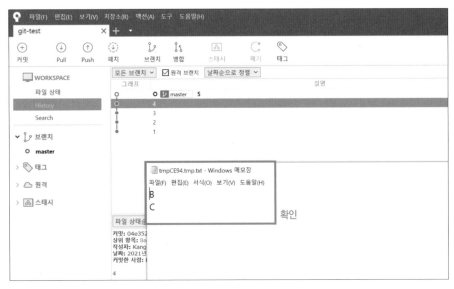

그림 3-18 | 네 번째 버전 파일 열기

두 번째 버전을 기준으로 생각했을 때 네 번째 버전은 다음처럼 A가 삭제되고, C가 추가됐습니다.

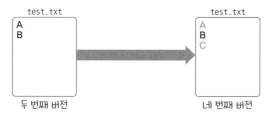

그림 3-19 | 두 번째 버전과 네 번째 버전 비교하기

④ 자, 그러면 소스트리로 네 번째 버전이 두 번째 버전에 비해 무엇이 어떻게 달라졌는지 확인해 봅시다. 우선 두 번째 버전을 클릭해 주세요.

그림 3-20 | 두 번째 버전 클릭하기

⑤ Ctrl 을 누른 상태에서 비교할 버전, 즉 네 번째 버전을 클릭해 보세요.

그림 3-21 | 네 번째 버전 클릭하기

❻ 비교할 파일 test.txt 파일을 선택하면 우측 하단에 두 번째 버전에 비해 네 번째 버전은 무엇이 달라졌는지가 나옵니다.

그림 3-22 | 두 번째 버전과 네 번째 버전의 차이 확인하기

이번에는 첫 번째 버전과 네 번째 버전을 비교해 봅시다. 네 번째 버전은 첫 번째 버전에서 문자 A가 삭제됐고, B와 C가 추가됐습니다. 이를 소스트리를 이용해 직접 확인해 봅시다.

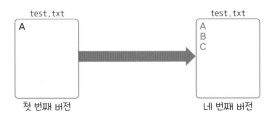

그림 3-23 | 첫 번째 버전과 네 번째 버전 비교하기

❶ 첫 번째 버전을 클릭하고 Ctrl 을 누른 상태에서 네 번째 버전을 클릭해 봅시다.

그림 3-24 | 첫 번째 버전과 네 번째 버전 클릭하기

❷ test.txt 파일을 클릭하면 첫 번째 버전과 네 번째 버전의 차이를 확인할 수 있습니다.

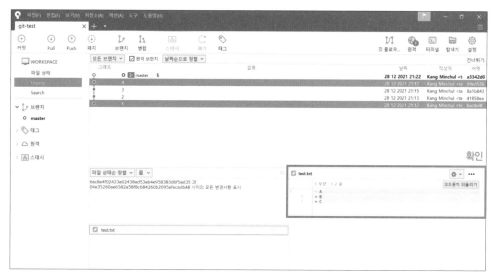

그림 3-25 | 첫 번째 버전과 네 번째 버전의 차이 확인하기

3.2 작업 되돌리기

이 절에서는 깃으로 작업 내역을 되돌리는 방법에 대해 학습하겠습니다. 앞에서 하나의 버전이 다음과 같은 과정을 통해 만들어진다는 것을 배웠습니다.

1 | 작업 디렉터리에서 변경 사항 생성하기

2 | 스테이지로 올리기

3 | 커밋하기

이때 아직 스테이지로 올리지 않은 변경된 파일을 취소하려면 어떻게 해야 할까요? 스테이지에 올라간 파일은 어떻게 취소해야 할까요? 이미 커밋한 파일은 어떻게 취소할 수 있을까요? 이를 하나씩 알아봅시다.

1 스테이지에 올라간 파일 되돌리기

우선 스테이지로 올라간 파일을 되돌리는 방법부터 알아봅시다. 앞 절에서 사용한 실습을 그대로 다시 사용하겠습니다.

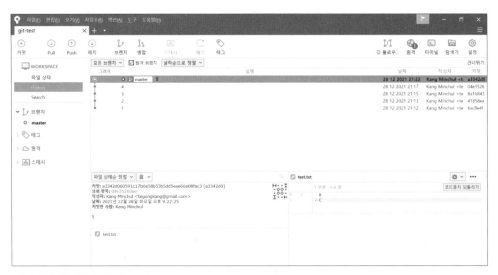

그림 3-26 | 커밋 다섯 개가 쌓인 프로젝트

① test.txt 파일에 C를 추가하고, A가 적힌 test2.txt 파일을 추가로 만든 뒤 저장합니다.

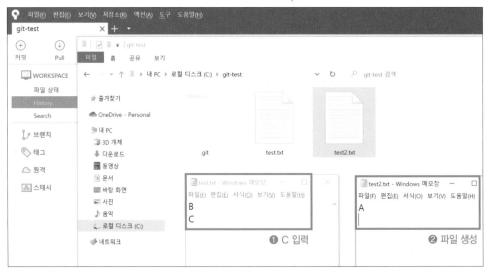

그림 3-27 | test.txt 파일 수정하고, test2.txt 파일 만들기

② **스테이지에 올라가지 않은 파일의 test.txt, test2.txt를 모두 스테이지에 올려봅시다. 모두 스테이지에 올리기**를 클릭합니다.

그림 3-28 | test.txt, test2.txt 파일 스테이지에 올리기

③ test.txt 파일을 클릭한 후 **선택 내용 스테이지에서 내리기** 또는 파일 이름 우측의 **-**를 클릭합니다.

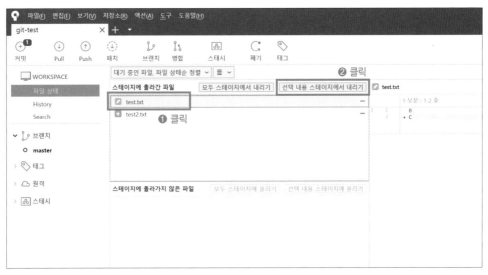

그림 3-29 | 스테이지에서 내리기

④ test.txt 파일이 스테이지에서 내려간 것을 확인할 수 있습니다.

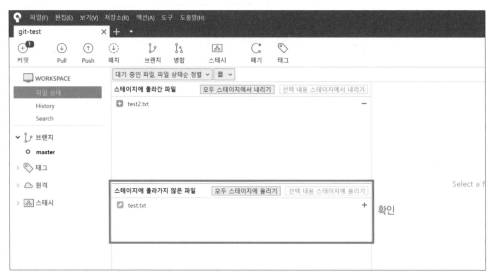

그림 3-30 | 스테이지에서 내려간 파일

⑤ 같은 방법으로 test2.txt 파일도 스테이지에서 내립니다.

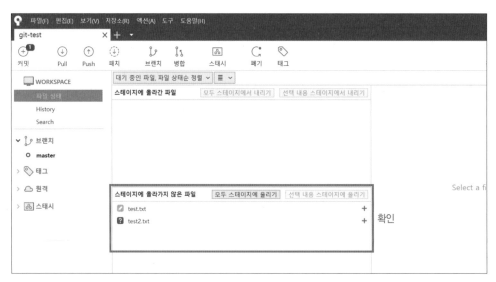

그림 3-31 | test2.txt 파일도 스테이지에서 내리기

> **TIP**
> '모두 스테이지에서 내리기'를 클릭하면 스테이지의 모든 내용이 내려갑니다.

2 스테이지에 올라가지 않은 파일 되돌리기

이번에는 스테이지에 올라가지 않은 파일을 되돌려 볼까요?

① **파일 상태**를 클릭한 후 **스테이지에 올라가지 않은 파일**을 확인해 봅시다. test.txt와 test2.txt 파일을 확인할 수 있습니다.

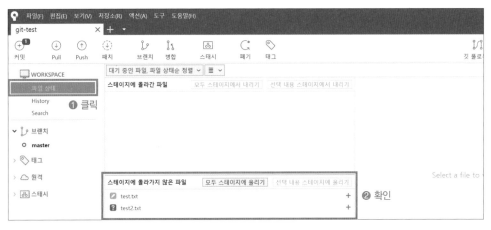

그림 3-32 | '스테이지에 올라가지 않은 파일' 항목 확인하기

② test.txt 파일에 마우스 오른쪽 버튼을 클릭한 후 **폐기**를 클릭합니다.

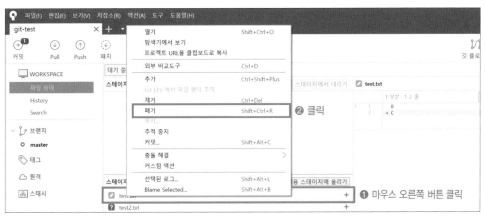

그림 3-33 | 변경 사항을 되돌리고 싶은 파일에 '폐기' 클릭하기

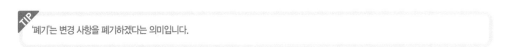

TIP

'폐기'는 변경 사항을 폐기하겠다는 의미입니다.

③ '폐기하시겠습니까?'라는 창에 **확인**을 클릭합니다.

그림 3-34 | '확인' 클릭하기

④ **스테이지에 올라가지 않은 파일**에 test.txt 파일이 사라진 것을 볼 수 있습니다. 스테이지에 올라오지 않은 변경 사항이 폐기된 것이지요.

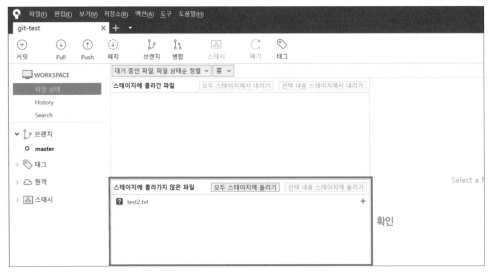

그림 3-35 | test.txt 파일의 변경 사항이 사라졌음을 확인하기

⑤ 실제로 test.txt 파일을 열어보면 이전에 추가한 C가 사라져 있음을 볼 수 있습니다. 즉, 변경 사항이 취소된 것이죠.

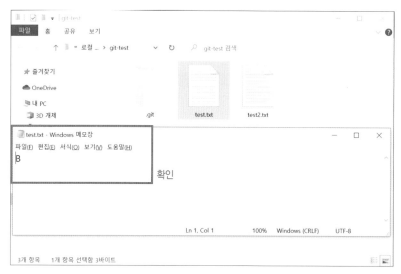

그림 3-36 | 변경 사항이 취소된 test.txt 파일 확인하기

⑥ 이번에는 test2.txt 파일에 마우스 오른쪽 버튼을 클릭해 봅시다. 방금 전과는 다르게 **폐기**를 누를 수 없습니다. 이는 test2.txt 파일이 이번에 막 생성된 파일이기 때문입니다. 즉, '새롭게 만들어진 파일의 변경 사항을 취소한다'는 말은 곧 이 파일이 만들어지기 전으로 돌아가겠다, 다시 말해 '이 파일을 제거하겠다'는 말과 같습니다. 따라서 방금 생성한 파일의 작업을 되돌리려면 **제거**를 클릭해야 합니다. **제거**를 클릭해 봅시다.

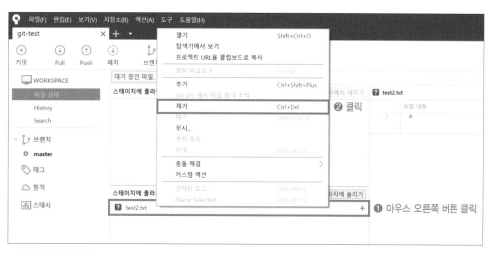

그림 3-37 | '제거' 클릭하기

⑦ '수정됐거나 선택되지 않은 파일을 지우시겠습니까?'라는 창에 **확인**을 클릭합니다.

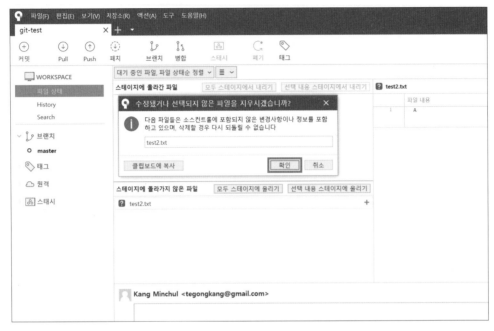

그림 3-38 | '확인' 클릭하기

⑧ 그럼 test2.txt 파일이 제거됩니다. **파일 상태**는 깔끔히 비워지고, 실제로도 test2.txt 파일이 삭제된 것을 확인할 수 있습니다.

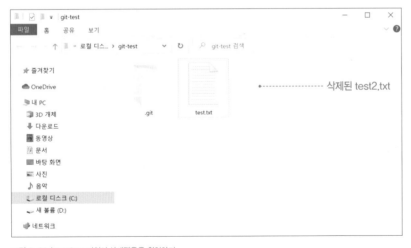

그림 3-39 | test2.txt 파일이 삭제됐음을 확인하기

3 커밋 되돌리기

마지막으로 커밋한 내용을 되돌리는 방법에 대해 알아봅시다. 커밋한 내용을 되돌리는 방법에는 크게 두 가지가 있습니다. 바로 revert와 reset입니다. 하나씩 학습해 봅시다.

■ revert

revert는 버전을 되돌리되, 되돌아간 상태에 대한 새로운 버전(커밋)을 만드는 방식입니다. 중요한 점은 기존의 버전은 삭제되지 않는다는 점입니다.

이해하기 쉽게 지금까지의 상황을 그림으로 표현해 보겠습니다.

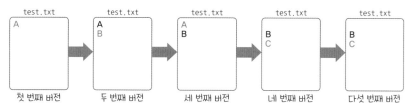

그림 3-40 | 버전 다섯 개가 만들어진 상황

여기서 여러분은 다섯 번째 버전을 네 번째 버전으로 되돌리고 싶습니다.

다섯 번째 버전을 revert하면 다음 그림과 같이 네 번째 버전으로 되돌아간 새로운 여섯 번째 커밋이 만들어집니다. 그림을 보면 첫 번째 버전부터 다섯 번째 버전은 그대로 유지됐음을 알 수 있습니다.

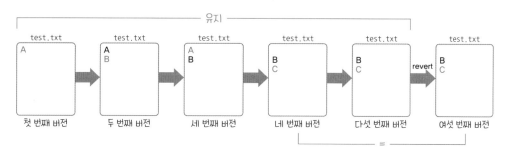

그림 3-41 | 다섯 번째 버전 revert

이렇게 버전을 되돌리는 방식을 revert라고 합니다.

위 예시를 소스트리로 직접 실습해 봅시다.

① History를 클릭합니다. 다섯 번째 버전을 네 번째 버전으로 revert하기 위해 다섯 번째 버전에 마우스 오른쪽 버튼을 클릭합니다. **커밋 되돌리기**라는 항목을 클릭합니다.

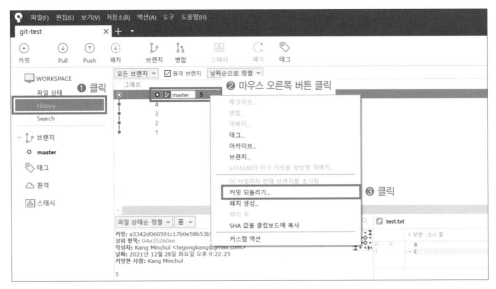

그림 3-42 | '커밋 되돌리기' 클릭하기

② '정말 커밋을 되돌리시겠습니까?'라는 창이 나오면 **예**를 클릭합니다.

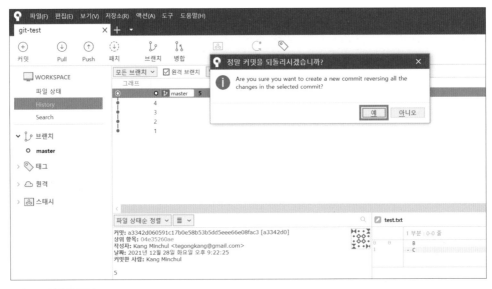

그림 3-43 | '예' 클릭하기

❸ Revert 5라는 새로운 버전이 만들어진 것을 확인할 수 있습니다. 우측 하단을 보면 이 버전이 네 번째 버전의 결과와 동일한 내용을 담고 있다는 것 또한 알 수 있지요.

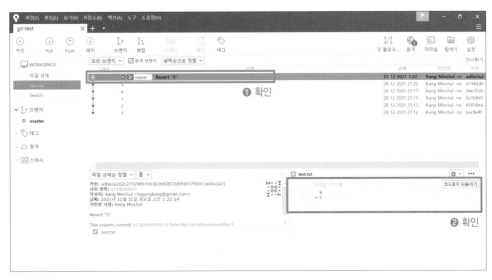

그림 3-44 | Revert된 새로운 커밋 만들기

▪ reset

이번에는 버전을 되돌리는 두 번째 방법인 reset에 대해 학습해 봅시다. revert는 버전을 되돌리되, 되돌아간 상태에 대한 새로운 버전을 만드는 것이어서 이전까지의 버전을 삭제하지는 않는 방식이라고 했었죠.

이와는 달리 reset은 되돌아갈 버전의 시점으로 완전하게 되돌아가는 방식입니다. 즉, 되돌아갈 버전 이후의 버전은 삭제되는 방식이지요. 예를 들어 다음처럼 버전 세 개가 만들어진 상황을 가정해 보겠습니다.

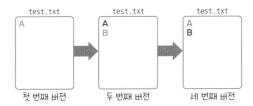

그림 3-45 | 버전 세 개가 만들어진 상황

여기서 두 번째 버전으로 reset하면 다음과 같은 상태가 됩니다. 세 번째 버전은 삭제되었죠.

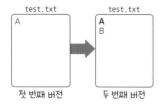

그림 3-46 | 두 번째 버전으로 reset한 상황

reset에는 크게 세 종류 soft, mixed, hard가 있습니다. 이들의 차이를 아는 것이 중요합니다. 커밋 하나를 만드는 과정을 기억하나요? 커밋은 다음과 같은 순서로 만들어진다고 했습니다.

1 | 작업 디렉터리에서 변경 사항 생성하기

2 | 스테이지로 올리기

3 | 커밋하기

위 그림에서 보여준 세 개의 버전 예시를 다시 생각해 봅시다. 이 세 버전은 다음과 같은 순서대로 만들어집니다.

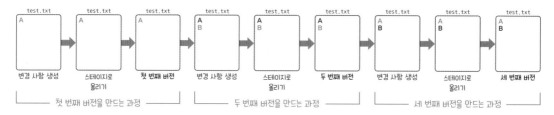

그림 3-47 | 세 번째 버전이 만들어지는 순서

작업 디렉터리 내 변경 사항과 스테이지에 추가된 변경 사항은 유지하되, 커밋했다는 사실만 되돌리는 reset을 soft reset이라고 합니다. 가령 위 세 버전에서 두 번째 버전으로 soft reset하면 다음과 같은 상태가 됩니다.

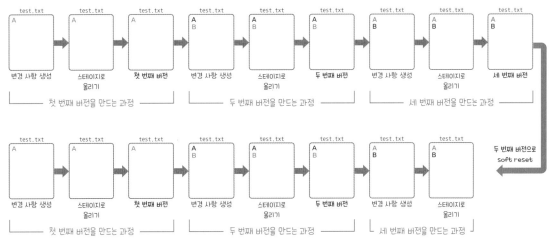

그림 3-48 | 두 번째 버전으로 soft reset

그리고 작업 디렉터리 내 변경 사항은 유지하되, 스테이지와 커밋을 되돌리는 reset을 mixed reset이라고 합니다.

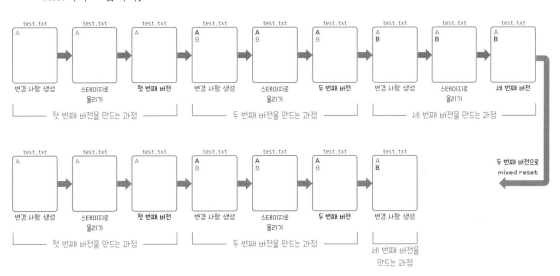

그림 3-49 | 두 번째 버전으로 mixed reset

마지막으로 작업 디렉터리 내 변경 사항까지 통째로 되돌리는 reset을 hard reset이라고 합니다.

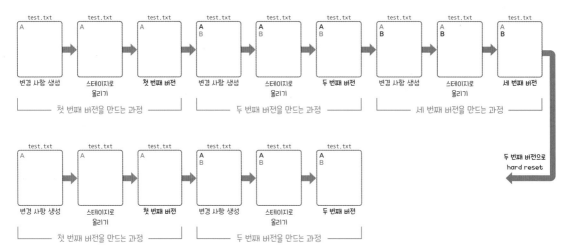

그림 3-50 | 두 번째 버전으로 hard reset

처음 reset을 배웠다면 이 개념이 조금 헷갈릴 수 있습니다. 다만 반복해서 reset을 사용하고 연습하다 보면 금방 익숙해질 수 있습니다.

표 3-1 | reset의 종류

종류	내용
soft reset	커밋만 되돌리기
mixed reset	스테이지까지 되돌리기
hard reset	작업 디렉터리까지 되돌리기

앞에서 설명한 예시로 직접 실습해 봅시다.

① 소스트리에서 두 번째 커밋으로 reset 하려면 두 번째 커밋에 마우스 오른쪽 버튼을 클릭한 다음 **이 커밋까지 현재 브랜치를 초기화**를 클릭해야 합니다.

> **TIP**
> '브랜치'가 무엇인지는 다음 장에서 학습할 예정입니다. 지금은 '이 커밋까지 현재 브랜치를 초기화'가 reset이라고 생각해도 무방합니다.

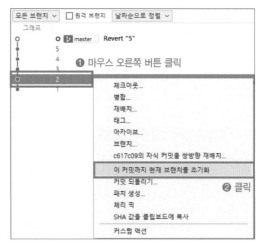

그림 3-51 | '이 커밋까지 현재 브랜치를 초기화' 클릭하기

② 어떻게 reset할지 선택하는 항목이 나옵니다. 작업 디렉터리 내 변경 사항까지 통째로 리셋하기 위해 **Hard**를 선택하고 **확인**을 클릭합니다.

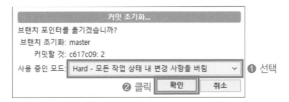

그림 3-52 | 'Hard' 선택하기

③ '경고' 창이 뜨면 **예**를 클릭합니다.

그림 3-53 | '예' 클릭하기

④ 결과를 확인하면 두 번째 버전으로 reset된 것을 확인할 수 있습니다. hard reset했기에 작업 디렉터리와 스테이지에 아무것도 남아 있지 않습니다. 다시 말해, 두 번째 버전 이후 내용들은 모두 삭제된 것이지요.

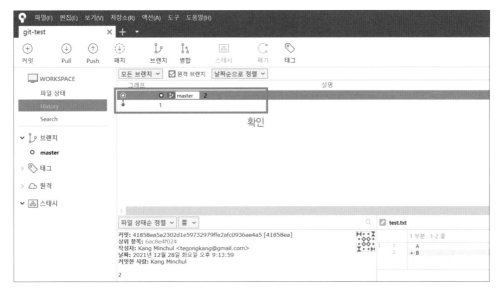

그림 3-54 | hard reset의 결과

Mixed 또는 Soft를 선택한다면?

앞 예시에서는 Hard를 선택하여 hard reset을 진행했습니다. 여기서 만일 Mixed 또는 Soft를 선택했다면 어떤 결과가 나올까요? 우선 reset을 선택하는 상황에서 Mixed를 선택해 보겠습니다. mixed reset이 뭐라고 했었죠? 스테이지까지 되돌리는 reset이라고 했습니다.

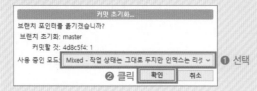

그림 3-55 | 'Mixed' 선택하기

커밋하지 않은 변경 사항이 있음을 확인할 수 있습니다. 이를 클릭한 뒤 하단을 보면 **스테이지에 올라가지 않은 파일** 항목에 test.txt 파일이 있는 것도 볼 수 있습니다. 즉, 커밋했다는 사실과 스테이지에 올렸다는 사실까지 되돌린, 변경 사항을 생성한 상황만 남은 상태가 됐습니다.

그림 3-56 | mixed reset의 결과

그렇다면 Soft를 선택할 경우, 즉 soft reset의 결과는 어떻게 될까요?

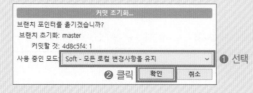

그림 3-57 | 'Soft' 선택하기

다음을 보면 알 수 있듯 세 번째 버전을 만들기 위해 스테이지에 올린 파일까지 유지된다는 걸 알 수 있습니다. 다시 말해, soft reset은 커밋한 사실만 되돌릴 뿐, 변경 사항을 생성하고 스테이지에 올린 사실까지는 되돌리지 않는 방식임을 확인할 수 있습니다.

그림 3-58 | soft reset의 결과

3.3 스태시로 작업 임시 저장하기

깃은 **스태시**(stash)라는 임시 저장 기능을 지원합니다. 이 장을 마무리하며 스태시를 이용한 작업의 임시 저장을 학습해 보겠습니다. 임시 저장 기능은 언제, 어떤 상황에서 사용하게 될까요?

여러분이 개발하는 과정에서 여러분의 작업 내역이 썩 마음에 들지 않지만 버리기는 아까울 때가 있을 수 있습니다.

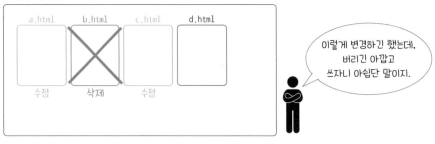

그림 3-59 | 임시 저장 기능이 필요한 첫 번째 상황

또는 갑자기 다른 더 중요한 일을 처리해야 할 때가 있을 수 있습니다.

그림 3-60 | 임시 저장 기능이 필요한 두 번째 상황

이런 상황에서는 지금까지의 변경 내역을 전부 지워버리는 것보다 어딘가에 임시 저장해두는 것이 좋겠죠? 스태시를 하게 되면 작업 디렉터리에서 생성한 모든 변경 사항이 임시 저장되고, 작업 디렉터리는 변경 사항이 생기기 전의 깨끗한 상태로 돌아갑니다.

예를 들어 작업 디렉터리에 있는 a.html, b.html, c.html, d.html 중에서 a.html과 c.html은 수정하고, b.html을 삭제하는 변경 사항을 생성했다고 가정해 봅시다.

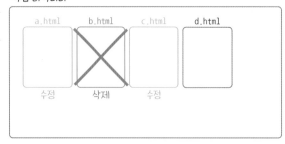

그림 3-61 | 작업 디렉터리를 변경한 상황

여기서 스태시하면 작업 디렉터리는 수정되기 전의 상태로 되돌아가고, 변경 내역은 임시 저장됩니다. 작업 디렉터리가 변경 사항이 생기기 전인 깨끗한 상태로 되돌아갔으니 이제 다른 변경 사항을 만들 수 있겠죠?

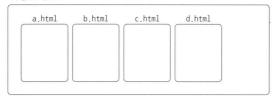

그림 3-62 | 스태시로 작업 내역을 임시 저장하기

또한, 다음 그림처럼 서로 다른 변경 사항 여러 개를 임시 저장할 수도 있습니다.

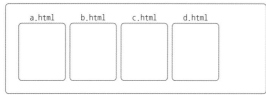

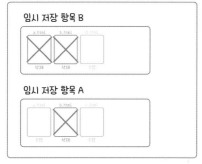

그림 3-63 | 여러 변경 사항들을 임시 저장하기

스태시로 임시 저장된 변경 사항들은 언제든 다시 꺼내어 작업 디렉터리에 다시 적용할 수 있습니다. 가령 그림 3-63에서 임시 저장 항목 A를 꺼내면 나음과 같이 작업 니렉터리에 해당 변경 사항들이 다시 적용됩니다. 아주 편리하겠죠?

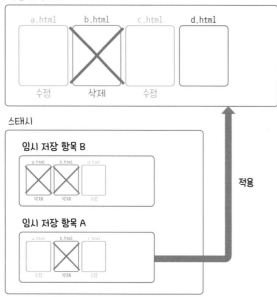

그림 3-64 | 임시 저장된 변경 사항 적용하기

> **NOTE**
> **스태시를 사용할 수 있는 파일**
>
> 스태시는 깃이 변경 사항을 추적하는(tracked) 파일에만 사용할 수 있습니다. 다시 말해, 스테이지에 이미 올라와 있거나 한 번이라도 커밋한 적이 있는 파일에만 사용할 수 있습니다. 방금 막 생성한 파일처럼 깃이 기존에 변경 사항을 추적하지 않은 (untracked) 파일에는 스태시를 사용할 수 없습니다.

자, 이를 직접 실습해 봅시다.

❶ 임의의 로컬 저장소에 a.txt, b.txt, c.txt, d.txt, e.txt 파일을 만들고 이 다섯 개의 텍스트 파일에 각각 A, B, C, D, E를 저장합니다.

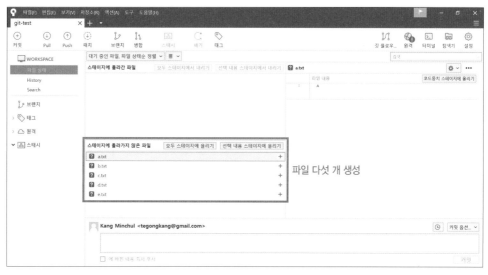

그림 3-65 | 파일 다섯 개 만들기

❷ 이들을 스테이지에 모두 올리고 커밋합니다. 커밋 메시지는 1로 하겠습니다.

그림 3-66 | 파일 다섯 개를 첫 번째 버전으로 만들기

③ 이제 변경 사항을 만들겠습니다. a.txt 파일 안에 B를 추가하고, b.txt 파일은 삭제합니다. 그리고 c.txt 파일 안에 D를 추가합니다.

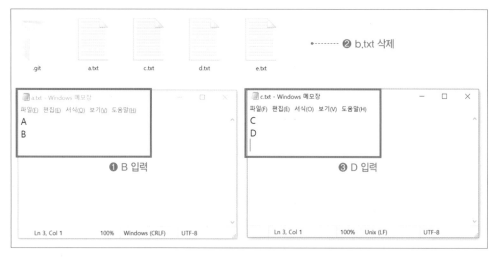

그림 3-67 | a.txt, c.txt 파일 수정, b.txt 파일 삭제하기

④ 그런 다음 소스트리의 **파일 상태**를 클릭하면 다음처럼 나올 것입니다.

그림 3-68 | '파일 상태' 확인하기

⑤ 여기까지의 작업 내역을 임시 저장해 보겠습니다. 상단의 **스태시**를 클릭합니다. '변경점을 Stash하겠습니까?'라는 물음에 대해 '임시저장 1'을 입력합니다. **스테이지에 있는 변경사항 유지** 항목은 체크하지 않고 **확인**을 클릭합니다.

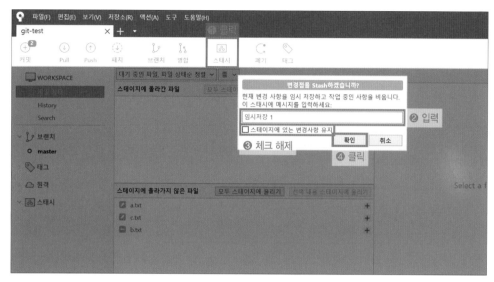

그림 3-69 | 변경 사항 스태시하기

⑥ 작업 디렉터리에 남아 있던 작업 내역은 깨끗하게 사라집니다. 대신 좌측에 스태시 항목을 보면 임시저장 1이 새롭게 생성된 것을 확인할 수 있습니다.

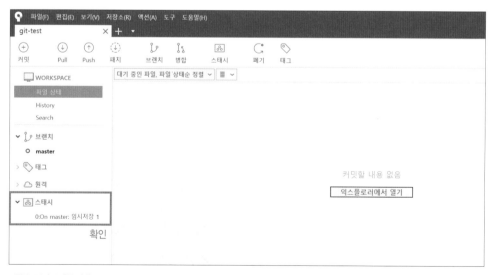

그림 3-70 | 스태시 결과

⑦ 실제로 확인해봐도 삭제했던 b.txt 파일이 복원됐고, a.txt와 c.txt 파일을 수정했던 흔적이 사라진 것을 알 수 있지요.

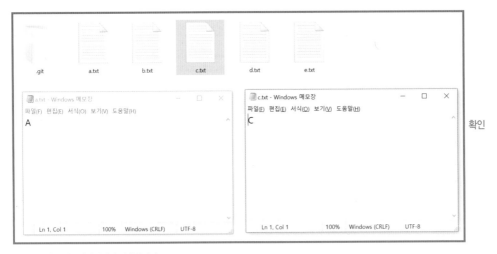

그림 3-71 | 작업 내역이 사라진 것 확인하기

⑧ 그럼 다른 변경 사항을 만들어 볼까요? 이번에는 d.txt 파일과 e.txt 파일을 삭제해 봅시다.

그림 3-72 | d.txt, e.txt 파일 삭제하기

⑨ 이 두 개의 파일을 삭제한 변경 사항을 또 다시 임시 저장해 보겠습니다. 상단의 스태시를 클릭합니다.

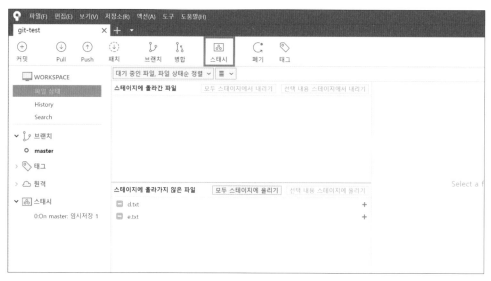

그림 3-73 | 상단의 '스태시' 클릭하기

⑩ 스태시 메시지에는 '임시저장 2'를 적고, **확인**을 누릅니다.

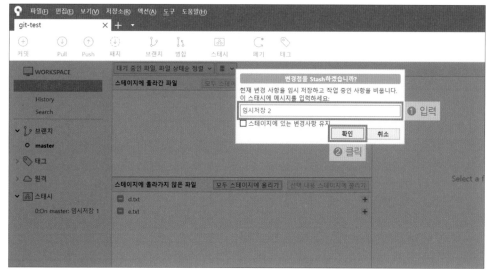

그림 3-74 | 변경 사항 스태시하기

⑪ 그럼 작업 디렉터리의 변경 사항은 또 다시 아무 일도 없었다는 듯이 깨끗이 비워집니다. 좌측에 스태시 항목을 보면 '임시저장 2'가 생성된 것 또한 확인할 수 있습니다. 이렇게 스태시를 이용해 여러 변경 사항을 임시 저장할 수 있습니다.

그림 3-75 | 스태시 결과

⑫ 그럼 이제 임시 저장된 변경 사항을 작업 디렉터리에 다시 적용해 볼까요? 가령 '임시저장 1'을 다시 반영해 보겠습니다. 좌측의 임시저장 1을 클릭해 보세요. 그러면 다음과 같이 '임시저장 1'이 어떤 변경 사항을 담고 있는지가 나옵니다.

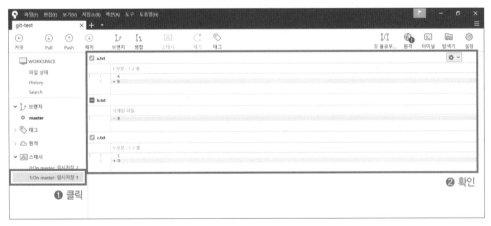

그림 3-76 | 임시 저장된 작업 내역 확인하기

⑬ 이 변경 사항을 다시 작업 디렉터리에 반영하려면 좌측 스태시의 임시저장 1에서 마우스 오른쪽 버튼을 클릭하고 **스태시 적용**을 클릭해야 합니다.

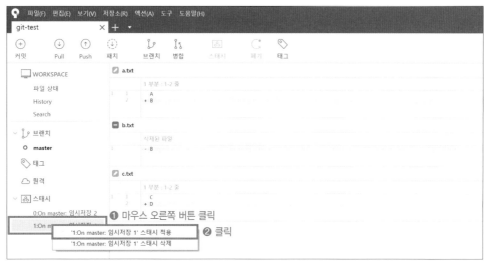

그림 3-77 | '스태시 적용' 클릭하기

⑭ '스태시를 적용하시겠습니까?'라는 물음에 **확인**을 누릅니다. **적용 후 삭제**는 체크하지 않습니다.

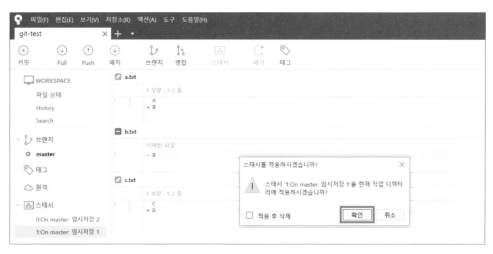

그림 3-78 | '확인' 클릭하기

> TIP
>
> '적용 후 삭제'를 체크한 뒤 '확인'을 누르면 임시저장 1의 변경 사항이 작업 디렉터리에 적용되며, 스태시 항목의 임시저장 1은 삭제됩니다.

⑮ **파일 상태**를 클릭해보면 앞에서 임시 저장한 변경 사항들이 다시 적용된 걸 알 수 있습니다.

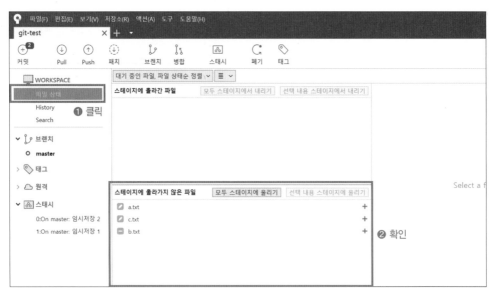

그림 3-79 | 임시 저장한 변경 사항이 적용된 모습

이렇게 스태시를 이용해 여러 작업 내역을 임시로 저장할 수 있고, 복원할 수도 있습니다.

4장

브랜치로
나누어 관리하기

브랜치(branch)는 영어로 나뭇가지를 의미합니다. 나무를 자세히 보면 한 줄기에서 가지들이 여러 갈래로 뻗어나오고, 또 그 가지에서 여러 가지들이 뻗어나온다는 걸 알 수 있습니다.

브랜치는 마치 줄기에서 뻗어나오는 나뭇가지와 같이 버전을 여러 흐름으로 나누어 관리하는 방법입니다. '버전을 여러 흐름으로 나누어 관리한다'는 말이 아직은 잘 와닿지 않을 수도 있겠습니다.

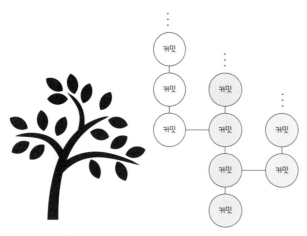

그림 4-1 | 버전을 여러 흐름으로 나누어 관리하는 브랜치

이 장에서는 버전을 나누어 관리한다는 말이 정확히 무엇을 의미하는지, 브랜치를 어떤 상황에서 어떻게 사용해야 하는지 학습해 보겠습니다.

4.1 버전을 나누어 관리하는 이유

1 브랜치가 없다면?

브랜치가 무엇이며, 왜 필요한지를 쉽게 이해하려면 브랜치가 없는 상황을 가정해보면 됩니다.

A와 B가 협업하여 온라인 쇼핑몰을 만들고 있다고 가정하겠습니다. 쇼핑몰은 어느 정도 완성된 상태로 코드는 방대하고 커밋이 꽤 쌓여 있는 상황입니다. A와 B는 여기에 몇 가지 기능을 추가하고자 합니다. A는 장바구니 기능을, B는 주문 목록 기능을 구현하기로 했습니다.

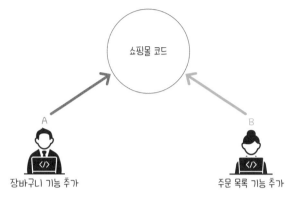

그림 4-2 | A와 B가 맡기로 한 작업 내용

A와 B는 이미 어느 정도 만들어진 쇼핑몰 코드를 통째로 복사하여 각각 장바구니 기능, 주문 목록 기능을 만들 것입니다. 이 과정에서 여러 파일을 추가하고 수정하고 삭제하겠죠?

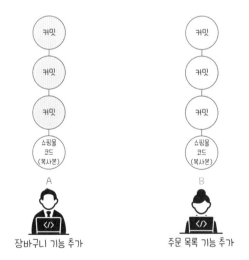

그림 4-3 | 복사된 쇼핑몰 코드에 각자의 작업을 수행하는 A와 B

A와 B가 작업을 모두 완료했다면 A와 B는 각자의 작업을 하나로 합칠 것입니다. 이때 어쩔 수 없이 A와 B는 각자가 추가하고 수정하고 삭제한 코드를 하나하나 대조해봐야 합니다.

A와 B가 작업한 내용 중에는 서로의 작업과 전혀 관련 없는 부분도 있을 것이고, 때로는 같은 코드를 다르게 수정한 부분도 있을 것입니다. 이를 일일이 대조하고 합칠 코드를 판단한다면 너무나 번거롭겠죠? 게다가 서로의 작업을 수작업으로 합치는 과정에서 실수할 수도 있습니다.

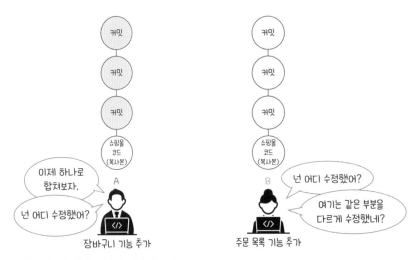

그림 4-4 | 작업 내용을 일일이 대조해야 하는 A와 B

이번에는 다른 상황도 생각해 볼까요? C 회사는 자체 제작한 프로그램을 여러 회사에 납품했습니다. 그리고 C 회사의 프로그램을 사용하는 회사들은 C 회사에 각자의 요구 사항을 전달했습니다. 어떤 회사는 프로그램이 자신들의 회사에 맞게 조금 변경했으면 좋겠다고 요구했고, 어떤 회사는 프로그램에 추가 기능이 있었으면 좋겠다고 요구했고, 어떤 회사는 C 회사에게 이 기능은 필요하지 않으니 빼달라고 요구했죠.

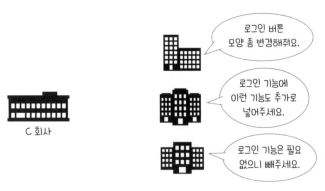

그림 4-5 | 새로운 요구 사항

이런 상황에서 C 회사는 어떻게 해야 할까요? 각 회사의 요구 사항의 수만큼 프로그램 코드를 복사하고, 요구 사항에 맞게 복사된 코드를 수정해야 합니다.

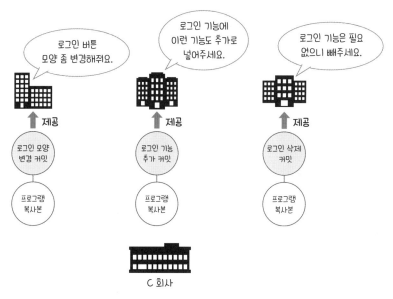

그림 4-6 | 새로운 요구 사항 반영하기

시간이 흘러 C 회사의 프로그램은 어느덧 버전 10.0.0까지 출시됐고, 요구 사항이 1,000개가 넘어갈 정도로 매우 많아졌다고 가정해 봅시다.

C 회사는 이미 버전 10.0.0까지 출시했는데, 요구 사항 1,000개가 모두 같은 버전에서만 등장하지는 않겠죠? 1,000개 중 어떤 요구 사항은 버전 1.0.0에 대한 요구 사항일 수 있고, 어떤 요구 사항은 버전 3.0.0에 대한 요구 사항일 수 있고, 어떤 요구 사항은 버전 9.0.0에 대한 요구 사항일 수 있겠죠.

그렇다면 C 회사는 어떻게 해야 할까요? 버전별로 복사본을 만들고, 요구 사항별로 복사본을 만들어 각 요구 사항에 맞게 소프트웨어를 수정해야 할까요?

버전 1.0.0에 대한 요구 사항은 30개니 코드를 30개 복사하고, 버전 1.0.5에 대한 요구 사항은 15개니 코드를 15개 복사하고… 이렇게 코드를 관리해야 할까요?

말만 들어도 알 수 있듯, 이는 매우 번거롭고 현명하지 못한 방식입니다.

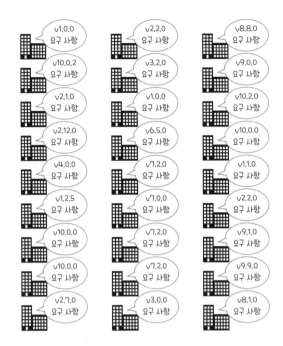

그림 4-7 | 버전별로 요구 사항이 많아질 경우

2 브랜치로 해결하기

앞 두 사례의 문제는 모두 브랜치로 해결할 수 있습니다. 브랜치는 버전의 분기입니다. 작업을 분기하고 싶을 때 브랜치를 나누면 되지요.

브랜치는 버전을 여러 흐름으로 나누어 관리하는 방법이라고 했죠? 여러 흐름으로 버전을 나누어 관리한다는 말은, 쉽게 말해 다음 3단계로 버전을 관리하는 것을 의미합니다.

1 | 브랜치를 나눈다.

2 | 각자의 브랜치에서 작업한다.

3 | (필요한 경우) 나눈 브랜치를 합친다.

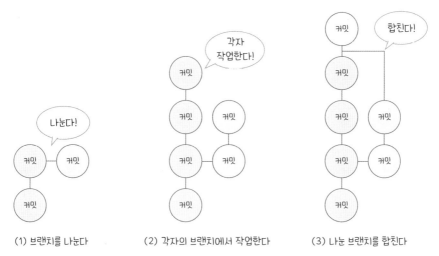

(1) 브랜치를 나눈다   (2) 각자의 브랜치에서 작업한다   (3) 나눈 브랜치를 합친다

그림 4-8 | 브랜치를 통한 버전 관리하기

첫 번째 사례에서 브랜치를 어떻게 활용할 수 있는지 알아볼까요? A와 B는 어느 정도 완성된 쇼핑몰에서 코드를 통째로 복사하지 않고 각자의 브랜치를 나눕니다. A는 쇼핑몰 코드에서 '장바구니'라는 이름의 브랜치를 나누었고, B는 '주문 목록'이라는 이름의 브랜치를 나누었다고 해봅시다.

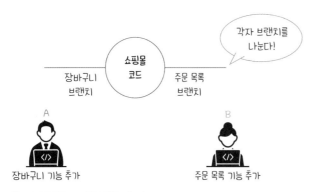

그림 4-9 | 쇼핑몰 코드에서 브랜치 나누기

이제 A와 B는 나누어진 각자의 브랜치에서만 작업하면 됩니다. A는 장바구니 브랜치에서 장바구니 기능을 만들고, B는 주문 목록 브랜치에서 주문 목록 기능을 만들면 되지요.

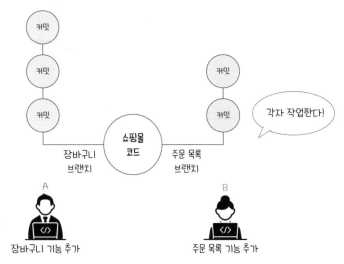

그림 4-10 | 각자 브랜치에서 작업하기

각자의 작업이 끝나면 A와 B의 브랜치를 하나로 합칩니다. 그러면 A의 작업과 B의 작업은 자동으로 하나로 통합됩니다. 브랜치가 하나로 통합되면 쇼핑몰 코드는 장바구니 브랜치에서 A가 작업한 내용과 주문 목록 브랜치에서 B가 작업한 내용을 모두 포함하게 됩니다. 이 때 A와 B는 '같은 코드를 다르게 수정한 부분'만 살펴보면 됩니다.

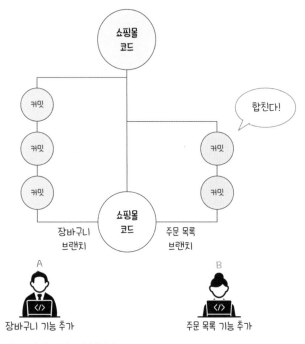

그림 4-11 | 나누어진 브랜치 합치기

두 번째 사례에서 브랜치를 사용하는 예도 살펴봅시다. C 회사는 프로그램을 계속해서 개발하며 릴리스할 것입니다. 이 과정에서 새로운 요구 사항이 생긴다면 그에 맞는 브랜치를 생성하고, 그렇게 나누어진 브랜치에 요구 사항을 반영하면 됩니다. 버전별로 요구 사항이 아무리 많아져도 브랜치를 나누면 그만이니 코드를 통째로 복사할 필요는 없겠죠?

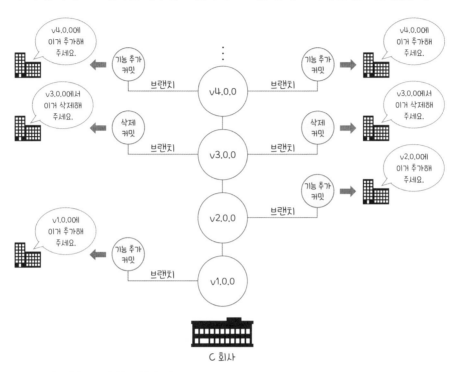

그림 4-12 | C 회사 프로그램에서 브랜치 나누기

4.2 브랜치를 나누고, 합쳐보기

1 브랜치 나누기

브랜치에 대해 더 자세히 알아봅시다.

깃이 제공하는 가장 기본적인, 최초의 브랜치를 master 브랜치라고 합니다. 지금까지 여러분이 만드는 커밋은 모두 master 브랜치에 속합니다. 가령 로컬 저장소를 만들고, 커밋 세 개를 만들었다고 해봅시다. 이 커밋 모두는 master 브랜치에 속합니다. master 브랜치에 만들어진 세 커밋을 편의상 'master 1번 커밋', 'master 2번 커밋', 'master 3번 커밋'이라 지칭하겠습니다.

그림 4-13 | master 브랜치에 커밋 세 개

master의 최신 커밋에서 foo라는 브랜치를 만들고, foo 브랜치에 커밋을 두 개 추가해 봅시다. 그렇다면 로컬 저장소는 다음과 같아집니다. foo에 만들어진 커밋을 편의상 'foo 4번 커밋', 'foo 5번 커밋'이라 지칭하겠습니다.

여기서 주목할 점은 master 브랜치의 입장에서는 커밋이 세 개밖에 없다는 점입니다. 오로지 foo 브랜치에서만 새로운 작업이 두 개 추가됐죠. 반면, foo 브랜치 입장에서는 커밋이 다섯 개 있습니다. foo는 master 브랜치의 세 번째 커밋에서 뻗어나온 브랜치이기 때문에 master 브랜치의 커밋 세 개를 모두 포함하고 있습니다.

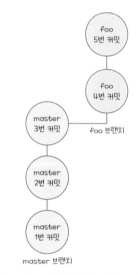

그림 4-14 | foo 브랜치 생성 후 커밋 두 개 추가하기

master 브랜치에서 커밋 한 개를 더 쌓아봅시다. 그럼 저장소는 그림 4-15와 같아지겠죠?

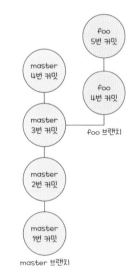

그림 4-15 | master 브랜치에 커밋 추가하기

이번에는 master의 최신 커밋에서 bar라는 새로운 브랜치를 만들고, bar에 두 개의 커밋을 추가해 봅시다.

그러면 그림 4-16처럼 master 브랜치에는 총 커밋 네 개가, foo 브랜치에는 커밋 다섯 개가, bar 브랜치에는 커밋 여섯 개가 쌓이게 됩니다. 이렇듯 브랜치를 이용하면 버전을 여러 흐름으로 관리할 수 있습니다.

여기서 여러분이 알아야 하는 개념이 있습니다. 바로 HEAD와 체크아웃입니다.

HEAD는 기본적으로 현재 작업 중인 브랜치의 최신 커밋을 가리키는 일종의 표시입니다. 보통은 현재 작업 중인 브랜치의 최신 커밋을 가리키지만, 브랜치를 나누고 합치는 과정에서 HEAD의 위치를 자유자재로 바꿀 수 있습니다.

체크아웃이란 특정 브랜치에서 작업할 수 있도록 작업 환경을 바꾸는 것을 의미합니다. 특정 브랜치로 체크아웃하게 되면 HEAD의 위치가 해당 브랜치의 최신 커밋을 가리키고, 작업 디렉터리는 체크아웃한 브랜치의 모습으로 바뀌게 됩니다.

가령 그림 4-17에서 HEAD가 master 브랜치의 최신 커밋을 가리킬 경우, 다시 말해 master 브랜치로 체크아웃할 경우 작업 디렉터리는 총 네 개의 커밋이 만들어진 직후의 모습으로 바뀌게 됩니다.

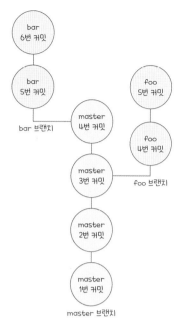

그림 4-16 | master, foo, bar 브랜치

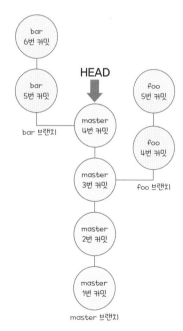

그림 4-17 | master 브랜치로 체크아웃하기

HEAD가 foo 브랜치의 최신 커밋을 가리킬 경우, 다시 말해 foo 브랜치로 체크아웃할 경우 작업 디렉터리는 총 다섯 개의 커밋이 만들어진 직후의 모습을 띄게 됩니다.

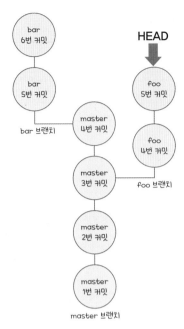

그림 4-18 | foo 브랜치로 체크아웃하기

마찬가지로 HEAD가 bar 브랜치를 가리킬 경우, 즉 bar 브랜치로 체크아웃할 경우 작업 디렉터리는 총 여섯 개의 커밋이 만들어진 직후의 모습을 띄게 됩니다.

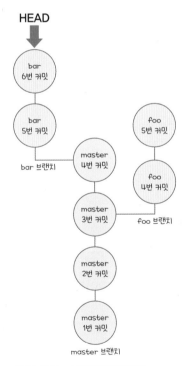

그림 4-19 | bar 브랜치로 체크아웃하기

브랜치 이름을 마음대로 지어도 되나요?

깃을 연습할 때는 브랜치 이름을 임의로 지어도 무방하나, 실무에서는 브랜치 이름을 암묵적으로 정해두는 경우가 많습니다. 브랜치 이름을 마구잡이로 지으면 이 브랜치가 무엇을 위해 만들어졌는지 알 수가 없기 때문입니다.

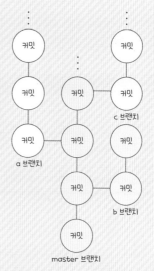

그림 4-20 | 규칙 없이 지어진 브랜치 이름

예를 들어 다음처럼 '새로운 기능을 개발하기 위한 브랜치' 이름은 'feature/〈새 기능〉', '릴리스를 준비하기 위한 브랜치' 이름은 'release/〈릴리스 번호〉', '급하게 수정해야 하기 위한 브랜치' 이름은 'hotfix/〈수정 사항〉' 이렇게 명명할 수 있습니다.

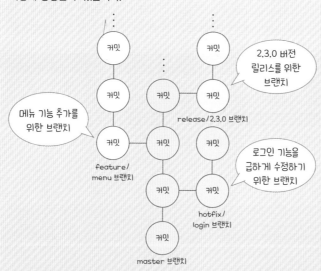

그림 4-21 | 목적에 따라 지어진 브랜치 이름

이렇게 목적에 따라 브랜치 이름을 관리하면 브랜치 이름만 봐도 이 브랜치가 왜 뻗어나왔는지, 무엇을 위해 만들어진 브랜치인지 알 수 있겠죠?

자, 그럼 소스트리를 이용해 브랜치를 직접 실습해 봅시다.

① 비어 있는 로컬 저장소를 만듭니다. 그리고 A가 적힌 a.txt 파일을 만들고 커밋합니다.
커밋 메시지는 1로 하겠습니다.

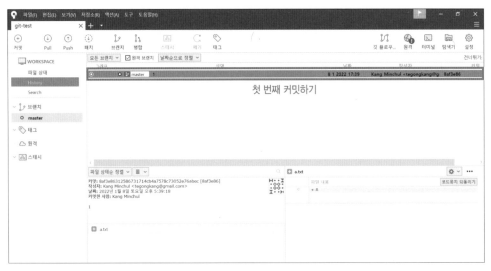

그림 4-22 | 첫 번째 커밋 만들기

② 이번엔 b.txt 파일을 만들고 B를 적은 후 커밋합니다. 커밋 메시지는 2로 하겠습니다.

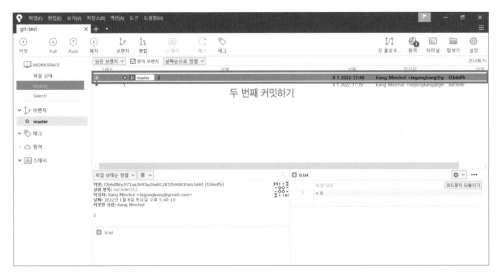

그림 4-23 | 두 번째 커밋 만들기

❸ 마지막으로 c.txt 파일을 만들고 C를 적은 후 커밋합니다. 커밋 메시지는 3으로 하겠습니다.

그림 4-24 | 세 번째 커밋 만들기

❹ 이렇게 세 개의 커밋을 만들었습니다. 여기서 foo라는 브랜치를 만들겠습니다. 상단의 **브랜치**를 클릭해 보세요.

그림 4-25 | foo 브랜치를 생성하기 위해 '브랜치' 클릭하기

❺ **새 브랜치**에 새로 만들 브랜치 이름 foo를 작성한 후 **새 브랜치 체크아웃**에 체크되어 있는지 확인합니다. 체크되어 있지 않다면 체크합니다. 그리고 **브랜치생성**을 클릭합니다.

앞서 체크아웃이란 해당 브랜치로 작업 환경을 바꾸겠다는 것을 의미한다고 했죠? 즉, 'master 브랜치로 체크아웃한다'라는 말은 작업 환경을 master 브랜치로 바꾼다는 의미이고, 'foo 브랜치로 체크아웃한다'라는 말은 작업 환경을 foo 브랜치로 바꾼다는 의미입니다.

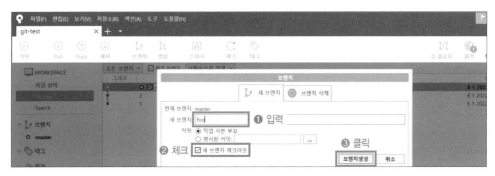

그림 4-26 | foo 브랜치 만들기

⑥ **브랜치생성**을 클릭하면 foo 브랜치가 생성됩니다. 이는 좌측의 **브랜치**에서 확인할 수 있습니다. 굵게 표기된 브랜치 이름은 현재 체크아웃된 브랜치를 나타냅니다. 다음 그림을 보면 foo가 진하게 표기되어 있죠? 이는 현재 작업 환경이 foo 브랜치임을 나타냅니다.

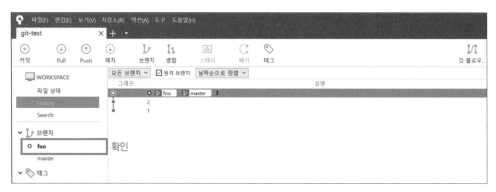

그림 4-27 | foo 브랜치 확인하기

⑦ 이제 foo_d.txt 파일을 만들고 D를 적은 후 커밋합니다. 커밋 메시지는 4로 하겠습니다. 이 커밋은 master 브랜치가 아닌 foo 브랜치에 추가됩니다. 현재 작업 환경(체크아웃된 브랜치)이 foo 브랜치이기 때문이지요.

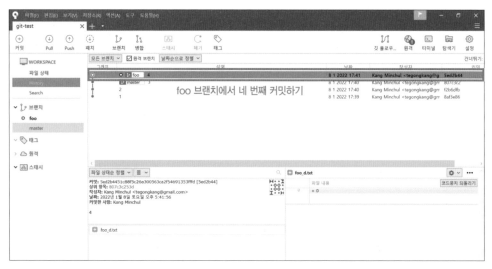

그림 4-28 | foo 브랜치에 네 번째 커밋 만들기

⑧ 커밋을 하나만 더 추가해 봅시다. foo_e.txt 파일을 만들고 E를 적은 후 커밋합니다. 커밋 메시지는 5로 하겠습니다.

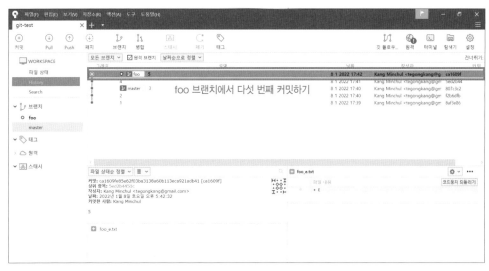

그림 4-29 | foo 브랜치에 다섯 번째 커밋 추가하기

⑨ 이렇게 master 브랜치에는 커밋 세 개가 쌓여 있고, 그로부터 파생된 foo 브랜치에는 커밋 다섯 개가 쌓여 있습니다. 현재는 foo 브랜치에 체크아웃되어 있을 텐데, 탐색기를 열어 파일이 다섯 개 있는지 확인해 봅시다.

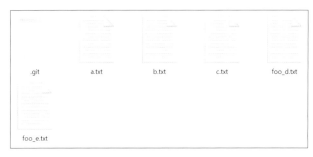

그림 4-30 | foo 브랜치의 파일 확인하기

⑩ master 브랜치로 체크아웃해 볼까요? 좌측의 **브랜치**에서 master를 더블클릭하면 master 브랜치로 체크아웃됩니다.

그림 4-31 | master 브랜치로 체크아웃하기

⑪ master 브랜치에는 커밋 세 개가 쌓여 있습니다. 탐색기를 열어 파일이 세 개 있는지 확인해 봅시다. 방금 전까지만 해도 파일이 다섯 개 있었는데 갑자기 세 개가 됐죠? 이는 작업 환경이 master 브랜치로 변경됐기 때문입니다.

그림 4-32 | master 브랜치의 파일 확인하기

⑫ 자, 그러면 master 브랜치에 체크아웃되어 있는 상태에서 bar라는 새로운 브랜치를 만들어 봅시다. 방법은 앞에서 foo 브랜치를 만들 때와 동일합니다.

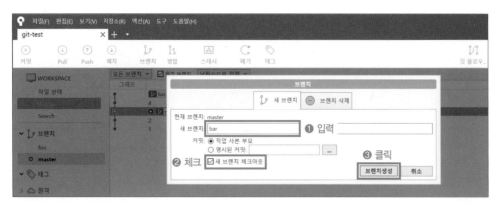

그림 4-33 | bar 브랜치 만들기

⑬ bar 브랜치로 체크아웃한 상황에서 bar_d.txt 파일을 만들고 D를 적은 후 커밋합니다.
커밋 메시지는 4로 하겠습니다. 그렇다면 이 커밋은 bar 브랜치에 추가되겠지요?

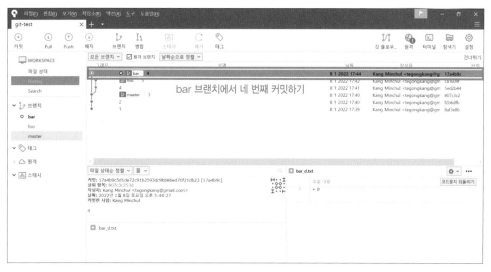

그림 4-34 | bar 브랜치에 네 번째 커밋 추가하기

⑭ 다시 bar 브랜치에서 bar_e.txt 파일을 만들고 E를 적은 후 커밋합니다. 커밋 메시지는
5로 하겠습니다.

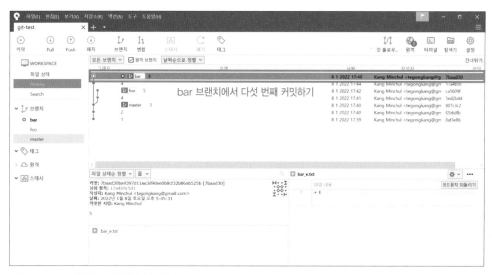

그림 4-35 | bar 브랜치에 다섯 번째 커밋 추가하기

⑮ 마지막으로 커밋을 하나만 더 만들어 봅시다. bar_f.txt 파일을 만들고 F를 적은 후 커밋합니다. 커밋 메시지는 6으로 하겠습니다.

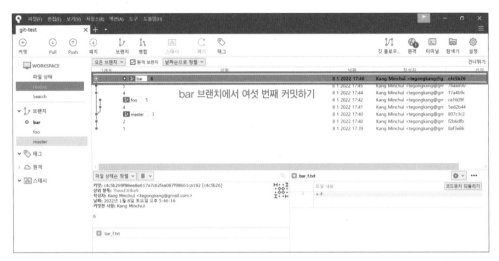

그림 4-36 | bar 브랜치에 여섯 번째 커밋 추가하기

⑯ 현재 브랜치 상태는 다음과 같습니다. 이렇게 브랜치를 이용해 세 개의 흐름으로 버전을 관리해 보았습니다.

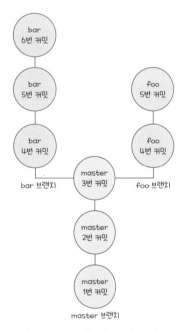

그림 4-37 | master, foo, bar 브랜치 상태

2 브랜치 병합하기

앞서 브랜치를 통해 버전을 여러 흐름으로 나누어 관리하는 방법에 대해 배웠다면, 이번에는 이렇게 나뉜 브랜치를 하나로 합치는 방법에 대해 학습해 보겠습니다. 브랜치를 하나로 통합하는 것을 병합, 영어로 merge라고 합니다.

앞에서 만든 예시를 다시 살펴보겠습니다.

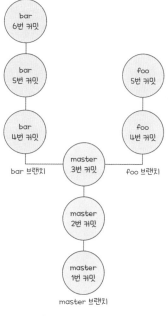

그림 4-38 | 브랜치 세 개 예시

여기서 foo 브랜치를 master 브랜치로 병합하면 어떻게 될까요? 그림 4-39와 같은 모양이 됩니다.

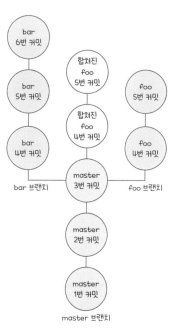

그림 4-39 | master 브랜치로 합쳐진 foo 브랜치

빨리 감기 병합

foo 브랜치를 master 브랜치로 병합한 결과(그림 4-39)를 다시 봅시다.

master 브랜치 입장에서는 자신의 브랜치가 마치 빨리 감기 하듯이 foo 브랜치와 동일하게 업데이트됐죠? 이처럼 master 브랜치가 빨리 감기 하듯 foo와 동일해질 수 있었던 이유는, foo 브랜치가 master 브랜치에서부터 뻗어나온 시점부터 병합되는 순간까지 master 브랜치에 어떤 변화도 없었기 때문입니다. 다시 말해, foo 브랜치는 master 브랜치에서 뻗어나온 이후로 여러 커밋이 쌓였지만, 그동안 master 브랜치는 어떤 새로운 커밋도 없이 그저 가만히 있었습니다.

그렇기 때문에 foo 브랜치를 master 브랜치로 병합할 적에 master 브랜치는 그저 foo 브랜치에 새롭게 쌓인 커밋을 반영만 하면 됩니다.

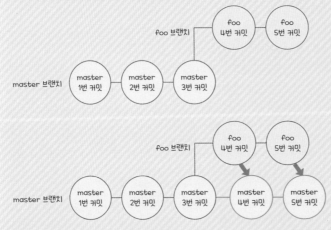

그림 4-40 | master 브랜치에 foo 브랜치 병합하기

이처럼 변화가 없었던 브랜치가 마치 빨리 감기 하듯 업데이트되는 병합 기법을 빨리 감기 병합(fast-forward merge)이라고 합니다.

어렵지 않죠? 그럼 브랜치 병합을 직접 실습해 봅시다.

❶ 앞서 만든 환경을 다시 봅시다. foo 브랜치를 master 브랜치로 병합해 볼까요? 먼저 master 브랜치로 병합하려면 master 브랜치로 체크아웃해야 합니다.

그림 4-41 | master 브랜치로 체크아웃하기

❷ foo 브랜치에서 마우스 오른쪽 버튼을 클릭해 봅시다. **현재 브랜치로 foo 병합**이 있죠? '현재 브랜치'는 현재 체크아웃한 브랜치, 즉 master 브랜치를 말합니다. master 브랜치로 foo 브랜치를 병합해야 하니 이를 클릭합니다.

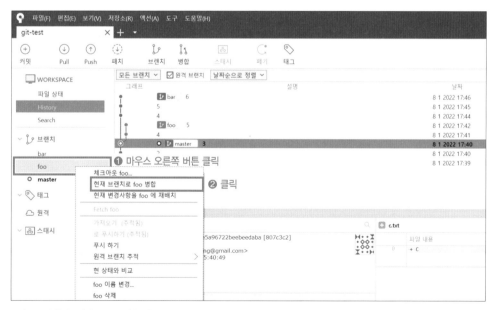

그림 4-42 | 현재 브랜치로 foo 브랜치 병합하기

③ '병합 확정' 창이 뜨면 **확인**을 클릭합니다. 이때 **fast-forward가 가능해도 새 커밋으로 생성** 항목은 체크하지 않습니다.

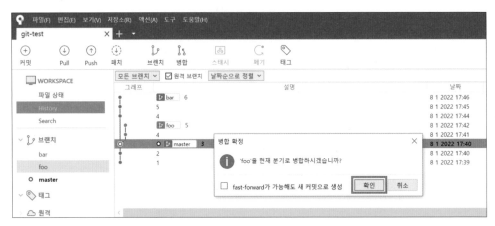

그림 4-43 | 병합 확정하기

④ foo 브랜치가 master 브랜치에 병합됩니다. 결과는 다음과 같습니다. master 브랜치는 foo 브랜치와 같아졌습니다.

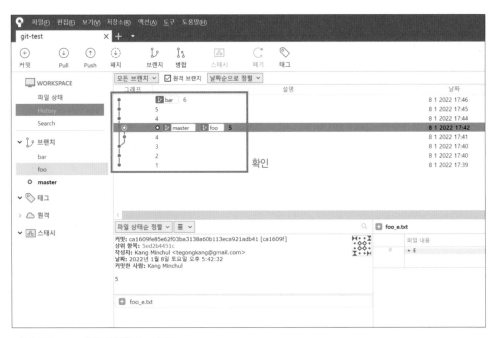

그림 4-44 | master 브랜치에 병합된 foo 브랜치

⑤ 브랜치를 병합하고 나서 더 이상 브랜치에 남은 작업이 없다면 해당 브랜치를 삭제하는 것이 좋습니다. 가령 foo 브랜치를 master 브랜치와 병합한 뒤 foo 브랜치에서 더는 작업하지 않을 예정이라면 병합 후 foo 브랜치를 삭제하는 것이 좋습니다.

foo 브랜치를 삭제해 볼까요? master 브랜치에 체크아웃되어 있는 상태로 foo 브랜치에서 마우스 오른쪽 버튼을 클릭한 후 **foo 삭제**를 클릭해 봅시다.

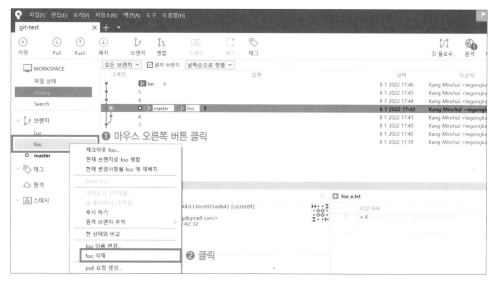

그림 4-45 | foo 브랜치에서 마우스 오른쪽 버튼 클릭하기

⑥ '브랜치 삭제' 창이 뜨면 **확인**을 클릭합니다. **강제 삭제** 항목은 체크하지 않습니다.

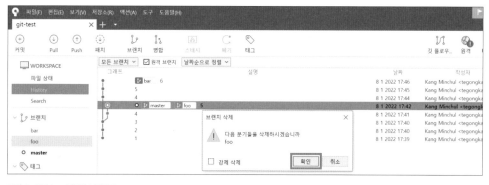

그림 4-46 | foo 브랜치 삭제하기

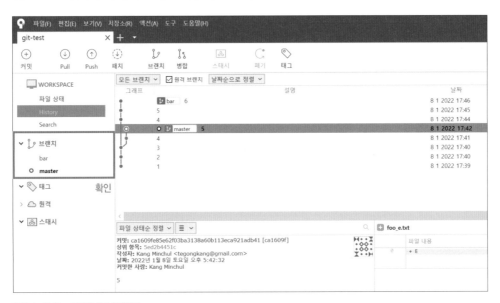
⑦ foo 브랜치가 삭제된 결과는 다음과 같습니다.

그림 4-48 | foo 브랜치 삭제 확인하기

이번에는 다른 방식으로 bar 브랜치를 병합해 봅시다. 상단의 **병합**에서도 브랜치를 병합할 수 있습니다. 이 또한 어렵지 않으니 차근차근 따라 해봅시다.

① master 브랜치로 체크아웃한 뒤 상단의 **병합**을 클릭해 보세요.

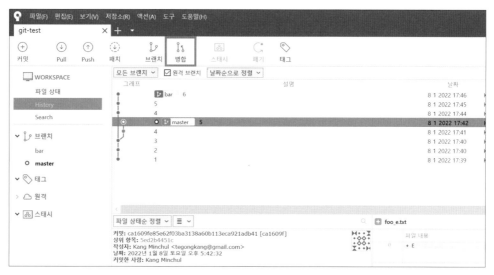

그림 4-49 | '병합' 클릭하기

② 여기서 master 브랜치에 병합할 브랜치의 커밋을 클릭한 뒤 **확인**을 누르면 해당 커밋이 병합됩니다. 가령 bar 브랜치의 4번 커밋을 master 브랜치로 병합하려면 4번 커밋을 클릭한 뒤 **확인**을 클릭하면 됩니다.

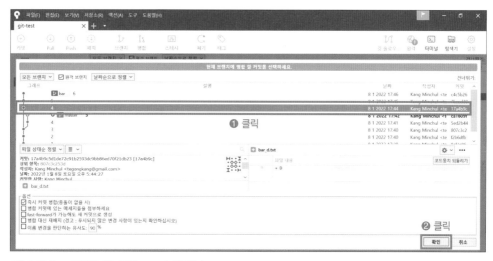

그림 4-50 | bar 브랜치의 4번 커밋을 master로 병합하기

③ 그러면 master 브랜치에 bar 브랜치 4번 커밋이 병합됩니다. 그래프가 조금 복잡하죠? Merge commit '〈commit 해시〉' into master라는 새로운 커밋이 생성됐다는 것을 볼 수 있습니다.

그림 4-51 | 빨리 감기 병합과 일반 병합

빨리 감기 병합이 아닌 병합, 다시 말해 다음 그림과 같이 bar 브랜치에는 없는 커밋이 master 브랜치에 있고 master 브랜치에는 없는 커밋이 bar 브랜치에 있는 상태에서 두 브랜치를 병합할 때는 이렇듯 새로운 커밋이 생성됩니다.

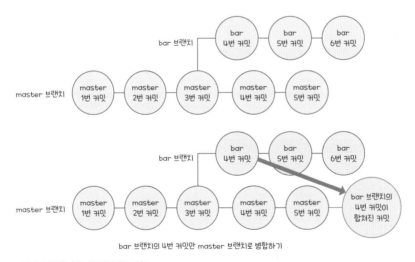

bar 브랜치의 4번 커밋만 master 브랜치로 병합하기

그림 4-52 | 빨리 감기 병합이 아닌 병합

④ 탐색기에서 현재 파일 상태를 확인해 봅시다. bar 브랜치의 네 번째 커밋이었던 bar_d.txt 파일이 master 브랜치에 생성되었습니다.

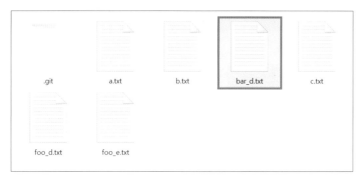

그림 4-53 | 4번 커밋이 합쳐진 파일 상태

⑤ 이번에는 bar 브랜치의 5번 커밋과 6번 커밋을 master 브랜치로 한 번에 병합해 볼까요? bar 브랜치의 6번 커밋을 클릭한 뒤 **확인**을 클릭합니다.

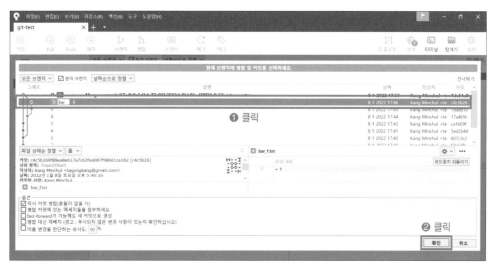

그림 4-54 | bar 브랜치의 5번, 6번 커밋을 master 브랜치로 병합하기

6 병합한 결과는 다음과 같습니다. 이번에도 Merge branch 'bar' into master라는 새로운 커밋이 생성됐죠?

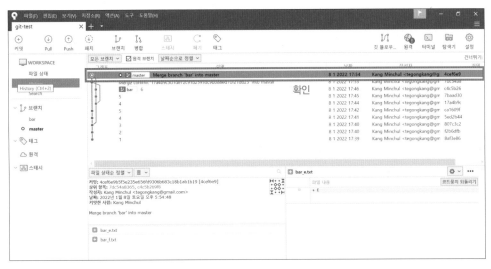

그림 4-55 | bar 브랜치 병합 결과

이를 그림으로 표현하면 다음과 같습니다.

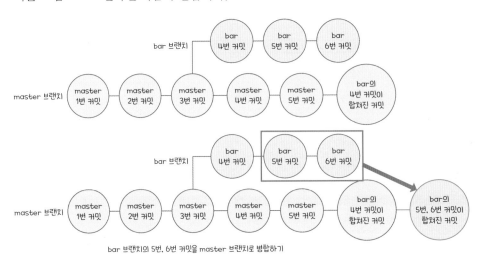

그림 4-56 | bar 브랜치 병합 원리

이렇게 foo 브랜치와 bar 브랜치를 모두 master 브랜치에 병합해 보았습니다. 서로 다른 브랜치를 좌측의 **브랜치**에서 병합할 수도 있고, 상단의 **병합**에서 병합할 수도 있다는 것 또한 학습했습니다.

탐색기에서 master 브랜치의 파일 상태를 확인해보면 foo 브랜치에서 생성했던 파일들과 bar 브랜치에서 생성했던 파일들이 모두 잘 추가되어 있는 걸 알 수 있습니다.

그림 4-57 | foo 브랜치, bar 브랜치 병합 결과

4.3 충돌 해결하기

브랜치를 병합하는 과정은 생각보다 순탄치 않을 수 있습니다. 앞에서는 브랜치가 한 번에 성공적으로 합쳐졌지만 그렇지 못한 상황, 즉 충돌이 발생하는 경우도 있기 때문입니다. 충돌이란 병합하려는 두 브랜치가 서로 같은 내용을 다르게 수정한 상황을 의미합니다. 충돌이 발생하면 브랜치가 한 번에 병합되지 못합니다. 충돌은 여럿이 협업하여 개발할 때 빈번히 발생하므로 언제 발생하고, 어떻게 해결할 수 있는지 꼭 알아야 합니다.

가령 master 브랜치에서 foo 브랜치가 뻗어나왔다고 합시다. master 브랜치는 a.txt 파일의 첫 번째 줄을 B로 수정한 다음 커밋했고, foo 브랜치는 a.txt 파일의 첫 번째 줄을 C로 수정한 다음 커밋했습니다.

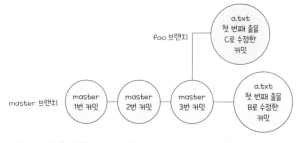

그림 4-58 | 같은 내용을 다르게 수정한 master 브랜치와 foo 브랜치

이런 상황에서 foo 브랜치를 master 브랜치에 병합한다면 a.txt 파일에는 어떤 내용을 저장해야 할까요? master 브랜치를 따라 B라고 저장해야 할까요? 아니면 foo 브랜치를 따라 C라고 저장해야 할까요?

답은 깃도 모른다입니다. 이런 상황에서 깃은 어떤 브랜치의 내용을 반영해야 할지 판단할 수 없습니다. 이처럼 같은 내용을 다르게 수정한 두 브랜치를 병합하는 상황을 충돌이 발생했다고 합니다.

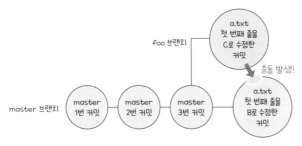

그림 4-59 | 충돌이 발생한 master 브랜치와 foo 브랜치

충돌이 발생하면 최종적으로 어떤 브랜치의 내용을 반영할지 여러분이 직접 선택해야 합니다. 충돌을 직접 발생시키고 이를 해결하는 과정을 실습해 보겠습니다.

① 브랜치 충돌시키기

① 임의의 로컬 저장소를 만들고 master 브랜치에 A가 저장된 a.txt 파일을 만든 뒤 이를 커밋합니다. 커밋 메시지는 first로 하겠습니다.

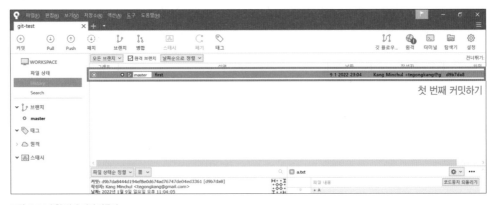

그림 4-60 | 첫 번째 커밋 만들기

② 새로운 브랜치를 생성합니다. 브랜치 이름은 foo로 하겠습니다.

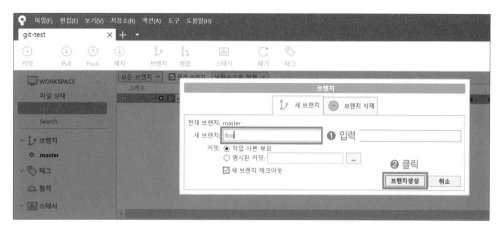

그림 4-61 | foo 브랜치 만들기

③ 생성한 foo 브랜치로 체크아웃합니다. a.txt 파일에 적힌 A를 foo로 변경한 뒤 커밋합니다. 커밋 메시지는 foo로 하겠습니다.

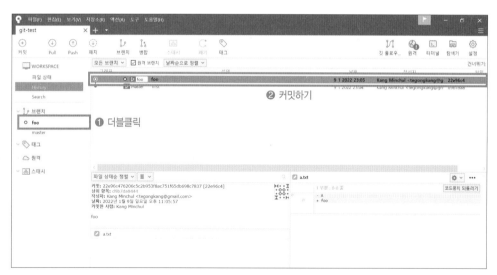

그림 4-62 | foo 브랜치에서 a.txt 파일 변경하기

④ master 브랜치로 체크아웃합니다. a.txt 파일에 적힌 A를 master로 변경한 뒤 커밋합니다. 커밋 메시지는 master로 하겠습니다.

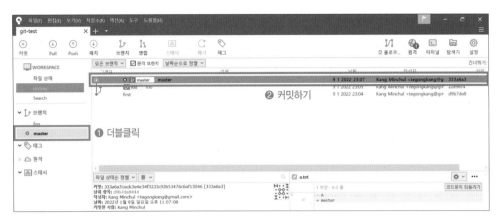

그림 4-63 | master 브랜치에서 a.txt 파일 변경하기

⑤ 자, 현재 foo 브랜치와 master 브랜치는 같은 내용을 다르게 수정한 상태입니다. foo 브랜치는 a.txt 파일을 foo로 변경한 뒤 커밋했고, master 브랜치는 a.txt 파일을 master로 변경한 뒤 커밋했죠. 이 상태에서 두 브랜치를 병합하면 충돌이 발생합니다. master 브랜치로 foo 브랜치를 병합해 볼까요?

master 브랜치로 체크아웃한 상태로 foo 브랜치에서 마우스 오른쪽 버튼을 클릭한 후 **현재 브랜치로 foo 병합**을 클릭합니다.

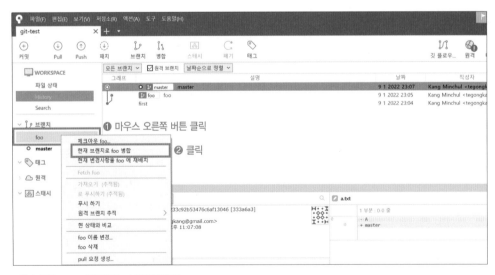

그림 4-64 | master 브랜치에 foo 브랜치 병합하기

6 '병합 확정' 창에서 **확인**을 클릭합니다.

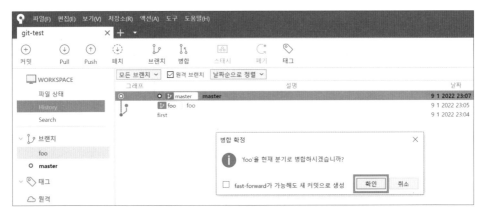

그림 4-65 | 병합 확정하기

7 바로 병합되지 않고 '충돌 병합' 창이 뜹니다. 충돌이 발생했으니 이 충돌을 해결하라는 의미지요. **닫기**를 클릭합니다.

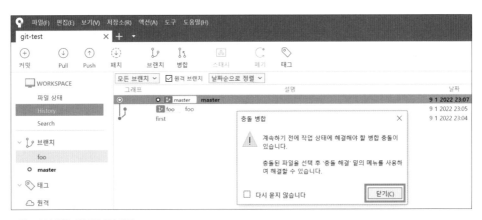

그림 4-66 | 병합 과정에서 충돌 발생

⑧ 충돌이 발생하면 다음과 같이 **커밋하지 않은 변경사항**이 생기고, **스테이지에 올라가지 않은 파일과 스테이지에 올라간 파일 항목**에는 충돌이 발생한 파일이 추가됩니다.

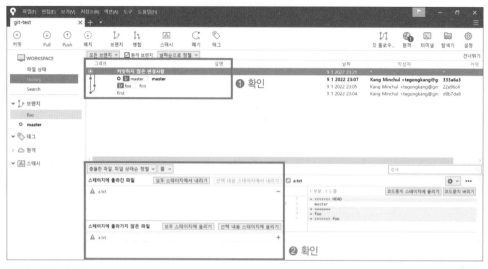

그림 4-67 | 충돌 발생 직후

2 충돌 해결하기

브랜치를 병합하는 과정에서 충돌이 발생했을 경우, 충돌이 발생한 파일들의 충돌을 해결한 뒤 다시 커밋해야만 브랜치가 올바르게 병합됩니다.

이때 충돌을 해결한다는 말은 무슨 뜻일까요? 간단합니다. 충돌이 발생한 이유는 병합하려는 두 브랜치가 같은 내용을 서로 다르게 수정했기 때문입니다. 따라서 충돌이 발생하면 충돌이 발생한 두 브랜치 중 어떤 브랜치의 내용을 병합 결과에 반영할지를 여러분이 직접 선택해야 합니다. 이렇게 같은 내용을 다르게 수정한 브랜치 중 어떤 브랜치 내용을 최종적으로 반영할지를 직접 선택하는 것을 '충돌을 해결한다'고 합니다.

스테이지에 올라가지 않은 파일 속 a.txt 파일을 클릭해 보세요. 우측 하단을 보면 a.txt 파일이 갑자기 이상하게 수정되어 있죠? 전혀 당황할 필요가 없습니다. 앞으로 여러분이 깃으로 버전을 관리하며 자주 보게 될 화면이니까요.

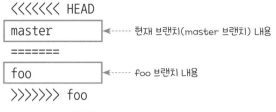

```
<<<<<<< HEAD
master                    ◀------ 현재 브랜치(master 브랜치) 내용
=======
foo                       ◀------ foo 브랜치 내용
>>>>>>> foo
```

그림 4-68 | a.txt 파일의 충돌

충돌이 발생한 파일에는 〈〈〈〈〈〈〈, 〉〉〉〉〉〉〉, ======= 기호가 표기됩니다.

이 기호는 일종의 영역 표기입니다. ======= 기호를 기준으로 윗부분(그림 4-68에서 붉은색 박스)은 HEAD가 가리키는 브랜치, 즉 현재 체크아웃한 브랜치의 내용이 적혀 있고, 아랫부분(그림 4-68에서 파란색 박스)은 병합하려는 브랜치, 즉 foo 브랜치의 내용이 적혀 있습니다.

이는 〈〈〈〈〈〈〈 기호와 ======= 기호 사이의 내용을 선택할지, ======= 기호와 〉〉〉〉〉〉〉 기호 사이의 내용을 선택할지 고르라는 표기입니다. 여러분은 이 두 영역 중 반영할 부분을 직접 선택해 충돌을 해결해야 합니다.

그럼 master(HEAD) 브랜치의 내용과 foo 브랜치의 내용 중 어떤 내용을 병합에 반영할까요? 이번 실습에서는 master 브랜치의 내용을 반영하겠습니다.

❶ 충돌이 발생한 파일, 즉 **스테이지에 올라가지 않은 파일** 항목에 있는 a.txt 파일에서 마우스 오른쪽 버튼을 클릭합니다. **충돌 해결**을 클릭하면 **'내것'을 이용해 해결** 항목과 **'저장소'것을 사용하여 해결** 항목이 있습니다. 전자는 현재 체크아웃된 브랜치(HEAD, master 브랜치)의 내용을 병합에 반영하겠다는 의미이고, 후자는 병합하려는 브랜치(foo 브랜치)의 내용을 병합에 반영하겠다는 의미입니다.

이번 실습에서는 master 브랜치를 병합 결과로 반영할 예정이므로 **'내것'을 이용해 해결**을 클릭하겠습니다.

그림 4-69 | master 브랜치의 내용으로 충돌 해결하기

TIP
foo 브랜치의 내용을 병합 결과로 반영하고 싶다면 "저장소'것을 사용하여 해결'을 클릭하면 됩니다.

② '한쪽을 사용해서 충돌 해결하시겠습니까?' 창에 다음과 같은 메시지가 나옵니다. 이 메시지를 잘 보면 커밋 해시가 적혀 있습니다. 333a6a3… 이 해시는 어떤 커밋의 해시죠? master 브랜치의 최신 커밋 해시입니다. 즉, 이 메시지는 '충돌이 발생한 a.txt 파일에 master 브랜치의 최신 커밋 내용을 반영하겠다'는 의미입니다. **확인**을 누릅니다.

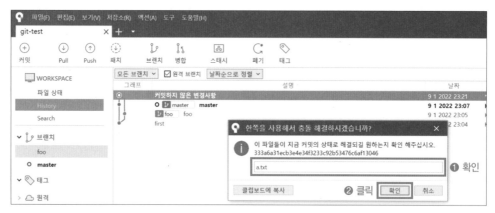

그림 4-70 | 충돌 해결 메시지

③ 그러면 충돌이 발생한 파일을 담고 있던 **커밋하지 않은 변경사항**이 사라집니다. 충돌이 해결된 것이지요.

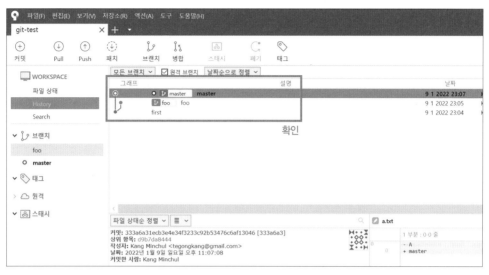

그림 4-71 | 충돌 해결 직후

④ 충돌을 해결했다고 해서 브랜치 병합이 끝난 것이 아닙니다. 브랜치 병합을 끝내려면 충돌을 해결한 뒤 다시 커밋해야 합니다. **파일 상태**로 들어가 봅시다. 다음과 같이 커밋 메시지가 자동으로 기입되어 있고, **커밋**이 활성화되어 있습니다. **커밋**을 클릭해 보세요.

그림 4-72 | 충돌 해결 후 커밋하기

⑤ 그러면 History에서 충돌이 발생했던 foo 브랜치가 성공적으로 병합된 것을 확인할 수 있습니다. a.txt 파일 내용도 master 브랜치의 내용으로 업데이트됐지요.

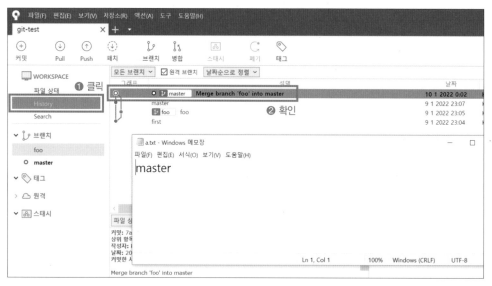

그림 4-73 | 충돌 해결 후 병합 완료

정리해 보겠습니다. 같은 내용을 다르게 수정한 브랜치를 병합하면 충돌이 발생합니다. 충돌이 발생하면 ======= 기호를 기준으로 나누어진 ⟨⟨⟨⟨⟨⟨⟨ 기호와 ⟩⟩⟩⟩⟩⟩⟩ 기호 사이의 코드 중 무엇을 반영할지 선택합니다. 그런 다음 다시 커밋하면 성공적으로 병합할 수 있습니다.

 충돌이 발생했을 때 대처법

1. 충돌을 해결한다(어떤 브랜치의 내용을 반영할지 직접 선택한다).
2. 다시 커밋한다.

4.4 브랜치 재배치하기

이번에는 브랜치를 재배치하는 방법에 대해 알아보겠습니다. 브랜치의 재배치는 rebase라고 합니다. 브랜치의 재배치는 예를 보며 이해하는 것이 좋습니다.

다음과 같은 상황을 가정해 보겠습니다. master 브랜치의 두 번째 커밋에서 foo 브랜치가 뻗어나왔고, 각 브랜치에 커밋이 여러 개 쌓여 있습니다.

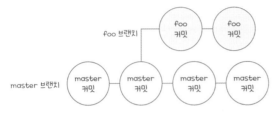

그림 4-74 | 브랜치 재배치 전 master 브랜치와 foo 브랜치

이 상황에서 그림 4-75와 같이 foo 브랜치를 네 번째 커밋에서 뻗어나오도록 변경합니다. 이처럼 브랜치가 뻗어나온 기준점을 변경하는 것을 브랜치의 재배치, rebase라고 합니다.

그림 4-75 | 브랜치 재배치 후 master 브랜치와 foo 브랜치

간단하게 실습해 봅시다. 이를 위해 우선 그림 4-74와 동일한 상황을 만들겠습니다.

❶ master 브랜치에 A가 저장된 a.txt 파일을 만들어 이를 첫 번째 커밋으로 만들고, B가 저장된 b.txt 파일을 만들어 이를 두 번째 커밋으로 만듭니다. 커밋 메시지는 각각 1과 2로 하겠습니다.

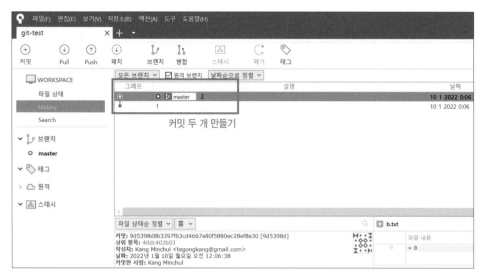

그림 4-76 | master 브랜치에 커밋 두 개 만들기

② 여기서 foo라는 새로운 브랜치를 만든 뒤 체크아웃합니다.

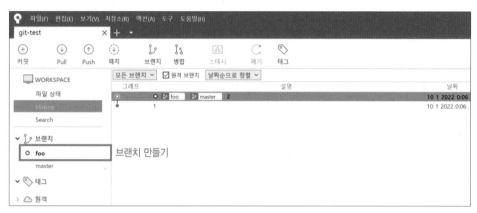

그림 4-77 | foo 브랜치 만들기

③ foo 브랜치에는 C가 저장된 foo_c.txt 파일을 만들어 이를 세 번째 커밋으로 만들고, D가 저장된 foo_d.txt 파일을 만들어 이를 네 번째 커밋으로 만듭니다. 커밋 메시지는 각각 3과 4로 하겠습니다.

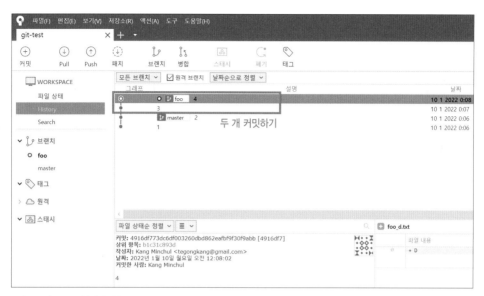

그림 4-78 | foo 브랜치에서 커밋 두 개 추가로 만들기

④ master 브랜치로 체크아웃합니다. C가 저장된 c.txt 파일을 만들어 이를 master 브랜치의 세 번째 커밋으로 만들고, D가 저장된 d.txt 파일을 만들어 이를 네 번째 커밋으로 만듭니다. 커밋 메시지는 각각 3과 4로 하겠습니다.

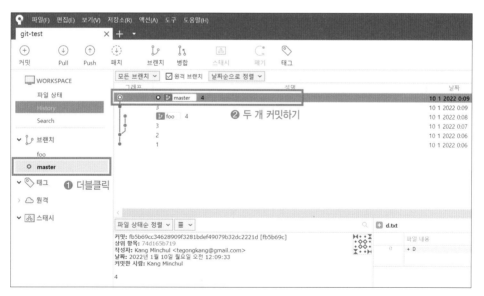

그림 4-79 | master 브랜치에서 커밋 두 개 추가하기

⑤ 앞에서 본 그림 4-74와 동일한 상황이 됐죠? 이제 foo 브랜치를 그림 4-75와 같이 재배치하겠습니다. 브랜치를 재배치하려면 재배치하려는 브랜치로 체크아웃해야 합니다. foo 브랜치로 체크아웃합니다.

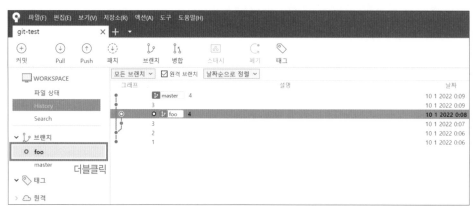

그림 4-80 │ foo 브랜치로 체크아웃하기

⑥ 재배치하려는 브랜치의 커밋에 마우스 오른쪽 버튼을 클릭합니다. master 브랜치의 4번 커밋으로 브랜치를 재배치할 예정이므로 master의 네 번째 커밋에서 마우스 오른쪽 버튼을 클릭 후 **재배치**를 클릭합니다.

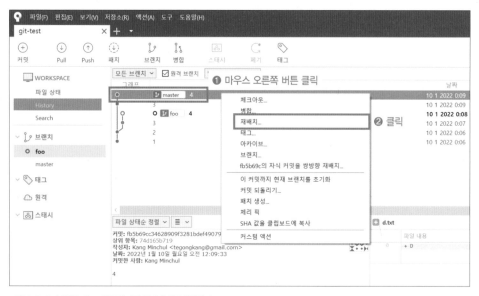

그림 4-81 │ 재배치하려는 브랜치의 커밋에서 '재배치' 클릭하기

⑦ '재배치 확인' 창에서 **확인**을 클릭합니다.

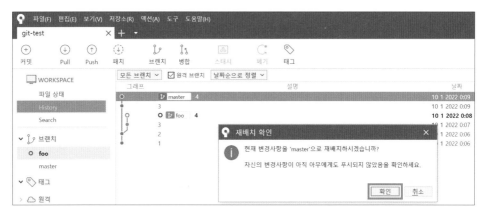

그림 4-82 | '확인' 클릭하기

⑧ 그러면 다음과 같이 foo 브랜치가 master 브랜치의 네 번째 커밋으로 재배치됩니다. 기존에는 master 브랜치의 2번 커밋에서 뻗어나왔던 foo 브랜치가 이제는 master의 4번 커밋에서 뻗어나오게 기준점이 이동한 것이지요.

그림 4-83 | 재배치 완료

> **TIP**
> 브랜치를 재배치하는 과정에서도 충돌이 발생할 수 있습니다. 충돌이 발생한다면 당황하지 말고 앞에서 학습한 대로 충돌을 해결하면 됩니다.

이상으로 브랜치의 재배치까지 학습해 보았습니다.

여기까지 이해했다면 깃을 이용한 버전 관리의 대부분을 학습했다고 보아도 무방합니다. 이후 장에서 이어지는 내용, 이를 테면 깃허브와 협업 관련 내용은 지금까지 학습한 개념에 살을 조금 붙이는 과정에 지나지 않기 때문입니다.

따라서 아직 깃이 익숙하지 않다면 이쯤에서 다시 한번 복습하길 권장합니다. 이 장까지 내용을 완벽히 이해했다면 이어지는 내용들은 매우 수월하게 이해할 수 있을 것입니다.

5장

깃허브로
협업하기

자, 이제 깃허브를 사용하는 방법을 알아봅시다. 앞선 장에서 설명했듯이 지금까지의 개념을 제대로 숙지했다면 이 장은 어렵지 않게 학습할 수 있습니다. 다만, 이 장은 실습이 비교적 많으니 꼭 따라 하기를 바랍니다.

우선 깃허브를 둘러보며 깃허브로 할 수 있는 것들을 알아보고, 깃허브를 활용하는 다양한 방법을 학습하겠습니다.

5.1 깃허브 소개

깃허브는 왜 사용할까요? 먼저 깃허브는 개발자의 SNS입니다. 그리고 백업을 할 수 있고 개발자 간 협업을 가능케 하는 원격 저장소 호스팅 서비스이기도 합니다. 이 절에서는 편한 마음으로 깃허브를 둘러보며 이 말의 의미를 이해해 봅시다.

1 개발자의 SNS, 깃허브

여러분은 페이스북, 인스타그램과 같은 SNS로 친구, 연예인, 친해지고 싶은 사람을 팔로우하고 관계를 형성할 수 있습니다. 그들이 업로드한 사진에 '좋아요'를 누를 수도 있지요. 깃허브도 마찬가지입니다. 깃허브에서도 동료 개발자, 세계적으로 유명한 개발자, 친해지고 싶은 개발자를 팔로우하여 관계를 형성할 수 있습니다.

페이스북과 인스타그램에 사진, 동영상을 업로드할 수 있는 것처럼 깃허브에서도 깃 저장소를 만들고 소스 코드를 업로드할 수 있습니다. 마음에 드는 저장소에 '좋아요'를 누를 수도 있지요. 직접 둘러볼까요?

 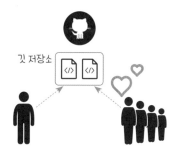

그림 5-1 | SNS로서의 깃허브

1장에서 여러분은 깃허브에 회원 가입을 했습니다. 깃허브에 접속하여 로그인하면 다음과
같은 화면을 볼 수 있습니다. 물론 여러분은 아직 깃허브에서 아무런 활동을 하지 않았기 때
문에 지금 화면에 보이는 정보가 많지 않을 겁니다.

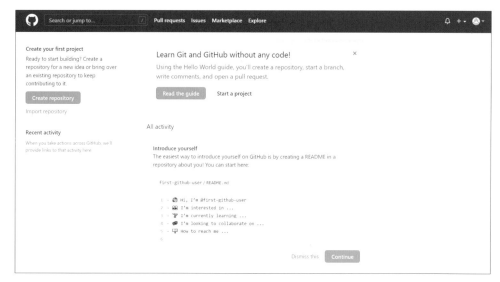

그림 5-2 | 깃허브 초기 화면

그림 5-3은 필자의 아이디로 로그인했을 때 보이는 초기 화면입니다. 좌측부터 살펴볼까
요? Recent Repositories는 필자가 최근 이용한 저장소이고, 가운데에 All activity는 필자가 팔
로우하는 사람들의 활동 내역입니다. 그리고 우측에 Explore repositories는 깃허브가 필자에
게 추천해주는 저장소입니다.

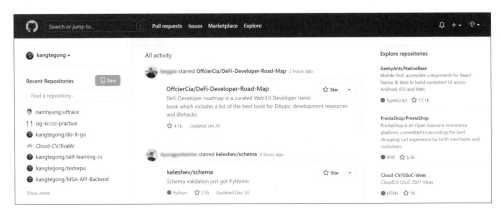

그림 5-3 | 필자의 깃허브 초기 화면

여느 SNS와 마찬가지로 깃허브에도 사용자 프로필이 있습니다. 우측 상단의 동그란 아이콘을 클릭해 보세요. 참고로 동그란 아이콘 속 그림은 현재 기본으로 설정된 여러분의 프로필 이미지입니다. 여기에서 Your profile을 클릭해 보세요.

그림 5-4 | 'Your profile' 클릭하기

그럼 다음 5-5와 같이 여러분의 프로필 페이지로 이동합니다. 아직 여러분은 어떤 저장소도 업로드하지 않았고, 프로필을 꾸미기 전이기 때문에 'You don't have any public repositories yet.'이라는 메시지만 뜰 뿐 보이는 정보는 많지 않습니다.

URL을 확인해 볼까요? https://github.com/계정 이름 형식으로 되어 있죠? 깃허브에서는 이와 같은 URL을 통해 특정 사용자의 프로필을 조회할 수 있습니다.

그림 5-5 | 깃허브 프로필 페이지

예를 들어 필자의 깃허브 계정 이름은 kangtegong입니다. 따라서 https://github.com/kangtegong에 접속하면 필자의 프로필과 깃 저장소, 활동 내역을 볼 수 있습니다.

또한, 여느 SNS처럼 깃허브에서도 특정 사용자를 팔로우할 수 있습니다. 가령 필자의 깃허브 프로필 페이지에서 Follow를 누르면 필자의 계정을 팔로우할 수 있습니다. 팔로우하면 팔로우한 사용자의 활동 내역을 확인할 수 있습니다.

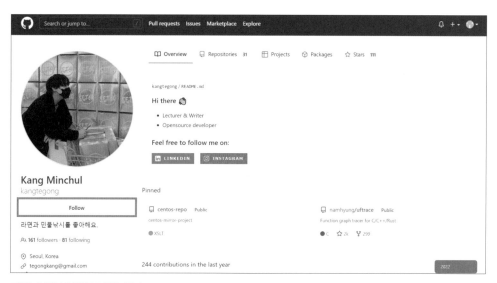

그림 5-6 | 필자의 깃허브 프로필 페이지

이번에는 세계적으로 유명한, 이른바 스타 개발자의 프로필도 살펴봅시다. 깃을 창시한 리누스 토르발스의 계정을 볼까요? 리누스 토르발스의 계정명은 torvalds입니다. https://github.com/torvalds에 들어가면 리누스 토르발스의 깃허브 프로필과 활동 내역을 볼 수 있습니다.

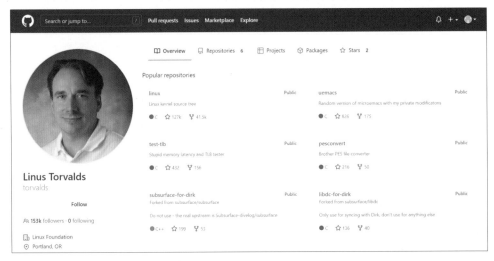

그림 5-7 | 리누스 토르발스의 깃허브 프로필 페이지

여러분도 이렇게 프로필을 꾸미고 싶지 않으신가요? 그렇다면 프로필 사진을 업로드하는 등 계정 정보를 업데이트해 봅시다.

❶ 깃허브 첫 페이지에서 우측 상단의 동그란 아이콘을 클릭하고 Settings에 들어가 보세요.

그림 5-8 | 'Settings' 클릭하기

② 계정 설정 화면에서 **Profile** 메뉴를 선택하면 이름, 이메일, 설명 등을 작성하고 프로필 사진을 업로드할 수 있는 공간이 나옵니다. 여기에서 여러분의 이름과 이메일을 작성하고, 프로필 사진을 업로드해 보세요.

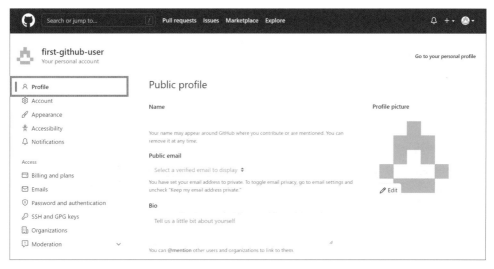

그림 5-9 | 깃허브 프로필 수정 페이지

③ 필자는 다음 그림처럼 정보를 채웠습니다. 모든 정보를 다 입력할 필요는 없습니다. 여러분도 이름, 이메일 등을 입력해 보세요.

그림 5-10 | 수정한 필자의 프로필

④ 다 입력했다면 스크롤을 내려 **Update profile**을 클릭하세요.

그림 5-11 | 'Update profile' 클릭하기

⑤ 조금 기다렸다가 새로고침하면 업데이트된 프로필을 볼 수 있습니다.

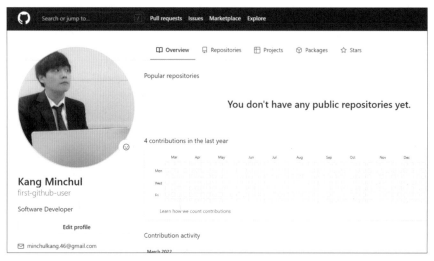

그림 5-12 | 업데이트된 깃허브 프로필

이제 깃허브에 올라온 유명한 저장소를 탐방해 봅시다. 예를 들어 텐서플로를 검색해 보겠습니다. 텐서플로는 오픈 소스로 깃허브에 모든 소스 코드가 공개되어 있습니다. 상단 검색창에 tensorflow를 입력하고 검색해 보세요.

그림 5-13 | tensorflow 검색 창

그러면 tensorflow와 관련한 프로젝트들이 검색됩니다. tensorflow/tensorflow 프로젝트를 클릭합니다.

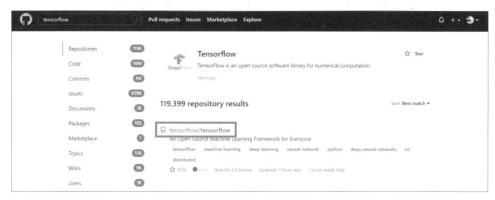

그림 5-14 | tensorflow 검색 결과

자, 이것이 텐서플로 저장소입니다. 우측을 보면 Star가 있습니다. 이는 SNS의 '좋아요'와 같습니다. SNS 속 마음에 드는 게시물에 '좋아요'를 누를 수 있는 것처럼 여러분도 마음에 드는 오픈 소스 프로젝트에 Star를 눌러 호감을 표시할 수 있습니다.

그림 5-15 | star를 눌러 호감 표시

Star를 누르면 다음과 같이 표시됩니다.

그림 5-16 | star 클릭 후

그림 5-17 속 작은 박스를 보면 125,482 commits라는 항목이 보입니다. (이 책을 집필하는 시점에서) 텐서플로는 커밋이 무려 125,482개나 쌓여 있습니다. 여러분이 이 책을 읽고 있을 즈음에는 아마 이보다 더욱 많은 커밋이 쌓여 있을 겁니다. 또한, 2분 전에 ae3bb63이라는 새로운 커밋이 추가된 것을 알 수 있습니다.

그 아래 큰 박스를 보면 텐서플로를 이루고 있는 소스 코드를 볼 수 있습니다. 우측에 보이는 3 days ago, 2 minutes ago와 같은 시간 정보는 해당 파일 또는 폴더가 마지막으로 변경된 시점을 나타내고, 중간쯤 보이는 Add new issue template for TF Lite in Play Services issues 와 같은 메시지는 해당 파일 또는 폴더가 마지막으로 변경된 시점의 커밋 메시지를 나타냅니다. 가령 third_party 폴더는 한 시간 전에 Update TFRT dependency to use revision이라는 커밋을 통한 변경이 있었습니다.

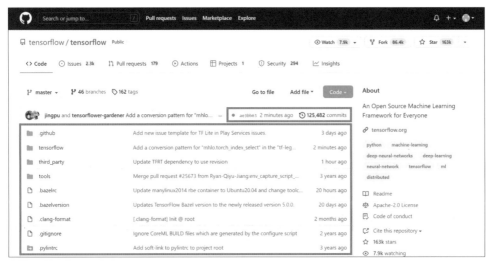

그림 5-17 | 텐서플로 저장소

이제 아래로 스크롤을 쭉 내려보세요. 그림 5-18과 같이 텐서플로 프로젝트와 관련한 안내가 적힌 화면을 볼 수 있습니다. 이선 README.md라는 파일 속의 내용입니다.

README.md는 해당 프로젝트의 설치 방법, 사용 방법 등을 담고 있는 파일입니다. 일종의 안내서라고 생각해도 좋습니다. 깃 저장소에 README.md 파일을 업로드하면 그림 5-18과 같이 README.md 파일에 적힌 내용이 보입니다.

그림 5-18 | 텐서플로 저장소의 README

또한, 깃허브에서는 Issues로 오류를 제보하거나, 더 다양한 기능을 제안할 수도 있습니다. 스크롤을 다시 최상단으로 쭉 올리고 Issues를 클릭해 보세요.

그림 5-19 | 'Issues' 클릭하기

텐서플로와 관련한 다양한 이슈를 확인할 수 있습니다. 텐서플로와 관련한 오류를 제보하는 이슈도 있고, 새로운 기능을 제안하는 이슈도 있습니다.

그림 5-20 | 텐서플로와 관련한 다양한 이슈들

다음은 텐서플로의 버그를 제보한 이슈의 예시입니다.

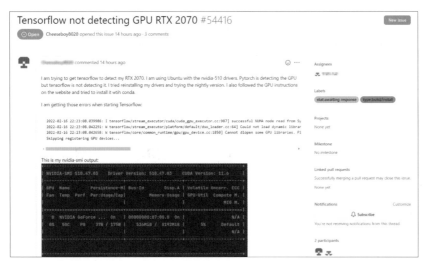

그림 5-21 | 깃허브 이슈 예시

이렇게 이슈를 남기면 텐서플로 개발자를 포함한 세계 곳곳의 개발자들이 댓글을 달기도 하고, 이슈를 해결해 주기도 합니다.

그림 5-22 | 이슈에 달린 댓글

어떤가요? 깃허브가 개발자의 SNS라는 말의 의미가 조금 와닿나요? 이처럼 깃허브를 통해 여러분만의 프로필을 만들 수 있고, 다른 뛰어난 개발자들을 팔로우할 수 있으며, 여러분의 깃 저장소를 만들고, 다른 저장소에 이슈를 남길 수 있습니다.

깃허브를 이리저리 둘러보며 다른 뛰어난 개발자들을 팔로우하고 그들의 활동 내역을 확인해보기 바랍니다. 이 절에서는 텐서플로를 예시로 설명했으나, 다른 유명한 오픈 소스 저장소들을 탐방해보는 것도 좋습니다.

2 원격 저장소 호스팅 서비스, 깃허브

앞서 필자가 '깃허브는 개발자의 SNS이기도 하고, 원격 저장소 호스팅 서비스이기도 하다'고 설명했습니다. 앞선 절에서 SNS로서의 깃허브를 알아보았다면 이번에는 원격 저장소를 제공하는 원격 저장소 호스팅 서비스로서의 깃허브를 알아보겠습니다.

깃허브가 제공하는 원격 저장소란 무엇일까요? 원격 저장소는 이름이 다소 거창해 보일 수 있지만, 알고 보면 단순한 개념입니다. 원격 저장소라는 이름 그대로 원격(remote)에 있는 저장소입니다. 앞선 장에서 여러분은 깃을 통해 저장소를 만들어 보았죠? 이 저장소는 여러분의 컴퓨터 속에만 존재하는 저장소입니다. 이를 로컬(local)에 있는 저장소, 로컬 저장소라 부릅니다.

반면 원격 저장소는 여러분의 컴퓨터 속에만 있는 저장소가 아닌, 인터넷 세상 어딘가에 있는 다른 컴퓨터 속의 저장소를 의미합니다. 가령 깃허브의 원격 저장소는 깃허브가 관리하는 컴퓨터 속의 저장소를 의미하지요.

왜 로컬 저장소를 두고 원격 저장소를 사용할까요? 원격 저장소가 있으면 뭐가 좋을까요? 원격 저장소를 통해 얻을 수 있는 이점에는 크게 두 가지가 있습니다. 바로 백업과 협업입니다.

우선 백업부터 이야기해 봅시다. 여러분이 열심히 개발한 프로젝트가 로컬 저장소에만 있다면 여러분의 컴퓨터가 고장 나거나 실수로 로컬 저장소를 삭제할 경우 큰일이 날 것입니다. 로컬 저장소는 말 그대로 여러분의 컴퓨터 안에만 있는 저장소이기 때문입니다.

그림 5-23 | 로컬 저장소로만 프로젝트를 관리할 경우

하지만 로컬 저장소의 프로젝트를 원격 저장소에 백업해두고, 언제든 원격 저장소에서 프로젝트를 내려받아 사용할 수 있다면 여러분의 컴퓨터가 망가지거나 로컬 저장소가 삭제되어도 전혀 문제가 되지 않습니다.

그림 5-24 | 원격 저장소로 프로젝트를 관리할 경우

그리고 이렇게 원격 저장소를 이용하면 다른 개발자들과 협업도 수월하게 할 수 있습니다. 모든 개발자가 이해하는 공통 코드를 원격 저장소에 업로드하고, 이를 내려받아 새로운 커밋들을 추가한 뒤 이를 다시 원격 저장소에 추가하는 방식으로 작업한다면 로컬 저장소에서만 작업하는 것보다 훨씬 효율적으로 협업할 수 있게 되기 때문입니다.

TIP 이 말이 조금 생소하더라도 걱정하지 마세요. 뒤에서 자세히 학습할 예정입니다.

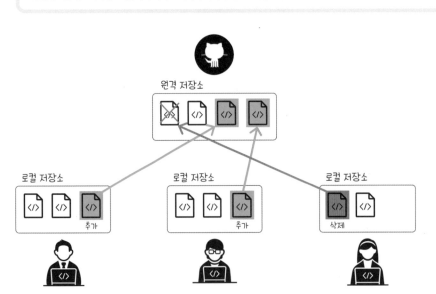

그림 5-25 | 원격 저장소를 통한 협업

원격 저장소가 무엇이며, 이를 통해 얻을 수 있는 이점이 무엇인지 이해됐나요? 그렇다면 이제 깃허브에서 직접 원격 저장소를 만들어 보겠습니다.

■ 원격 저장소 만들기

① 우측 상단의 +를 클릭한 뒤 New repository를 클릭해 보세요.

그림 5-26 | 'New repository' 클릭하기

그림 5-27 | 'Repositories'에서 'New' 클릭하기

② 그림 5-28과 같은 화면이 나올 것입니다. 여기에서 새로 만들 원격 저장소의 정보를 입력합니다.

원격 저장소의 이름(Repository name)에는 test-repo를, 설명(Description)에는 My first github repository!를 입력했습니다. 그 아래에서는 Public으로 설정한 뒤 나머지 내용은 그대로 두고 Create repository를 클릭하면 원격 저장소가 생성됩니다.

원활한 실습을 위해 여러분도 이와 동일하게 입력해 주세요.

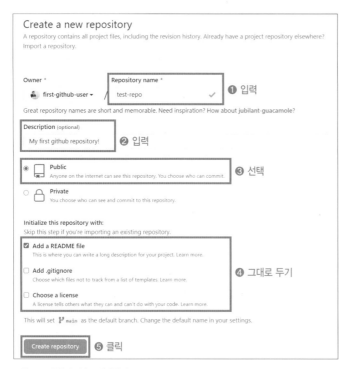

그림 5-28 | 원격 저장소 생성 화면

각 항목을 추가로 설명하면 다음과 같습니다.

우선 Owner는 원격 저장소의 소유자입니다. Repositry name은 원격 저장소의 이름입니다. Description은 여러분이 만들 원격 저장소에 대한 설명을 적는 공간인데, 기입하지 않아도 무방합니다.

그리고 아래에 Public과 Private 중 하나를 선택할 수 있는 곳이 있죠? Public은 모두에게 공개된 저장소를 의미하고 Private은 모두에게 공개하지 않고 여러분(또는 여러분이 지정한 일부 사용자)만 볼 수 있는 저장소를 의미합니다.

그 아래를 보면 Add a README file, Add .gitignore, Choose a license를 선택하는 항목도 있습니다. Add a README file은 원격 저장소를 생성할 적에 자동으로 README 파일을 생성해주는 항목입니다. 마찬가지로 Add .gitignore를 선택하면 원격 저장소를 생성할 때 자동으로 .gitignore를 생성해 줍니다. Choose a license는 이 저장소에 담길 프로젝트의 라이선스를 선택하는 항목입니다.

③ 생성된 원격 저장소의 모습입니다. 다음 절부터 여러분은 이 저장소와 상호 작용하며 코드를 업로드하고, 다운로드할 예정입니다. URL을 한번 확인해 볼까요? 여러분이 방금 만든 저장소 URL은 https://github.com/계정 이름/저장소 이름 형식으로 되어 있습니다. 이와 같은 URL로 특정 사용자의 저장소에 접근할 수 있다는 것도 알아두기 바랍니다.

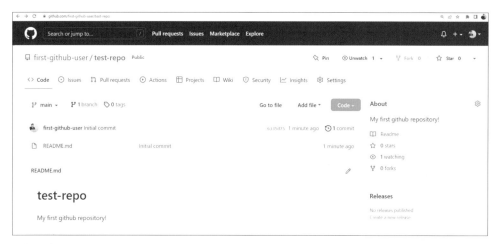

그림 5-29 | 생성된 원격 저장소

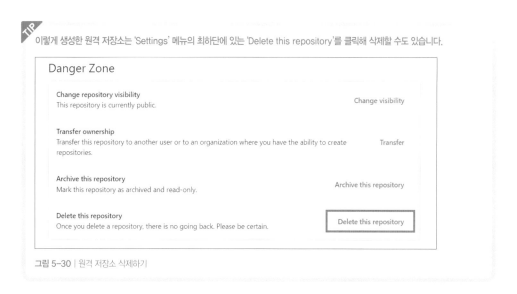

TIP

이렇게 생성한 원격 저장소는 'Settings' 메뉴의 최하단에 있는 'Delete this repository'를 클릭해 삭제할 수도 있습니다.

그림 5-30 | 원격 저장소 삭제하기

④ 여러분의 프로필 페이지로 이동해 보세요. 방금 만든 저장소를 확인할 수 있습니다.

그림 5-31 | 프로필 페이지에서 확인할 수 있는 원격 저장소

프로필 페이지의 'Repositories'에서도 여러분이 새롭게 만든 저장소를 확인할 수 있습니다.

그림 5-32 | 'Repositorties'에서 확인할 수 있는 원격 저장소

이상으로 이 절에서는 깃허브를 둘러보고, 원격 저장소를 만들었습니다. 다음 절에서는 이렇게 만든 원격 저장소와 상호 작용하는 방법을 배워 보겠습니다.

5.2 원격 저장소와의 네 가지 상호 작용

앞선 절에서 여러분은 깃허브에 원격 저장소를 만들었습니다. 이제 이 원격 저장소와 상호 작용을 하는 방법에 대해 학습해 보겠습니다. 이 절에서 학습할 원격 저장소와의 상호 작용은 크게 네 가지입니다.

1 | 클론(clone): 원격 저장소를 복제하기

2 | 푸시(push): 원격 저장소에 밀어넣기

3 | 패치(fetch): 원격 저장소를 일단 가져만 오기

4 | 풀(pull): 원격 저장소를 가져와서 합치기

 ## 소스트리와 깃허브 연동하기

네 가지 상호 작용을 학습하기에 앞서, 소스트리와 깃허브가 SSH 통신할 수 있도록 연동하
겠습니다. SSH(Secure Shell)는 안전하게 정보를 주고받을 수 있는 통신 방법입니다. 다시 말
해, 소스트리와 깃허브가 서로 SSH 통신이 가능하도록 연동하면 여러분의 컴퓨터(로컬 저
장소)와 깃허브(원격 저장소)는 서로 안전하게 정보를 주고받을 수 있습니다.

그림 5-33 | 깃허브와 SSH 통신하기

SSH 통신하려면 먼저 여러분의 컴퓨터에서 키(key) 두 개를 생성해야 합니다. 하나는 공개
키(public key), 또 다른 하나는 개인 키(private key)입니다. 공개 키는 모두에게 공개된 키,
개인 키는 여러분만 알고 있어야 하는 키입니다. 여기서 키는 영어로 열쇠라는 뜻이지만, 여
기서는 암호, 또는 암호화된 문자열이라고 생각해도 좋습니다.

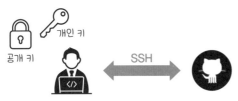

그림 5-34 | SSH 통신을 위해 필요한 공개 키와 개인 키

공개 키와 개인 키를 생성한 뒤 통신하려는 대상에게 공개 키를 건네줍니다. 여러분은 깃허
브와 SSH 통신할 예정이니 깃허브에게 공개 키를 전해주면 되겠죠?

그림 5-35 | 통신할 대상(깃허브)에게 공개 키 전달

SSH 통신은 암호화된 통신 방법이므로 여러분과 (공개 키를 전달받은) 깃허브 사이에 주고받는 대화는 암호화되어 전송됩니다. 다른 누군가가 여러분과 깃허브 사이에 주고받는 대화를 엿듣는다고 해도 전혀 이해할 수 없지요. 다만, 여러분은 개인 키가 있어서 깃허브에 여러분임을 증명하고, 깃허브와 주고받는 내용을 이해할 수 있습니다.

매우 간략히 설명했지만, SSH는 개발 전반에서 많이 활용하는 통신 방법이므로 꼭 알아두는 것이 좋습니다. 그럼 SSH 키를 생성해 봅시다. 미리 말하자면 다음 과정은 외울 필요가 없습니다. 한 번 SSH 키를 생성해 연동하면 계속 통신할 수 있기 때문입니다. 편한 마음으로 차근차근 따라 하면 되겠습니다.

① SSH 키는 ssh-keygen이라는 간단한 명령으로 생성할 수 있습니다. 깃 배시 창을 열고 ssh-keygen을 입력하면 개인 키(id_rsa)를 저장할 경로를 선택하라는 문구가 나옵니다. 기본 설정된 경로는 다음 붉은 박스 친 경로입니다. 아무것도 입력하지 않고 Enter 를 눌러 해당 경로에 키를 저장합니다.

```
minchul@DESKTOP-9KULGUE MINGW64 ~
$ ssh-keygen
Generating public/private rsa key pair.
Enter file in which to save the key (/c/Users/minchul/.ssh/id_rsa): Enter 입력
```

② 'Enter passphrase (empty for no passphrass)'가 뜹니다. 여러분이 사용하려는 암호를 입력한 뒤 Enter 를 누르거나, 암호를 사용하지 않으려면 아무것도 입력하지 않고 Enter 를 누릅니다. 필자는 아무것도 입력하지 않고 Enter 를 누르겠습니다.

```
minchul@DESKTOP-9KULGUE MINGW64 ~
$ ssh-keygen
Generating public/private rsa key pair.
Enter file in which to save the key (/c/Users/minchul/.ssh/id_rsa):
Created directory '/c/Users/minchul/.ssh'.
Enter passphrase (empty for no passphrase): •···················· Enter 입력
```

③ 'Enter same passphrase again'이 떴다면 앞서 입력한 암호를 한 번 더 입력한 후 Enter 를 누르세요. 암호 없이 사용하기로 했다면 그냥 Enter 를 누르면 됩니다. 이번에도 필자는 그냥 Enter 를 누르겠습니다.

```
minchul@DESKTOP-9KULGUE MINGW64 ~
$ ssh-keygen
Generating public/private rsa key pair.
Enter file in which to save the key (/c/Users/minchul/.ssh/id_rsa):
Created directory '/c/Users/minchul/.ssh'.
Enter passphrase (empty for no passphrase):
Enter same passphrase again: •···················· Enter 입력
```

④ SSH 키가 생성된 모습입니다. 다음 붉은 박스를 잘 보세요. 개인 키는 C:₩Users₩사용자명₩.ssh 경로에 저장된 id_rsa라는 파일이고, 공개 키는 같은 경로에 저장된 id_rsa.pub라는 파일임을 나타냅니다.

```
minchul@DESKTOP-9KULGUE MINGW64 ~
$ ssh-keygen
Generating public/private rsa key pair.
Enter file in which to save the key (/c/Users/minchul/.ssh/id_rsa):
Created directory '/c/Users/minchul/.ssh'.
Enter passphrase (empty for no passphrase):
Enter same passphrase again:
Your identification has been saved in /c/Users/minchul/.ssh/id_rsa      확인
Your public key has been saved in /c/Users/minchul/.ssh/id_rsa.pub
The key fingerprint is:
SHA256:b8GJrBBFddcw55XaBho+P63BC3dpNshM5ZviYJED9To minchul@DESKTOP-9KULGUE
```

```
The key's randomart image is:
+---[RSA 3072]----+
|    .o.. o.+o. o|
|    .   o o.=.+ |
|    .     o +.B |
|   . . o 0.o + |
|    . S +EX + +|
|   . . . =.@ X |
|     .  + = X .|
|        .  + |
|           |
+----[SHA256]-----+
```

⑤ 해당 경로로 이동해 만들어진 키 두 개를 확인해 보세요.

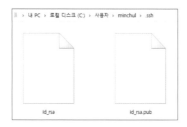

그림 5-36 | 생성된 키 확인하기

⑥ 이제 소스트리로 돌아와 **도구** 〉 **옵션**을 클릭하세요.

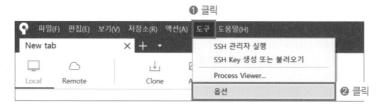

그림 5-37 | '옵션' 클릭하기

⑦ **SSH 클라이언트 설정**의 **SSH 클라이언트**를 클릭하면 PuTTY / Plink와 OpenSSH 두 선택 항목이 보입니다. PuTTY / Plink를 통해 공개 키와 개인 키를 생성할 수 있고, OpenSSH를 통해서도 공개 키와 개인 키를 생성할 수 있습니다. 앞서 키를 만든 방식은 OpenSSH 방식 입니다. **OpenSSH**를 선택하고 **확인**을 선택하여 옵션 창을 닫아주세요.

그림 5-38 | 'OpenSSH' 선택하기

TIP
SSH 클라이언트를 OpenSSH로 선택했을 때 SSH 키 항목에 앞서 생성한 개인 키 경로가 자동으로 등록되었다면 바로 뒤 8번과 9번은 따라 할 필요 없습니다.

---

8 **도구 〉 SSH 키 추가**를 클릭하세요.

그림 5-39 | 'SSH 키 추가' 선택하기

9 앞서 두 키가 저장된 경로에서 개인 키, 즉 id_rsa를 선택한 후 **열기**를 클릭하세요.

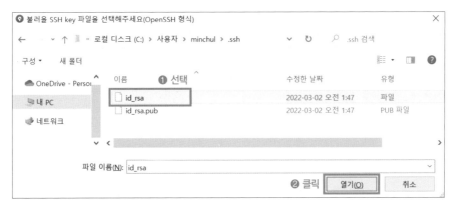

그림 5-40 | 생성한 개인 키 등록하기

10 **도구 〉 옵션**을 다시 열어 SSH 키가 잘 등록됐는지 확인합니다.

그림 5-41 | 등록한 키 확인하기

⑪ 이제 여러분의 컴퓨터와 통신할 깃허브에게 공개 키를 건네주러 가봅시다. 깃허브에 접속한 뒤 프로필 이미지를 클릭해 Settings에 들어갑니다.

그림 5-42 | 'Settings' 클릭하기

⑫ 좌측 메뉴에서 SSH and GPG keys를 클릭해 주세요.

그림 5-43 | 'SSH and GPG keys' 클릭하기

⑬ New SSH key를 클릭합니다.

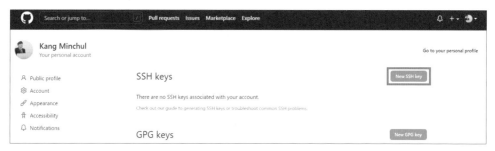

그림 5-44 | 'New SSH key' 클릭하기

⑭ 여기에 여러분의 공개 키를 등록하면 됩니다. **Title** 항목에는 여러분의 임의대로 키의 제목을 쓰고, **Key** 항목에는 공개 키 파일, 즉 id_rsa.pub 안에 적힌 내용을 넣으면 됩니다. id_rsa.pub 파일을 열어 복사한 후 **Key** 항목에 붙여넣습니다. 그리고 **Add SSH key**를 눌러주세요.

그림 5-45 | 생성한 공개 키 붙여넣기

⑮ SSH 등록이 완료됐다면 다음과 같이 표기됩니다.

그림 5-46 | 키 등록이 완료된 모습

⑯ 자, 그럼 다시 소스트리로 돌아와 보세요. **Remote**를 클릭합니다. 여기에서 여러분의 깃 허브를 등록하겠습니다. **계정 추가**를 클릭하세요.

그림 5-47 | '계정 추가' 클릭하기

⑰ **호스팅 서비스**는 GitHub를, **선호 프로토콜**은 SSH를 선택한 뒤 **OAuth 토큰 새로고침**을 눌러보세요.

그림 5-48 | 깃허브 계정 추가하기

⑱ 이때 브라우저에 다음과 같은 화면이 나올 수 있습니다. 아틀라시안 인증을 확인하는 화면입니다.

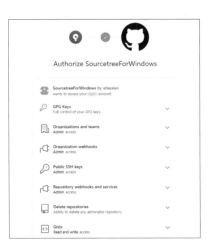

그림 5-49 | 아틀라시안 인증 확인하기

⑲ 이 경우 스크롤을 내려 **Authorize Atlassian**을 누르세요.

그림 5-50 | 'Authorize Atlassian' 클릭하기

⑳ 다음과 같은 화면이 보인다면 다시 소스트리로 이동해 주세요.

그림 5-51 | 인증 성공

㉑ 인증 성공이라는 표시가 뜨면 성공적으로 연동된 것입니다. **확인**을 클릭합니다.

그림 5-52 | 깃허브 계정 인증 성공

㉒ 소스트리에서 여러분의 깃허브 계정이 뜬다면 성공입니다. 우측을 보면 여러분이 만든 원격 저장소 test-repo도 볼 수 있습니다. 혹시 원격 저장소가 뜨지 않는다면 **새로고침**을 클릭 하세요.

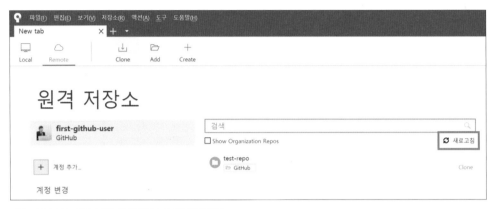

그림 5-53 | 소스트리에서 확인 가능한 깃허브 계정 및 원격 저장소

② 클론: 원격 저장소 복제하기

이제 본격적으로 원격 저장소와의 상호 작용을 학습해 봅시다. 원격 저장소와의 상호 작용, 그 첫 번째는 클론(clone)입니다. 이는 말 그대로 깃허브상에 존재하는 원격 저장소를 여러 분의 컴퓨터, 즉 로컬로 복사하여 가져오는 방법입니다.

여러분이 직접 만든 원격 저장소뿐 아니라 깃허브상에 공개된 모든 원격 저장소를 여러분의 컴퓨터로 클론하여 가져올 수 있습니다.

예를 들어 보겠습니다. 가령 다음 링크 속 원격 저장소를 여러분의 컴퓨터로 복제하겠습니다.

URL https://github.com/namhyung/uftrace

참고로, 앞선 절에서 예시로 설명한 텐서플로를 클론 해도 무방합니다. 다만, 해당 프로젝트는 비교적 용량 이 크기 때문에 클론하는 데 시간이 오래 걸립니다. 그 렇기에 위 링크 속 원격 저장소로 연습해 봅시다.

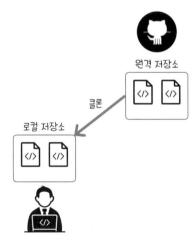

그림 5-54 | 원격 저장소를 복제하는 클론

① 예제 링크에 접속한 뒤 **Code**를 클릭해 보세요. SSH를 클릭한 뒤 소스 경로를 복사합니다.

그림 5-55 | 소스 경로 복사하기

> **TIP**
>
> Download ZIP을 클릭하면 원격 저장소의 내용을 압축 파일 형태로 내려받을 수 있습니다.

② 이제 소스트리를 열고 **Clone**을 클릭한 뒤 **소스 경로 / URL** 항목에 앞서 복사한 항목을 붙여넣습니다. **목적지 경로**에는 여러분의 컴퓨터 속 클론할 경로를 기입하면 됩니다. 필자는 C:\uftrace라는 경로에 클론하겠습니다. **이름**은 복사할 원격 저장소의 이름을 나타내는데, 자동으로 기입됩니다. 잘 입력됐는지 확인한 후 **클론**을 클릭하세요.

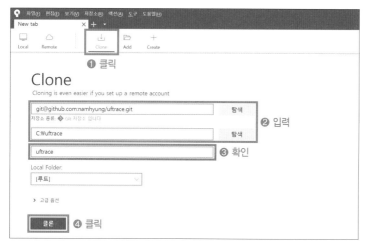

그림 5-56 | 클론 정보 작성하기

❸ 클론이 완료된 직후의 모습입니다. 다시 말해, 링크 속 원격 저장소가 복제된 모습입니다. 원격 저장소에 쌓인 커밋들을 볼 수 있습니다.

그림 5-57 | 클론이 완료된 모습

❹ 클론된 위치로 가볼까요? 필자는 C:\uftrace 경로로 클론했으니, 이 경로로 가보겠습니다. 다음처럼 클론된 원격 저장소 속 내용을 볼 수 있습니다. 이때 .git 폴더가 있다는 점에 유의해 주세요. 원격 저장소를 클론하면 원격 저장소의 .git 폴더까지 복사됩니다.

그림 5-58 | 로컬로 복제된 원격 저장소

이런 식으로 클론을 통해 여러분은 다양한 원격 저장소를 여러분의 컴퓨터로 복제할 수 있습니다. 여기까지 잘 따라오셨다면 클론한 저장소를 삭제해도 좋습니다.

⑤ 그렇다면 이번에는 여러분이 직접 만든 원격 저장소를 클론해 봅시다(이후 실습을 위해 꼭 이 부분도 같이 실습해 주세요). 앞선 절에서 만든 원격 저장소인 test-repo를 클론해 볼까요? 참고로, 현재 필자가 만든 test-repo에는 README.md 파일 하나만 존재합니다.

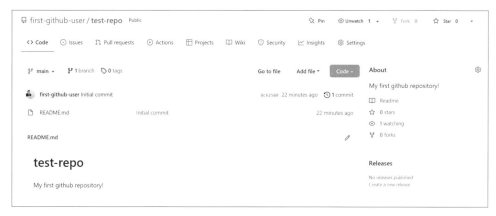

그림 5-59 | 클론할 test-repo의 모습

⑥ 소스트리로 돌아와 **Remote**를 클릭하면 여러분의 원격 저장소 목록이 표시됩니다. 여기서 클론하려는 원격 저장소를 선택할 수 있습니다. test-repo를 클론하려면 test-repo 옆에 있는 **Clone**을 클릭해야 합니다.

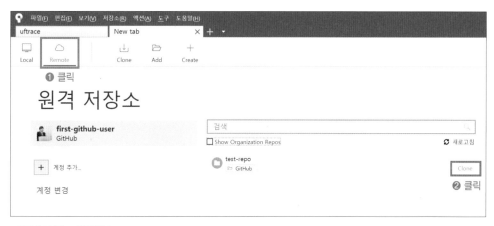

그림 5-60 | 'Clone' 클릭하기

❼ 여기서는 ❹와 동일한 방식으로 입력하면 됩니다. 필자는 C:\test-repo 경로에 클론하
겠습니다.

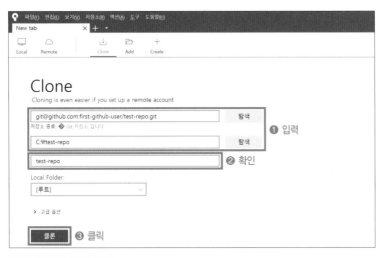

그림 5-61 | 클론 정보 작성하기

❽ 클론한 직후의 모습입니다. 유일한 커밋으로 보이는 Initial commit은 test-repo의
README.md 파일이 추가되며 만들어진 커밋입니다.

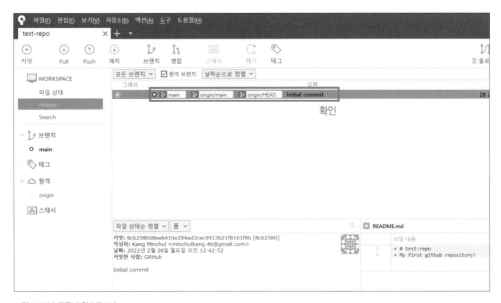

그림 5-62 | 클론이 완료된 모습

⑨ 클론한 위치로 가보면 test-repo의 내용을 확인할 수 있습니다.

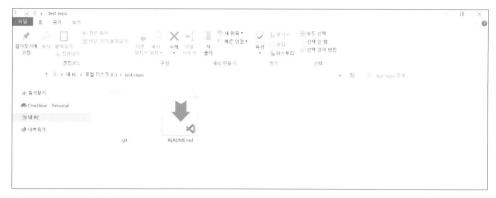

그림 5-63 | 로컬로 복제된 원격 저장소

다시 소스트리로 돌아옵니다. 여기서 브랜치의 이름에 주목해 주세요. main, origin/main, origin/HEAD, 이렇게 브랜치 세 개가 보입니다.

그림 5-64 | main, origin/main, origin/HEAD 브랜치

좌측에서도 **브랜치**에 main, **원격**에 origin/HEAD, origin/main 브랜치를 볼 수 있지요.

그림 5-65 | main, origin/main, origin/HEAD 브랜치

이 브랜치들은 무엇일까요? 앞서 깃에서 관리하는 기본 브랜치는 master 브랜치라고 설명했습니다.

main 브랜치는 master 브랜치와 같습니다. 다시 말해 깃허브에서는 기본 브랜치를 main 브랜치라고 부릅니다. 클론하면 원격 저장소가 그대로 로컬로 복제된다고 했죠? 그래서 로컬로 클론한 저장소의 기본 브랜치 이름도 깃허브의 기본 브랜치 이름과 동일한 main이 되는 것입니다.

원래 깃허브에서도 기본 브랜치를 master 브랜치라고 지칭했으나, master라는 단어가 차별적인 어감을 담고 있기 때문에 2020년부터 기본 브랜치를 master에서 main으로 바꾸어 부르기로 했습니다.

origin/HEAD, origin/main은 원격 저장소 origin의 HEAD와 기본 브랜치를 지칭합니다. 여기서 origin은 원격 저장소 경로에 붙은 일종의 별명입니다. 소스트리 우측 상단의 **설정**을 클릭해 볼까요?

그림 5-66 | '설정' 클릭하기

원격 저장소 경로를 보면 **이름**에 origin, **경로**는 원격 저장소를 클론할 때 사용한 경로가 적혀 있습니다. 원격 저장소를 지칭할 때 매번 경로(git@github.com:…)를 사용하는 것은 번거로우니 단순히 origin이라고 부르기로 한 것입니다.

저장소 설정		
☁ 원격	⚙ 고급	

원격 저장소 경로

이름	경로
origin	git@github.com:first-github-user/test-repo.git

[추가] [편집] [제거]

[설정 파일 편집...]   [확인] [취소]

그림 5-67 | 원격 저장소의 이름과 경로 확인하기

origin은 원격 저장소에 붙은 이름일 뿐이므로 언제든 수정할 수 있습니다. 다만, 이 예시에서는 origin을 그대로 사용하겠습니다.

3 푸시: 원격 저장소에 밀어넣기

원격 저장소와의 상호 작용, 그 두 번째는 푸시(push)입니다. 푸시는 영어로 '밀다'라는 뜻입니다. 깃에서 사용하는 push는 원격 저장소에 로컬 저장소의 변경 사항을 밀어넣는 것을 의미합니다.

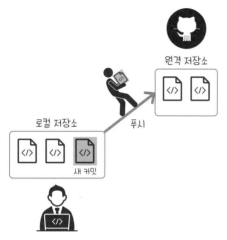

그림 5-68 | 로컬의 변경 사항을 밀어넣는 푸시

이는 예시를 보며 이해하는 것이 좋습니다. 앞 절에서 test-repo라는 원격 저장소를 클론했습니다. 클론이 뭐라고 했죠? 원격 저장소를 여러분의 컴퓨터로 복제하는 것이라 했습니다. 따라서 현재 원격 저장소 test-repo와 로컬 저장소(여러분의 컴퓨터 속) test-repo의 상태는 동일합니다. 그렇죠?

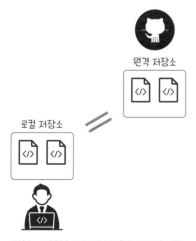

그림 5-69 | 현재 로컬 저장소와 원격 저장소의 상태

그럼 이 상태에서 로컬에서 커밋을 추가한 뒤 이를 원격 저장소에 푸시하는 예를 실습해 보 겠습니다.

① 로컬 저장소 test-repo를 수정해 봅시다. 문자 A가 담긴 a.txt 파일을 추가합니다.

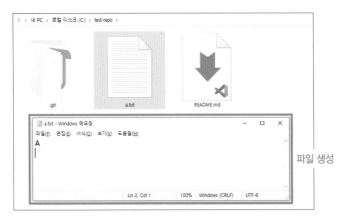

그림 5-70 | 로컬 저장소에 a.txt 파일 추가하기

② 이를 커밋해 보겠습니다. 커밋 메시지는 add a.txt로 하겠습니다.

그림 5-71 | 변경 사항 커밋하기

③ 커밋한 소스트리는 다음과 같은 상태가 됩니다.

그림 5-72 | 커밋 직후의 모습

자, 로컬 저장소에는 이제 막 두 번째 커밋이 추가됐고, 원격 저장소에는 커밋 하나만 존재합니다. 이를 그림으로 표현하면 그림 5-73과 같겠죠?

원격 저장소

로컬 저장소

a.txt

그림 5-73 | 로컬에 커밋한 직후의 모습

④ 이 상태에서 원격 저장소를 로컬 저장소와 같게 만들려면, 다시 말해 a.txt 파일을 원격 저장소에 추가하려면 로컬의 변경 사항을 원격 저장소에 푸시해야 합니다. 상단의 Push를 클릭해 보세요.

그림 5-74 | 'Push' 클릭하기

⑤ 다음 같은 화면이 표시됩니다. 이는 로컬 저장소의 main 브랜치를 원격(리모트) 저장소
의 main 브랜치로 푸시한다는 것을 의미합니다. **Push**를 클릭하세요.

그림 5-75 | 'Push' 클릭하기

⑥ 푸시가 완료된 직후 모습입니다. 원격 저장소 브랜치에 두 번째 커밋이 추가됐죠?

그림 5-76 | 푸시가 완료된 직후의 브랜치

⑦ 원격 저장소 깃허브를 확인해 봅시다. a.txt 파일이 잘 추가됐을 뿐 아니라 커밋 수가 두
개로 늘었네요. 박스 친 부분을 클릭해 보세요.

그림 5-77 | 푸시가 완료된 직후의 원격 저장소

⑧ 여기에서 원격 저장소의 커밋 내역들을 볼 수 있습니다. 로컬에서 만든 두 번째 커밋을
확인할 수 있죠?

그림 5-78 | 새로 추가된 커밋 내역 확인하기

⑨ 한 번 더 해봅시다. 이번에는 a.txt 파일을 삭제하고, B가 저장된 b.txt 파일을 추가해 보겠습니다.

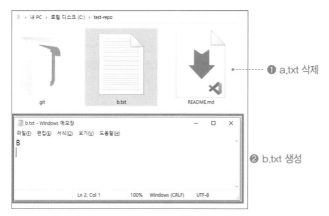

그림 5-79 | 새로운 변경 사항 만들기

⑩ 이를 커밋합니다. 커밋 메시지는 delete a.txt and add b.txt로 하겠습니다.

그림 5-80 | 변경 사항 커밋하기

⑪ 커밋이 잘 됐다면 Push를 클릭하세요.

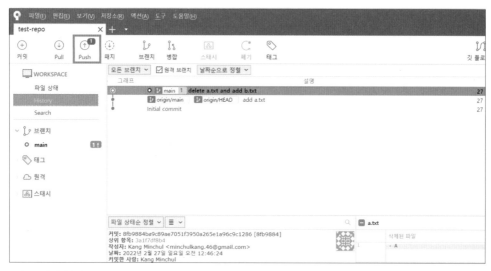

그림 5-81 | 커밋 직후의 모습

⑫ 로컬 저장소의 main 브랜치를 원격(리모트) 저장소의 main 브랜치로 푸시합니다. Push를 클릭하세요.

그림 5-82 | 'Push' 클릭하기

⑬ 푸시가 완료되면 다음처럼 깃허브에서 세 번째 커밋을 확인할 수 있습니다. 어렵지 않죠?

그림 5-83 | 푸시가 완료된 직후의 원격 저장소

4 패치: 원격 저장소를 일단 가져만 오기

원격 저장소와의 상호 작용, 그 세 번째는 패치(fetch)입니다. fetch는 '가져오다'를 의미합니다. 다시 말해, 패치는 원격 저장소의 변경 사항들을 가져오는 방법, 더 정확하게는 일단 가져만 오는 방법입니다. 원격 저장소의 변경 사항을 '일단 가져만 온다'는 게 무슨 의미일까요? 차근차근 알아봅시다.

패치(fetch)와 패치(patch)는 발음이 유사하지만 엄연히 다른 용어임에 유의해 주세요.

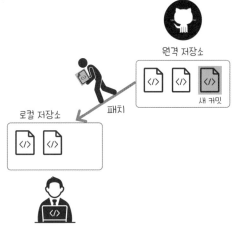

그림 5-84 | 원격 저장소의 변경 사항을 일단 가져만 오는 패치

지금까지의 실습을 잘 따라왔다면 현재 로컬 저장소와 원격 저장소의 상태는 같을 것입니다. 로컬 저장소에 커밋이 세 개 쌓여 있고, 원격 저장소 또한 커밋이 세 개 쌓여 있습니다. 로컬 저장소에 README.md와 b.txt 파일이 있고, 원격 저장소에도 README.md와 b.txt 파일이 있습니다.

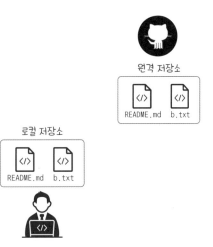

그림 5-85 | 현재 로컬 저장소와 원격 저장소의 상태

현재 원격 저장소 test-repo는 오로지 여러분만 사용하고 있지만, test-repo를 여러 개발자가 협업하여 개발하고 있는 상황을 가정해 봅시다. 다른 개발자가 언제든 test-repo에 새로운 변경 사항을 추가할 수 있기 때문에 test-repo는 시시각각 변할 수 있습니다.

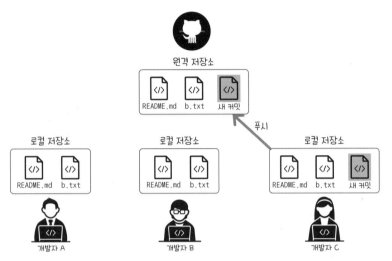

그림 5-86 | 언제든 변할 수 있는 원격 저장소

다른 개발자가 푸시한 내용을 여러분의 로컬로 가져오고 싶을 때 패치를 사용할 수 있습니다. 다시 말해, 원격 저장소의 변경 사항을 로컬로 가져오고 싶을 때 패치를 사용합니다. 가령 그림 5-86 속 개발자 C가 푸시한 내용을 여러분의 로컬로 가져오고 싶다면 패치를 사용하면 됩니다.

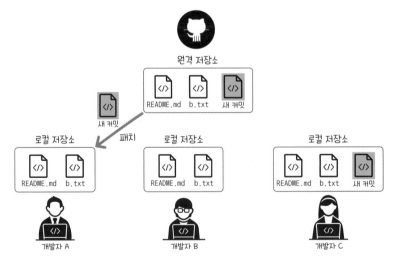

그림 5-87 | 원격 저장소의 변경 사항을 패치로 가져오기

이 상황을 직접 실습해 보겠습니다. 깃허브에서는 자신의 원격 저장소 내의 파일을 직접 수정하고 커밋할 수 있습니다.

① 깃허브에서 b.txt 파일을 직접 수정하고, 커밋을 추가하겠습니다. 원격 저장소 test-repo에 접속해 b.txt 파일을 클릭합니다.

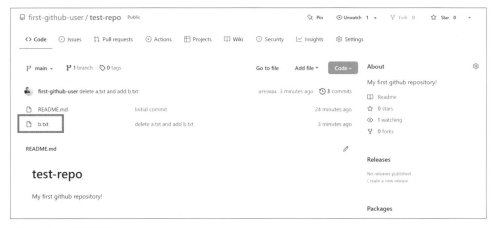

그림 5-88 | b.txt 파일 클릭하기

② 연필 아이콘을 클릭합니다.

그림 5-89 | 연필 아이콘 클릭하기

③ 여기에서 b.txt 파일을 수정합니다. 필자는 두 번째 줄에 This is written in Github라고 적었습니다.

그림 5-90 | b.txt 파일 수정하기

④ 스크롤을 내리면 다음처럼 커밋할 수 있는 공간이 보입니다. 여기에 커밋 메시지를 작성하고 **Commit changes**를 클릭하면 수정한 내용을 바탕으로 새로운 커밋이 만들어집니다.

커밋 메시지는 간단하게 update b.txt in github를 적고, **Commit changes**를 클릭하겠습니다 (Add an optional extended description은 커밋 메시지의 본문에 해당하는 내용이므로 적지 않아도 무방합니다).

그림 5-91 | 커밋 메시지 작성 후 'Commit changes' 클릭하기

⑤ 새로운 커밋이 만들어졌습니다. b.txt 파일이 수정된 것이 보입니다.

그림 5-92 | 수정된 b.txt 파일

⑥ 또한 커밋 개수도 네 개가 됐습니다.

그림 5-93 | 늘어난 커밋 개수

자, 그렇다면 현재 원격 저장소와 로컬 저장소의 상태는 어떨까요? 그림으로 표현하면 다음과 같습니다. 로컬 저장소가 모르는 사이 원격 저장소에 변경 사항이 추가된 셈이죠.

그림 5-94 | 로컬 저장소와 원격 저장소의 현재 상태

⑦ 그렇다면 원격 저장소의 변경 사항을 패치해 보겠습니다. 소스트리 상단의 **패치**를 클릭합니다.

그림 5-95 | '패치' 클릭하기

⑧ **확인**을 클릭하면 패치가 됩니다.

그림 5-96 | '확인' 클릭하기

⑨ 패치가 완료된 모습입니다. 깃허브에서 작성한 네 번째 커밋을 볼 수 있습니다.

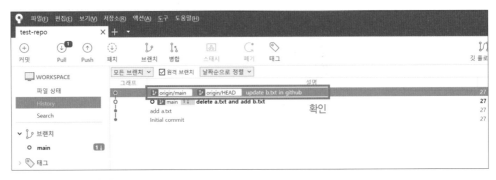

그림 5-97 | 패치가 완료된 모습

브랜치 이름에 주목해 보세요. 로컬의 main 브랜치는 여전히 세 번째 커밋을 가리키고, origin/main 브랜치는 네 번째 커밋을 가리킵니다. 로컬 저장소의 브랜치가 변경되지 않았죠? 즉, 패치해도 원격 저장소의 내용이 로컬 저장소에 병합되지 않습니다. 그래서 패치를 '원격 저장소의 변경 사항을 일단 가져만 오는 방법'이라고 설명한 것입니다.

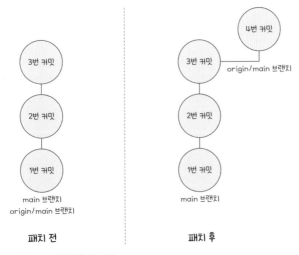

그림 5-98 | 원격의 변경을 로컬에 병합하지는 않는 패치

패치 전후를 그림으로 표현하면 다음과 같습니다.

main 브랜치를 origin/main 브랜치와 병합해 볼까요? main 브랜치를 origin/main 브랜치와 병합하면 어떻게 될까요? 다음 그림처럼 로컬의 main 브랜치도 네 번째 커밋을 가리키게 되겠지요?

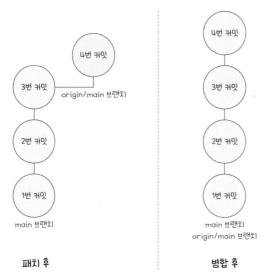

그림 5-100 | 패치 직후와 병합 직후 비교하기

⑩ origin/main 브랜치에 마우스 오른쪽 버튼을 클릭한 후 **병합**을 클릭해 보세요.

그림 5-101 | '병합' 클릭하기

⑪ '병합 확정' 창이 뜨면 **확인**을 클릭합니다.

그림 5-102 | 병합 확정하기

⑫ 자, 이렇게 원격 저장소의 변경 사항을 로컬 저장소에 병합했습니다.

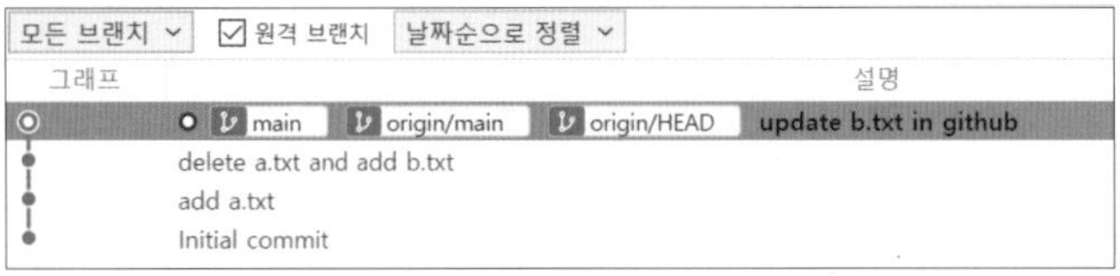

그림 5-103 | 병합 완료된 모습

⑬ 이제 로컬 저장소의 b.txt 파일을 클릭하면 깃허브에서 작성한 네 번째 커밋을 볼 수 있습니다.

그림 5-104 | 병합된 내용 확인

⑤ 풀: 원격 저장소를 가져와서 합치기

패치가 원격 저장소를 '일단 가져오는 방법'이라면 풀(pull)은 원격 저장소를 '가져와서 합치는 방법'입니다. 즉, 풀은 패치와 병합을 동시에 하는 방법입니다. 실습하며 알아볼까요?

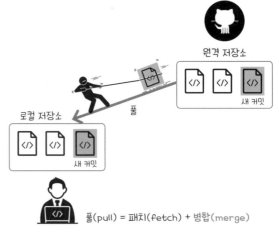

그림 5-105 | 패치와 병합을 동시에 하는 풀

❶ 깃허브 속 원격 저장소로 접속합시다. 앞서 깃허브에서 파일을 직접 수정하여 새로운 커밋을 만들 수 있다고 했죠? 깃허브에서는 원격 저장소에 새로운 파일을 생성하거나 업로드할 수도 있습니다. **Add file**을 클릭하여 **Create new file**을 클릭해 보세요.

그림 5-106 | 'Create new file' 클릭하기

❷ c.txt 파일을 만들고, 안에는 This file is created in github를 작성해 보세요.

그림 5-107 | 생성할 파일 이름과 내용 작성하기

❸ 커밋 메시지로 create c.txt in github를 작성하고 **Commit new file**을 클릭합니다.

그림 5-108 | 커밋 메시지 작성 후 'Commit changes' 클릭하기

④ 커밋이 완료된 모습입니다. c.txt라는 새로운 파일이 생성됐고, 커밋은 총 5개로 증가했습니다.

그림 5-109 | 생성된 c.txt 파일

현재 상황을 그림으로 표현하면 다음과 같습니다. 로컬 저장소가 모르는 사이에 원격 저장소에 변경 사항이 생긴 셈이지요.

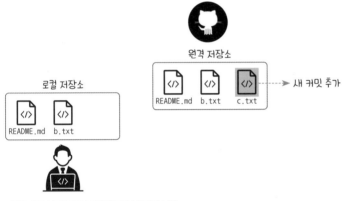

그림 5-110 | 로컬 저장소와 원격 저장소의 현재 상태

⑤ 소스트리로 돌아와 봅시다. 이제 깃허브에서 생성한 변경 사항, 즉 c.txt 파일을 만든 다섯 번째 커밋을 풀 해보겠습니다. 상단의 Pull을 클릭해 보세요.

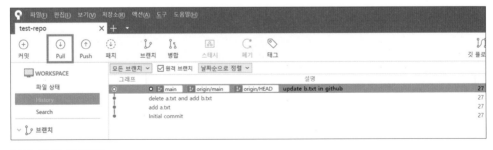

그림 5-111 | 'Pull' 클릭하기

⑥ origin의 main 브랜치를 로컬 저장소의 main 브랜치로 풀 해보겠습니다. Pull을 클릭하세요.

그림 5-112 | 'Pull' 클릭하기

⑦ 풀이 완료된 모습입니다. main 브랜치가 다섯 번째 커밋을 가리키고 있죠? 다시 말해, 원격 저장소의 새로운 변경 사항이 로컬 저장소로 바로 병합된 셈입니다. 즉, 풀을 하게 되면 원격 저장소의 변경 사항이 즉시 로컬로 병합됩니다.

그림 5-113 | 풀이 완료된 모습

⑧ 실제로도 c.txt 파일이 생성된 것을 확인할 수 있습니다. 이렇듯 풀은 원격 저장소의 변경 사항을 로컬 저장소에 바로 병합하는 방식이라는 점에 유의해 주세요. 패치와 풀의 차이점을 아는 것이 중요합니다.

그림 5-114 | 풀의 결과 확인하기

정리해 보겠습니다. 원격 저장소와 상호 작용하는 방식에는 크게 네 가지 클론, 푸시, 패치, 풀이 있습니다.

클론은 원격 저장소를 로컬로 복제하여 가져오는 방법입니다. 푸시는 로컬 저장소의 변경 사항을 원격 저장소로 밀어넣는 방법입니다. 패치는 원격 저장소의 변경 사항을 일단 가져만 오는 방법입니다. 병합을 하진 않는 방식이지요. 풀은 원격 저장소의 변경 사항을 가져와서, 병합까지 해주는 방법입니다.

5.3 풀 리퀘스트: 깃허브로 협업하기

마지막으로 깃허브로 다른 개발자와 협업하는 방법에 대해 알아봅시다. 한 원격 저장소에 여러 개발자가 코드를 기여할 수 있습니다. 실무에서도 여러 개발자가 한 원격 저장소를 두고 개발하는 것이 일반적이지요.

여기서 궁금증이 생깁니다. 앞선 절에서 여러분은 여러분이 소유한(여러분이 직접 만든) 원격 저장소에 푸시해 보았습니다. 그런데 여러분이 소유하지 않은 원격 저장소에도 푸시할 수 있을까요? 일반적으로 그렇지 않습니다.

잠깐만요

Collaborator로 추가하여 푸시 권한 주기

원격 저장소 소유자가 여러분을 Collaborator로 추가한 경우에는 여러분이 소유하지 않은 계정의 원격 저장소에 푸시할 수 있습니다.

가령 first-github-user가 소유한 원격 저장소 test-repo가 있다고 합시다. 다른 계정은 이 저장소에 푸시할 권한이 없습니다. 하지만 first-github-user가 특정 계정을 Collaborator로 추가하면 Collaborator로 등록된 계정은 test-repo에 푸시할 수 있게 됩니다.

여러분이 소유한 원격 저장소(여기에서는 test-repo)의 **Settings**에서 **Collaborators**를 클릭한 뒤 **Add people**을 클릭해 보세요.

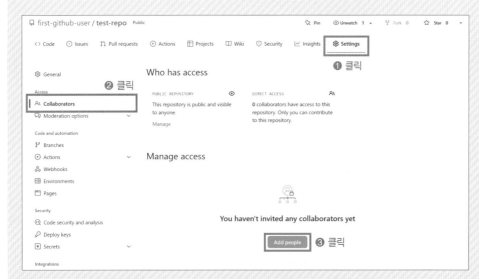

그림 5-115 | 'Add people' 클릭하기

Add a collaborator to test-repo 항목에 Colla
borator로 등록할 계정 이름을 입력하세요. 필자는
kangtegong이라는 계정을 collaborator로 추가해
보겠습니다.

그림 5-116 | collaborator로 추가할 계정 이름 입력하기

Add kangtegong to this repository를 누르
면 kangtegong 계정의 이메일로 collaborator 요
청이 전송됩니다. kangtegong이 이를 승인하면
kangtegong은 collaborator로서 first-github-
user의 test-repo에 직접 푸시할 수 있습니다.

그림 5-117 | collaborator 요청 전송하기

하지만 이는 다음에 설명할 이유들 때문에 권장하는 방법이 아니며, 대부분 직접 푸시할 권한이 없는 상태에
서 풀 리퀘스트(pull request)로 협업합니다.

원격 저장소에 누구나 푸시할 수 있다면 여러 문제가 발생할 수 있습니다. 만일 누구나 허락 없이 소유하지도 않은 원격 저장소에 푸시할 수 있다면 원격 저장소의 소유자가 원하지도 않는 변경 사항들이 원격 저장소에 마구 추가되는 불상사가 발생할 수 있습니다.

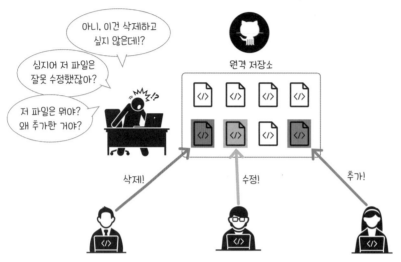

그림 5-118 | 누구나 푸시할 수 있는 경우 발생하는 문제

그렇다면 푸시 권한이 없는 원격 저장소에 어떻게 코드를 밀어넣을 수 있을까요? 어떻게 다른 원격 저장소에 변경 사항을 추가할 수 있을까요?

풀 리퀘스트(pull request)를 통해 가능합니다. 풀 리퀘스트는 말 그대로 원격 저장소가 내 변경 사항을 풀(pull)하도록 요청(request)하는 방법입니다. 즉, '내가 당신의 원격 저장소를 이렇게 변경하고 싶은데, 이 변경을 당신의 저장소로 풀 해주세요!' 하고 부탁하는 방법이지요.

풀 리퀘스트는 다음 단계를 통해 이루어집니다. 처음에는 이 내용이 익숙하지 않고 복잡하게 느껴질 수 있지만, 몇 번 반복하다 보면 자연스레 익숙해질 테니 천천히 읽어보며 눈도장을 찍어보세요.

1 | 기여하려는 저장소를 본인 계정으로 포크하기

2 | 포크한 저장소를 클론하기

3 | 브랜치 생성 후 생성한 브랜치에서 작업하기

4 | 작업한 브랜치 푸시하기

5 | 풀 리퀘스트 보내기

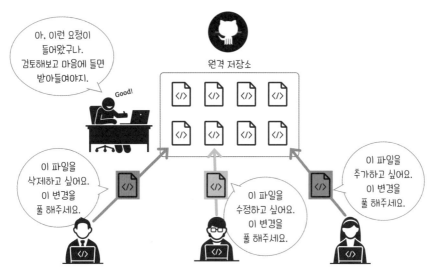

그림 5-119 | 풀 리퀘스트를 통한 협업

조금 낯설죠? 각 단계의 의미와 자세한 방법은 직접 풀 리퀘스트를 보내며 함께 익혀볼 예정입니다. 다음 실습은 이 책을 통틀어 가장 중요한 실습이므로 꼭 따라 하기 바랍니다.

이번 실습의 목표를 설명하겠습니다. 다음 링크에 접속해 보세요.

URL https://github.com/kangtegong/collaboration

이 링크는 kangtegong(필자의 계정)이 소유한 collaboration이라는 원격 저장소의 링크입니다. 이 원격 저장소에는 index.html이라는 파일이 있습니다. index.html을 클릭해 보세요.

그림 5-120 | 풀 리퀘스트를 보낼 저장소

index.html의 내용입니다. 이제부터 여러분이 실습할 일은 필자에게 풀 리퀘스트를 보내 여러분의 계정 이름을 이 파일 안에 적어넣는 것입니다. 더 정확하게는 </ul>의 윗 줄에 <li>여러분 계정 이름</li>을 적어넣는 것입니다.

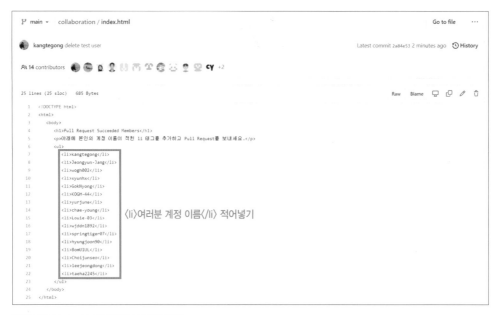

그림 5-121 | index.html과 풀 리퀘스트 실습의 목표

이 원격 저장소는 필자가 소유한 저장소이기 때문에 여러분은 이 저장소에 직접 푸시할 수 없습니다. 그러니 여러분은 저에게 'index.html을 변경한 내용을 풀 해주세요!' 하며 풀 리퀘스트를 보내야 합니다. 이제 풀 리퀘스트를 실습해 봅시다.

① 풀 리퀘스트의 첫 번째 단계는 기여하려는 저장소를 본인 계정으로 포크하기입니다. 포크(fork)란 원격 저장소를 여러분의 계정으로 복제하는 방법입니다. Fork를 눌러보세요.

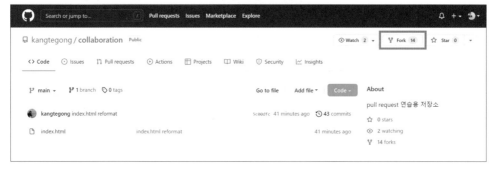

그림 5-122 | 'Fork' 클릭하기

② 포크하면 여러분의 계정으로 kangtegong 계정의 collaboration이 복제됩니다. 필자의 저장소를 여러분의 계정으로 복제했기 때문에 여러분은 복제된 저장소에 푸시할 수 있습니다.

그림 5-123 | 포크된 저장소

다시 말해, 여러분은 여러분이 소유하지 않은 원격 저장소에 직접 푸시할 수 없지만, 여러분의 계정으로 포크(복제)한 원격 저장소에는 푸시할 수 있습니다.

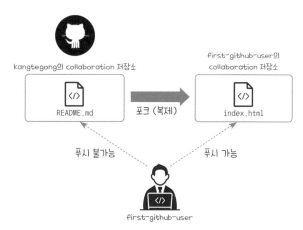

그림 5-124 | 포크한 저장소에는 푸시 가능

③ 풀 리퀘스트의 두 번째 단계는 포크한 저장소를 클론하기입니다.

여기서 kangtegong의 저장소가 아닌 포크한 저장소, 즉 여러분 계정으로 복제한 저장소를 클론하는 것이 중요합니다. 소스트리로 돌아와 collaboration 저장소를 클론해 보세요.

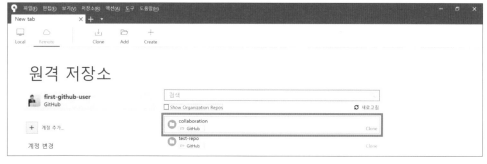

그림 5-125 | 포크한 저장소 클론하기

④ 필자는 C:₩collaboration 경로로 collaboration 저장소를 클론하겠습니다.

그림 5-126 | 클론 정보 입력하기

⑤ 풀 리퀘스트의 세 번째 단계는 브랜치 생성 후 생성한 브랜치에서 작업하기입니다. 클론이 잘 됐다면 새로운 브랜치를 생성해 봅시다. 새로운 브랜치를 만드는 방법은 이미 알려드린 바 있습니다. 상단의 **브랜치**를 클릭하세요.

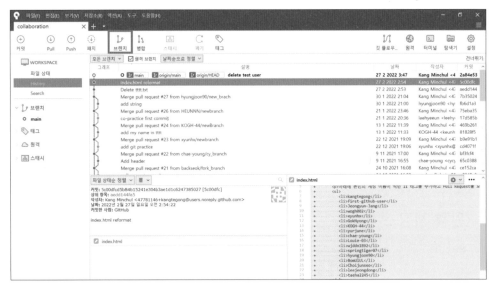

그림 5-127 | '브랜치' 클릭하기

⑥ 브랜치의 이름은 여러분이 알아보기 편한 이름으로 설정해 주세요. 필자는 add_user name이라는 이름의 브랜치를 생성하겠습니다.

그림 5-128 | 브랜치 만들기

⑦ 브랜치가 생성됐다면 해당 브랜치에서 작업하기 위해 생성한 브랜치로 체크아웃합니다.

그림 5-129 | 생성한 브랜치로 체크아웃

⑧ 자, 이제 작업을 수행하면 됩니다. 이번 실습에서는 index.html을 수정하기로 했었죠? 저장소를 클론한 경로로 가서 index.html을 열어주세요. 메모장으로 열어도 좋고, 여러분이 사용하는 코드 편집기로 열어도 좋습니다. 필자는 Visual Studio Code라는 편집기로 index. html을 열어보겠습니다.

```html
<!DOCTYPE html>
<html>
    <body>
        <h1>Pull Request Succeeded Members</h1>
        <p>아래에 본인의 계정 이름이 적힌 li 태그를 추가하고 Pull Request를 보내세요.</p>
        <ul>
            <li>kangtegong</li>
            <li>Jeongyun-Jang</li>
            <li>wogh002</li>
            <li>xyunhx</li>
            <li>GokNyong</li>
            <li>KOGH-44</li>
            <li>yurjune</li>
            <li>chae-young</li>
            <li>Louie-03</li>
            <li>wjddn1892</li>
            <li>springtiger07</li>
            <li>hyungjoon90</li>
            <li>BomUlUL</li>
            <li>Choijunseo</li>
            <li>leejeongdong</li>
            <li>taeha2245</li>
        </ul>
    </body>
</html>
```

그림 5-130 | 작업할 index.html

⑨ 여러분의 계정 이름을 `<li>` 태그로 추가하겠습니다. 다음과 같이 `</ul>` 태그 바로 윗줄에 여러분의 깃허브 계정 이름을 추가해 주세요.

```html
<> index.html  M  ×
<> index.html > ⬡ html > ⬡ body > ⬡ ul > ⬡ li
 1    <!DOCTYPE html>
 2    <html>
 3      <body>
 4        <h1>Pull Request Succeeded Members</h1>
 5        <p>아래에 본인의 계정 이름이 적힌 li 태그를 추가하고 Pull Request를 보내세요.</p>
 6        <ul>
 7          <li>kangtegong</li>
 8          <li>Jeongyun-Jang</li>
 9          <li>wogh002</li>
10          <li>xyunhx</li>
11          <li>GokNyong</li>
12          <li>KOGH-44</li>
13          <li>yurjune</li>
14          <li>chae-young</li>
15          <li>Louie-03</li>
16          <li>wjddn1892</li>
17          <li>springtiger07</li>
18          <li>hyungjoon90</li>
19          <li>BomUlUL</li>
20          <li>Choijunseo</li>
21          <li>leejeongdong</li>
22          <li>taeha2245</li>
23          <li>first-github-user</li>
24        </ul>           추가
25      </body>
26    </html>
```

그림 5-131 | 깃허브 계정 이름 추가하기

다음과 같이 메모장으로 추가해도 됩니다.

```
📄 index.html - Windows 메모장                           —   □   ×
파일(F)  편집(E)  서식(O)  보기(V)  도움말(H)
<!DOCTYPE html>
<html>
  <body>
    <h1>Pull Request Succeeded Members</h1>
    <p>아래에 본인의 계정 이름이 적힌 li 태그를 추가하고 Pull Request를 보내세요.</p>
    <ul>
      <li>kangtegong</li>
      <li>Jeongyun-Jang</li>
      <li>wogh002</li>
      <li>xyunhx</li>
      <li>GokNyong</li>
      <li>KOGH-44</li>
      <li>yurjune</li>
      <li>chae-young</li>
      <li>Louie-03</li>
      <li>wjddn1892</li>
      <li>springtiger07</li>
      <li>hyungjoon90</li>
      <li>BomUlUL</li>
      <li>Choijunseo</li>
      <li>leejeongdong</li>
      <li>taeha2245</li>
      <li>first-github-user</li>
    </ul>
  </body>
</html>
                                Ln 1, Col 1    100%   Windows (CRLF)    UTF-8
```

그림 5-132 | 메모장으로 작업한 모습

> **TIP**
> 반드시 위와 동일한 형식으로 작성하기 바랍니다. 다른 줄을 수정하거나 삭제하지 말아주세요. 또한, 다른 `<li>` 태그와 줄 간격을 꼭 맞춰주세요. 새로운 파일을 생성하거나 다른 줄을 수정/삭제하거나 줄 간격이 맞지 않는 풀 리퀘스트는 받아들이기 어렵습니다.

⑩ 이제 네 번째 단계, 작업한 브랜치 푸시하기입니다. 수정한 index.html을 add_username 브랜치에 커밋하겠습니다. 커밋 메시지는 add my username in index.html로 남기겠습니다.

그림 5-133 | 변경 사항 커밋하기

⑪ 새로 생성한 브랜치에서 커밋을 추가했다면 이를 푸시해 봅시다. 상단의 **Push**를 클릭하세요.

그림 5-134 | 작업한 브랜치 푸시하기

⑫ 작업한 add_username 브랜치를 푸시하기 위해 add_username을 클릭한 뒤 **Push**를 클릭합니다. 새로 생성하고 작업한 브랜치를 푸시한다는 것에 유의해 주세요.

그림 5-135 | 'Push' 클릭하기

⑬ 자, 이제 마지막 단계는 풀 리퀘스트 보내기입니다. 깃허브 속 포크한 저장소로 돌아와 보세요. 상단에 **Compare & pull request**가 생성됐습니다. 이를 클릭해 보세요.

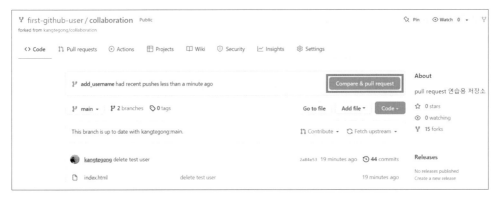

그림 5-136 | 'Compare & pull request' 클릭하기

⑭ 풀 리퀘스트를 생성하는 화면입니다.

박스 친 내용은 'first-github-user/collaboration 저장소의 add_username 브랜치를 kangtegong /collaboration 저장소의 main 브랜치에 반영하고 싶다'는 의미입니다. 그리고 바로 아래에는 여러분이 작성한 커밋 메시지를 볼 수 있습니다. 스크롤을 조금 내려보세요.

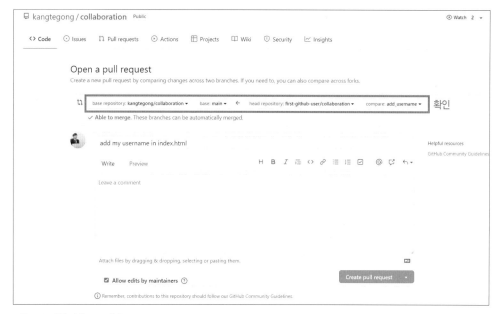

그림 5-137 | 풀 리퀘스트 보내기

⑮ 여러분의 작업 내역을 볼 수 있습니다. 여러분이 작업한 것은 `</ul>` 태그 위에 (줄 간격을 맞춰) `<li>`여러분의 계정 이름`</li>`을 추가하는 일이었죠? 풀 리퀘스트를 생성하기 직전에 이렇게 여러분의 작업을 한번 확인하는 습관을 들이는 것이 좋습니다. 확인했다면 스크롤을 올려 **Create pull request**를 클릭합니다.

그림 5-138 | 풀 리퀘스트로 보낼 작업 내역 확인하기

⑯ 이렇게 풀 리퀘스트가 생성됐습니다. 여기까지 했다면 여러분이 할 일은 끝났습니다.

그림 5-139 | 풀 리퀘스트 생성 직후

⑰ 이제 kangtegong/collaboration 저장소의 **Pull requests** 메뉴에서 여러분의 풀 리퀘스트를 확인할 수 있습니다. 이제 이 원격 저장소의 소유자, 즉 kangtegong(필자)이 여러분의 풀 리퀘스트를 검토하고, 여러분의 작업에 문제가 없다면 이를 저장소에 병합할 것입니다.

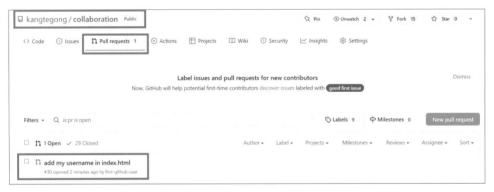

그림 5-140 | 생성된 풀 리퀘스트 확인하기

여기부터는 풀 리퀘스트를 받은 사람(kangtegong)의 시점입니다. 풀 리퀘스트 하단에 Merge pull request가 있습니다. 이를 클릭하여 풀 리퀘스트를 병합할 수 있습니다.

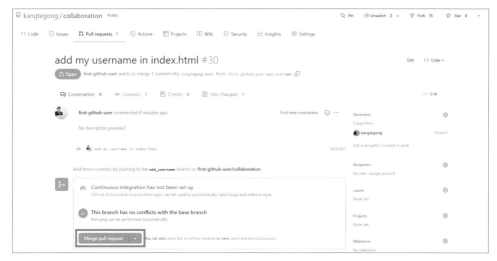

그림 5-141 | 풀 리퀘스트 병합하기

다음과 같이 여러분의 풀 리퀘스트에 댓글을 남길 수도 있지요.

그림 5-142 | 풀 리퀘스트에 남긴 댓글

풀 리퀘스트는 다음 그림처럼 코드 논의의 장이 되기도 합니다. 댓글로 여러분의 작업에 대한 의견을 남기거나 부족한 내용을 보충해 주기도 하지요.

그림 5-143 | 코드 논의의 장으로 사용되는 풀 리퀘스트

저장소의 소유자가 여러분의 풀 리퀘스트를 병합하면 다음과 같이 풀 리퀘스트의 상태가 Open에서 Merged로 변경됩니다.

그림 5-144 | 풀 리퀘스트가 병합된 모습

풀 리퀘스트가 병합(merged)되면 이제 여러분은 kangtegong/collaboration 저장소에서 여러분의 작업을 확인할 수 있습니다. 즉, kangtegong/collaboration 저장소의 index.html에서 여러분의 계정 이름을 확인할 수 있습니다.

그림 5-145 | 풀 리퀘스트 보낸 내용이 반영됐음을 확인하기

정리해 보겠습니다. 풀 리퀘스트를 보내는 과정은 다음과 같습니다.

1 | **기여하려는 저장소를 본인 계정으로 포크하기**

일반적으로 여러분이 소유하지 않은 원격 저장소에는 푸시할 수 없습니다. 그렇기에 여러분의 계정으로 원격 저장소를 복제해와야 하는데, 이 과정을 포크라고 했습니다.

2 | **포크한 본인 계정의 저장소를 클론하기**

여러분이 소유하지 않은 원격 저장소에 푸시하기는 불가능할지 몰라도 포크한 원격 저장소에 푸시하기는 가능합니다. 그래서 포크한(여러분의 계정으로 복제된) 저장소를 클론합니다.

3 | **브랜치 생성 후 생성한 브랜치에서 작업하기**

새로운 브랜치를 생성한 후 해당 브랜치에서 변경 사항을 만들고 커밋합니다.

4 | 작업한 브랜치 푸시하기

생성한 브랜치를 푸시합니다. 그러면 깃허브에 풀 리퀘스트 버튼이 생성됐죠.

5 | 풀 리퀘스트 보내기

마지막으로 풀 리퀘스트를 보내면 끝이 납니다.

조금 복잡하죠? 처음 풀 리퀘스트를 접하면 다소 어렵게 느껴질 수 있습니다. 필자 또한 처음에는 많이 헤맸습니다. 하지만 반복해서 연습하다 보면 풀 리퀘스트는 그저 '낯선 개념'일 뿐 결코 '어려운 개념'은 아니라는 걸 알게 될 겁니다.

## PART 2

명령어로
깃 다루기

지금까지의 학습을 잘 따라왔다면 여러분은 깃과 깃허브의 기본 사용법을 모두 익힌 셈입니다. 하지만 아직 학습이 끝난 것이 아닙니다. 지금까지는 소스트리로 깃과 깃허브를 다루는 방법을 학습했다면 이제부터는 명령어로 깃과 깃허브를 다루는 연습을 해보겠습니다.

CHAPTER 06 명령어로 버전 관리하기 1

먼저 깃 명령어를 알아야 하는 이유를 설명하고, 2장에서 학습한 내용을 명령어로 수행하는 방법을 학습합니다. 명령어로 버전을 만들고 확인하는 방법, 태그를 붙이고 관리하는 방법에 대해 살펴봅니다.

CHAPTER 07 명령어로 버전 관리하기 2

3장과 4장에서 학습한 내용을 명령어로 수행하는 방법을 학습합니다. 깃 명령으로 작업 내역을 비교하고 되돌리고 임시 저장하는 방법과 더불어, 브랜치를 나누고 합치는 방법에 대해서도 살펴봅니다.

CHAPTER 08 명령어로 깃허브 다루기

5장에서 학습한 내용을 명령어로 수행하는 방법을 학습합니다. 정확히는 명령어로 원격 저장소와 상호 작용하는 방법과 풀 리퀘스트를 보내는 방법을 학습합니다. 여기까지 학습하면 소스트리를 이용하지 않고도 깃과 깃허브를 다룰 수 있게 됩니다.

6장

명령어로
버전 관리하기 1

지금까지 여러분은 소스트리를 이용해 버전을 관리하는 방법에 대해 학습했습니다. 사실 소스트리는 깃을 더 편리하게 사용할 수 있게 하는 일종의 보조 도구일 뿐입니다. 소스트리를 굳이 이용하지 않아도 얼마든지 깃으로 버전을 관리하고, 깃허브와 상호 작용할 수 있지요.

이 장에서는 소스트리를 이용하지 않고 명령어로 버전을 관리하는 방법을 알아보겠습니다. 이미 학습한 내용을 명령어로 작업해보는 것일 뿐이므로 모든 실습을 따라 하되 빠른 호흡으로 읽는 것을 권장합니다.

이 장에서 배울 명령어

- `git init`: 로컬 저장소 만들기

- `git status`: 작업 디렉터리 상태 확인하기

- `git add`: 스테이지에 올리기

- `git commit`: 커밋하기

- `git log`: 커밋 조회하기

- `git tag`: 태그 추가/조회/삭제하기

6.1 깃 명령어를 알아야 하는 이유

이렇게 질문할 수도 있습니다.

"소스트리로 버전을 관리하는 방법을 알았으면 그걸로 된 거 아닌가요? 왜 굳이 명령어까지 알아야 하는 거죠?"

이에 답하기 위해 깃 명령어를 학습해야 하는 이유를 설명하겠습니다. 만일 여러분이 소스트리 사용법도, 깃 명령어도 완벽하게 숙지했다고 가정해 보겠습니다. 그렇다면 여러분은

소스트리를 더 많이 사용하게 될까요, 아니면 명령어를 더 많이 사용하게 될까요? 소스트리가 더 직관적이고 편리하기 때문에 '소스트리를 사용할 것 같다'고 답할 수 있겠으나, 필자는 적지 않은 개발자가 명령어를 더 많이 사용할 것이라고 확신합니다.

왜일까요? 이유는 단순합니다. 소스트리보다 깃 명령어를 사용하는 것이 훨씬 더 빠르고 편리하기 때문입니다. 깃 명령어를 한번 손에 익혀두면 명령어 한두 줄로 간단하게 버전을 다룰 수 있습니다. 이는 버전을 관리할 때마다 일일이 소스트리를 열고 마우스로 버튼을 클릭하는 것보다 훨씬 빠르고 간편한 방식입니다.

그림 6-1 | 명령어 한두 줄로 깃 다루기

더욱이 어떤 개발 환경에서는 소스트리를 설치할 수 없을 수도 있습니다. 모든 개발자가 그래픽 환경에서 개발하는 것은 아니기 때문입니다. 가령 그림 6-2와 같은 환경에서는 소스트리 없이 명령어만으로 버전을 관리해야겠죠?

```
[root@localhost ~]# ping -q fa.wikipedia.org
PING text.pmtpa.wikimedia.org (208.80.152.2) 56(84) bytes of data.
^C
--- text.pmtpa.wikimedia.org ping statistics ---
1 packets transmitted, 1 received, 0% packet loss, time 0ms
rtt min/avg/max/mdev = 540.528/540.528/540.528/0.000 ms
[root@localhost ~]# pwd
/root
[root@localhost ~]# cd /var
[root@localhost var]# ls -la
total 72
drwxr-xr-x. 18 root root 4096 Jul 30 22:43 .
drwxr-xr-x. 23 root root 4096 Sep 14 20:42 ..
drwxr-xr-x.  2 root root 4096 May 14 00:15 account
drwxr-xr-x. 11 root root 4096 Jul 31 22:26 cache
drwxr-xr-x.  3 root root 4096 May 18 16:03 db
drwxr-xr-x.  3 root root 4096 May 18 16:03 empty
drwxr-xr-x.  2 root root 4096 May 18 16:03 games
drwxrwx--T.  2 root gdm  4096 Jun  2 18:39 gdm
drwxr-xr-x. 38 root root 4096 May 18 16:03 lib
drwxr-xr-x.  2 root root 4096 May 18 16:03 local
lrwxrwxrwx.  1 root root   11 May 14 00:12 lock -> ../run/lock
drwxr-xr-x. 14 root root 4096 Sep 14 20:42 log
lrwxrwxrwx.  1 root root   10 Jul 30 22:43 mail -> spool/mail
drwxr-xr-x.  2 root root 4096 May 18 16:03 nis
drwxr-xr-x.  2 root root 4096 May 18 16:03 opt
drwxr-xr-x.  2 root root 4096 May 18 16:03 preserve
drwxr-xr-x.  2 root root 4096 Jul  1 22:11 report
lrwxrwxrwx.  1 root root    6 May 14 00:12 run -> ../run
drwxr-xr-x. 14 root root 4096 May 18 16:03 spool
drwxrwxrwt.  4 root root 4096 Sep 12 23:50 tmp
drwxr-xr-x.  2 root root 4096 May 18 16:03 yp
[root@localhost var]# yum search wiki
Loaded plugins: langpacks, presto, refresh-packagekit, remove-with-leaves
rpmfusion-free-updates                                   | 2.7 kB   00:00
rpmfusion-free-updates/primary_db                        | 206 kB   00:04
rpmfusion-nonfree-updates                                | 2.7 kB   00:00
updates/metalink                                         | 5.9 kB   00:00
updates                                                  | 4.7 kB   00:00
updates/primary_db            73% [====================] ] 62 kB/s 2.6 MB  00:15 ETA
```

그림 6-2 | 소스트리를 사용할 수 없는 환경

* 출처: https://en.wikipedia.org/wiki/Command-line_interface

명령어는 수험생처럼 머리에 띠를 두르고 암기하는 것이 아닙니다. 우리가 클릭과 더블클릭을 굳이 하나하나 생각하며 구분하지 않듯이 명령어의 의미를 한번 이해하고 반복해서 사용하다 보면 자연스럽게 체화할 수 있습니다. 지금까지의 내용을 잘 이해하고 따라왔다면 깃과 깃허브를 이미 이해한 상태이므로 조금만 연습하면 명령어를 빠르게 익힐 수 있습니다.

이번 파트에서 설명하는 명령어를 한 번에 암기하려 하지 말고 우선 빠른 호흡으로 따라 해 보세요. 그리고 나서 헷갈리는 명령어를 체크해서 절 단위로 복습하길 바랍니다.

이 파트의 모든 장은 하나의 절을 실습하는 데 가급적 10분 내외로 소요되도록 구성했습니다. 그리고 목차만 보아도 중요한 명령어를 한눈에 파악할 수 있도록 해당 절에서 가장 중요한 명령어를 중제목으로 적었습니다.

우선 명령어를 책을 따라 쳐보며 손에 익혀보고 이따금씩 헷갈리는 개념이 있다면 절 단위로 복습해 보세요. 어느 순간부터는 깃 명령어를 칠 때 머리가 아닌 손이 먼저 반응하게 될 것입니다.

6.2 버전 만들기

이제 2장에서 배운 내용을 명령어로 수행해 보겠습니다. 로컬 저장소를 만들고, 변경 사항을 만들어, 커밋을 통해 새로운 버전을 만드는 방법, 그리고 이를 확인해보는 방법을 학습합시다.

1 git init: 로컬 저장소 만들기

git init는 깃 저장소를 만드는 명령입니다. 이 명령으로 로컬에 깃 저장소를 만들어 볼까요?

❶ 저장소를 만들려는 경로에서 깃 배시를 열어주세요. 필자는 C:₩test 경로에 깃 저장소를 만들어 보겠습니다. 다시 말해, 작업 디렉터리를 C:₩test로 삼겠습니다. 해당 경로에서 마우스 오른쪽 버튼을 클릭한 후 Git Bash Here를 클릭하여 깃 배시를 열어보세요.

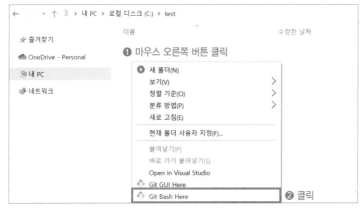

그림 6-3 | 원하는 경로에서 'Git Bash Here' 클릭하기

② 원하는 경로에서 깃 배시가 열린 모습입니다. 박스처럼 원하는 경로가 표시되어야 합니다.

그림 6-4 | 깃 배시

잠깐만요

시작 메뉴에서 깃 배시 열기

그림 6-5와 같이 시작 메뉴에서 깃 배시를 열어도 됩니다.

그림 6-5 | 시작 메뉴에서 git bash 입력하기

이 경우 cd 〈경로〉 명령으로 원하는 경로로 이동할 수 있습니다. cd 〈경로〉는 '해당 경로로 이동하라'는 명령입니다. 가령 C:\test로 이동하고 싶다면 cd C:\test를 입력하면 됩니다.

그림 6-6 | cd 〈경로〉 명령으로 원하는 경로로 이동하기

참고로 현재 경로를 확인하는 명령어는 pwd입니다. 현재 필자는 C:\test로 이동했으니 pwd 명령어를 입력하면 해당 경로가 출력됩니다.

```
MINGW64:/c/test                                    -    □    ×

minchul@DESKTOP-9KULGUE MINGW64 ~
$ cd C:\test

minchul@DESKTOP-9KULGUE MINGW64 /c/test
$ pwd
/c/test

minchul@DESKTOP-9KULGUE MINGW64 /c/test
$
```

그림 6-7 | pwd 명령어로 현재 경로 확인하기

③ 이제 git init를 입력해 보세요. Initialized empty Git repository in 〈경로〉 메시지가 뜨면 성공입니다. 저장소가 만들어지면 해당 경로에 다음 그림처럼 .git 폴더가 만들어진 것을 볼 수 있습니다. 간단하지요?

```
mincul@DESKTOP-9KULGUE MINGW64 ~/c/test
$ git init
Initialized empty Git repository in C:/test/.git/  확인
```

> 내 PC > 로컬 디스크 (C:) > test

.git

그림 6-8 | git init 명령으로 깃 저장소 만들기

2 git status: 작업 디렉터리 상태 확인하기

① 저장소를 만들었다면 이제 버전을 관리할 대상을 만들어 볼까요? A가 적힌 a.txt 파일을 만듭니다.

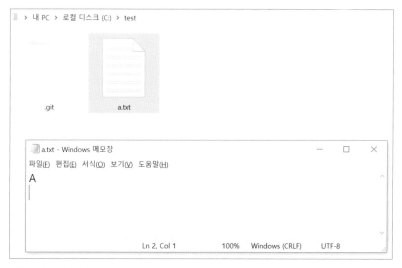

그림 6-9 | a.txt 파일 만들기

② 자, 여기서 여러분이 알아야 할 중요한 명령이 있습니다. 바로 git status입니다. git status는 현재 작업 디렉터리의 상태를 알려주는 명령입니다. 명령어로 깃을 다룰 때 빈번히 사용하는 명령이지요. 깃 배시에서 git status를 입력하면 다음과 같은 결과가 나옵니다.

```
minchul@DESKTOP-9KULGUE MINGW64 /c/test
$ git status
On branch master

No commits yet

Untracked files:
  (use "git add <file>..." to include in what will be committed)
        a.txt

nothing added to commit but untracked files present (use "git add" to track)
```

이게 무슨 뜻일까요? On branch master는 현재 기본 브랜치, 즉 master 브랜치에 있다는 의미입니다. 그리고 No commits yet은 현재 아무런 커밋도 하지 않았음을 의미합니다. 마지막으로 Untracked files:는 깃이 기존에 변경 사항을 추적하지 않은 대상을 나타냅니다. 여기에 a.txt가 표시됐죠? 이는 기존에 버전을 관리한 적 없던 a.txt라는 새로운 파일이 생성되었음을 의미합니다.

3 git add: 스테이지에 올리기

그럼 이제 a.txt 파일을 스테이지에 추가해 봅시다. git add <스테이지에 추가할 대상> 명령으로 스테이지에 추가할 수 있습니다.

① git add a.txt 명령을 입력하여 a.txt 파일을 스테이지에 추가하겠습니다.

```
minchul@DESKTOP-9KULGUE MINGW64 /c/test (master)
$ git add a.txt
```

다음과 같이 경고 메시지가 뜰 수도 있습니다. 이는 윈도의 개행(줄 바꿈) 문자와 깃 배시가 따르는 리눅스의 개행 문자가 다르기 때문에 발생하는 메시지인데, 무시해도 무방합니다.

```
minchul@DESKTOP-9KULGUE MINGW64 /c/test (master)
$ git add a.txt
```
```
warning: LF will be replaced by CRLF in a.txt.
The file will have its original line endings in your working directory
```

② 이제 git status 명령으로 작업 디렉터리의 상태를 확인해 봅시다. Changes to be committed: 항목에 a.txt 파일이 표기됐다면 성공적으로 스테이지에 추가된 것입니다.

```
minchul@DESKTOP-9KULGUE MINGW64 /c/test (master)
$ git status
On branch master

No commits yet

Changes to be committed:
  (use "git rm --cached <file>..." to unstage)
        new file:   a.txt
```

한꺼번에 스테이지에 추가하기

변경 사항을 스테이지에 추가하는 명령은 git add <스테이지로 올릴 대상>이라고 했습니다. 하지만 스테이지에 추가할 파일이 100개, 200개 있다면 어떡할까요? 100번, 200번 git add 명령을 사용해야 할까요?

git add . 명령으로 현재 디렉터리(작업 디렉터리)에 있는 모든 변경 사항을 한 번에 스테이지로 추가할 수 있습니다. 그림 6-10과 같이 스테이지로 올릴 파일이 다섯 개 있다고 가정해 보겠습니다(이는 실습하지 않아도 무방합니다).

그림 6-10 | 변경 사항 다섯 개

git add . 명령으로 이 모든 파일을 한 번에 스테이지로 올릴 수 있습니다. 다음 그림을 보면 a.txt부터 e.txt까지 모든 파일이 한 번에 스테이지로 올라왔음을 확인할 수 있습니다.

그림 6-11 | 변경 사항들을 한 번에 스테이지에 추가하기

 git commit: 커밋하기

스테이지로 변경 사항을 추가했다면 이제 커밋할 일만 남았습니다. 앞서 스테이지에 올린 a.txt 파일을 커밋해 보겠습니다. 커밋해서 새로운 버전을 만드는 명령은 git commit -m "커밋 메시지" 또는 git commit --message "커밋 메시지"입니다.

1 first commit이라는 커밋 메시지로 새로운 버전을 만드는 명령은 git commit -m "first commit"입니다. 이 명령을 입력해 보세요. 다음과 같이 뜨면 새로운 버전이 만들어진 것입니다. 간단하죠?

```
minchul@DESKTOP-9KULGUE MINGW64 ~/test (master)
$ git commit -m "first commit"
[master (root-commit) 690e11c] first commit
 1 file changed, 1 insertion(+)
 create mode 100644 a.txt
```

② 버전이 잘 만들어졌는지 확인해 볼까요? 저장소의 커밋 목록을 출력하는 명령은 git log입니다. git log를 입력하면 커밋 해시, 만든 사람, 커밋이 만들어진 날짜, 커밋 메시지가 출력됩니다. 커밋 해시 우측의 HEAD -> master는 현재 HEAD가 master 브랜치에 있음을 나타냅니다.

앞서 버전으로 만들 파일을 스테이지로 올리는 명령은 git add, 이를 버전으로 만드는 명령은 git commit -m "커밋 메시지"라고 했습니다. 이 두 명령을 합쳐 git commit -am "커밋 메시지" 명령으로 한 번에 사용할 수도 있습니다. 다시 말해, git commit -am "커밋 메시지" 명령으로 스테이지에 추가(add)와 커밋(commit)을 동시에 할 수 있습니다.

> **TIP**
> git commit -am "커밋 메시지" **명령은** git commit -a -m "커밋 메시지", git commit --all --message "커밋 메시지" **명령과 같습니다.**

③ a.txt 파일에 B를 추가로 적어 다음과 같이 수정해 보세요.

그림 6-12 | a.txt 파일에 B 추가하기

④ git status 명령으로 작업 디렉터리의 상태를 확인해 보겠습니다. modified: 항목에
a.txt가 나타납니다. 이는 a.txt 파일이 수정되었음을 의미합니다.

```
minchul@DESKTOP-9KULGUE MINGW64 /c/test (master)
$ git status
On branch master
Changes not staged for commit:
  (use "git add <file>..." to update what will be committed)
  (use "git restore <file>..." to discard changes in working directory)
        modified:   a.txt  확인

no changes added to commit (use "git add" and/or "git commit -a")
```

⑤ 이 파일의 변경 사항을 새 버전으로 만들려면 이를 스테이지에 추가하고, 커밋해야겠
죠? git commit -am "커밋 메시지" 명령으로 둘을 동시에 수행해 보겠습니다.

```
minchul@DESKTOP-9KULGUE MINGW64 ~/test (master)
$ git commit -am "second commit"
[master bf3c800] second commit
 1 file changed, 1 insertion(+)
```

⑥ git log로 커밋 목록을 확인해 보세요. 두 번째 커밋도 성공했음을 확인할 수 있습니다.

```
minchul@DESKTOP-9KULGUE MINGW64 ~/test (master)
$ git log
commit bf3c80007ce627c471b5cee3a847cb9ed96f8cf7 (HEAD -> master)
Author: Kang Minchul <tegongkang@gmail.com>
Date:   Wed Mar 9 03:52:30 2022 +0900

    second commit
                                                                         확인
commit 690e11cdd57dfe3bc842f1f0e1bd01fb509390c5
Author: Kang Minchul <tegongkang@gmail.com>
Date:   Wed Mar 9 03:51:49 2022 +0900

    first commit
```

이렇듯 여러분은 단 한 줄의 명령만으로도 변경 사항을 스테이지에 추가하고, 커밋할 수 있습니다. 편리하죠?

스테이지 추가와 커밋을 동시에 하기 위한 조건

git commit -am "커밋 메시지" 명령은 깃이 변경 사항을 추적하는(tracked) 파일에만 사용 가능합니다. 다시 말해, 스테이지에 이미 올라와 있거나 한 번이라도 커밋한 적이 있는 파일에만 사용할 수 있습니다. 깃이 기존에 변경 사항을 추적하지 않은(untracked) 파일은 이 명령어를 사용할 수 없지요.

예를 들어 보겠습니다. 새로운 파일 b.txt를 만들어 보겠습니다(이 부분은 실습하지 않아도 무방합니다).

그림 6-13 | b.txt 파일 만들기

git status 명령으로 현재 상태를 확인하면 Untracked files: 항목에 b.txt가 보일 것입니다. 즉, 이 b.txt 파일은 기존에 깃이 변경 사항을 추적하지 않은 새로운 파일이라는 의미입니다.

```
minchul@DESKTOP-9KULGUE MINGW64 /c/test (master)
$ git status
On branch master
Untracked files:
  (use "git add <file>..." to include in what will be committed)
        b.txt

nothing added to commit but untracked files present (use "git add" to
track)
```

여기서 git commit -am "커밋 메시지" 명령으로 add와 commit을 동시에 하려고 해도 커밋되지 않습니다. b.txt 파일은 깃이 변경 사항을 추적하지 않았던(untracked) 파일이기 때문입니다.

앞서 커밋 메시지는 제목과 본문으로 구성된다고 한 것을 기억하나요? 또한, 때로는 커밋 메시지를 아주 길고 자세히 남기는 경우도 있다고 했습니다.

git commit -m "커밋 메시지" 명령과 git commit -am "커밋 메시지" 명령 속 커밋 메시지는 커밋 메시지의 제목을 나타냅니다. 즉, 이 두 명령은 커밋 메시지의 본문은 생략하고 간단하게 제목만 적을 때 사용하는 명령입니다.

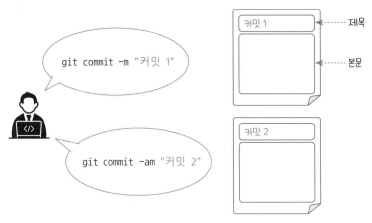

그림 6-14 | 커밋 메시지의 제목만 표기

이 명령어로 커밋해도 무방하지만, 때로는 커밋 메시지의 제목뿐 아니라 본문까지 자세하게 작성해야 할 수도 있습니다. 그런 경우에는 git commit 명령을 사용하면 됩니다. 실습을 따라 해보세요.

① a.txt 파일에 C를 추가한 뒤 저장하겠습니다.

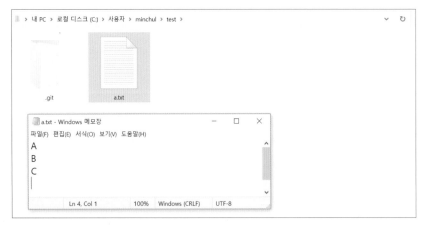

그림 6-15 | a.txt 파일에 C 추가하기

② git add 명령을 입력해 a.txt 파일을 스테이지로 추가합니다.

```
minchul@DESKTOP-9KULGUE MINGW64 ~/test (master)
$ git add a.txt
```

③ 여기서 git commit을 입력해 보세요. 다음과 같이 커밋 메시지를 입력할 수 있는 Vim 창이 나옵니다. 이제 제목과 본문을 포함한 자세한 커밋 메시지를 작성하면 되는데, 아직은 입력할 수 없습니다. 무언가를 입력하기 위해서는 입력 모드로 전환해야 합니다. a 또는 i 를 입력하세요.

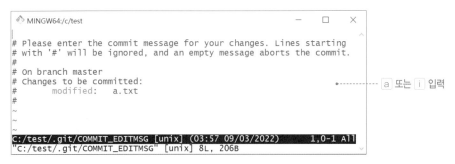

그림 6-16 | 커밋 메시지를 입력할 수 있는 Vim 화면

④ 하단에 INSERT가 나온다면 입력 모드로 전환된 것입니다. 이제 커밋 메시지를 입력할 수 있습니다. 이렇듯 vi 또는 Vim 편집기는 창이 열린 직후 a나 i를 입력하여 입력 모드로 전환해야만 무언가를 입력할 수 있습니다.

그림 6-17 | 입력 모드로 전환된 모습

⑤ 커밋 메시지 제목은 첫 번째 줄에 적을 수 있습니다. 제목은 third commit으로 하겠습니다. 첫 번째 줄에 다음과 같이 적어주세요.

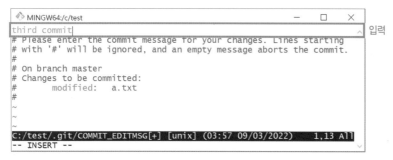

그림 6-18 | 커밋 메시지의 제목 입력하기

⑥ 커밋 메시지의 본문은 제목에서 한 줄 띄고, 세 번째 줄부터 작성할 수 있습니다. 본문은 This is my third commit으로 하겠습니다. 다음처럼 세 번째 줄에 적어주세요.

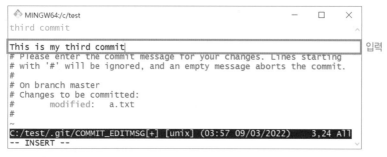

그림 6-19 | 커밋 메시지의 본문 작성하기

⑦ 자, 커밋 메시지의 작성이 끝났습니다. 이제 이 커밋 메시지를 저장하면 커밋됩니다. 입력한 내용을 저장하려면 입력 모드에서 명령 모드로 전환해야 합니다. Esc를 눌러주세요. 하단의 INSERT가 사라지지요?

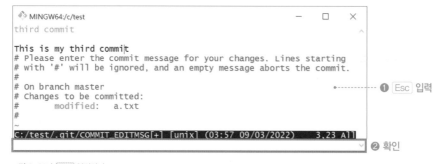

그림 6-20 | Esc 입력하기

⑧ 여기서 :write 또는 :w를 입력한 뒤 [Enter]를 누르면 입력한 내용이 저장됩니다. 그리고 :quit 또는 :q 입력 후 [Enter]를 누르면 입력 창이 닫힙니다.

또는 :wq를 입력하고 [Enter]를 눌러도 무방합니다. :wq는 :w와 :q를 동시에 입력하는 것과 같습니다. 여기에서는 입력한 커밋 메시지를 저장하고 창을 닫기 위해 :wq를 입력한 뒤 [Enter]를 누르겠습니다.

그림 6-21 | :wq를 입력하여 저장하고 닫기

⑨ 그러면 다음과 같이 새로운 커밋이 생성된 것을 확인할 수 있습니다.

```
minchul@DESKTOP-9KULGUE MINGW64 /c/test (master)
$ git commit
[master 1f5136e] third commit
 1 file changed, 1 insertion(+)
```

⑩ git log 명령으로 세 번째 커밋을 확인해 보세요.

```
minchul@DESKTOP-9KULGUE MINGW64 /c/test (master)
$ git log
commit 1f5136e26f160072f09027ec06482b58dbd96fcc (HEAD -> master)
Author: Kang Minchul <tegongkang@gmail.com>
Date:   Wed Mar 9 03:57:35 2022 +0900

    third commit

    This is my third commit
```

확인

```
commit bf3c80007ce627c471b5cee3a847cb9ed96f8cf7
Author: Kang Minchul <tegongkang@gmail.com>
Date:    Wed Mar 9 03:52:30 2022 +0900

    second commit

commit 690e11cdd57dfe3bc842f1f0e1bd01fb509390c5
Author: Kang Minchul <tegongkang@gmail.com>
Date:    Wed Mar 9 03:51:49 2022 +0900

    first commit
```

Vim 편집기에 익숙하지 않은 독자는 입력 모드와 명령 모드로 전환하는 과정이 어색할 수 있습니다. 그러나 조금만 연습하면 능숙하게 할 수 있을 테니 걱정하지 않아도 됩니다.

정리해 보겠습니다. 스테이지에 추가된 항목을 커밋하는 명령은 git commit입니다. git commit -m "커밋 메시지" 명령은 커밋 메시지의 제목만 간단하게 작성하여 커밋하는 방법입니다. git commit -am "커밋 메시지" 명령으로 스테이지에 추가와 커밋을 동시에 할 수도 있었지요.

커밋 메시지를 자세하게 작성하고 싶다면 git commit 명령을 입력한 후 Vim 편집기에서 커밋 메시지를 작성한 뒤 저장하면 됩니다. 이때, 커밋 메시지를 작성하기 위해서는 ⓐ 또는 ⓘ를 입력하여 입력 모드로 전환해야 하고, 입력한 후 커밋 메시지를 저장하려면 Esc를 누르고 명령 모드로 전환해야 합니다.

5 git log: 커밋 조회하기

앞서 git log는 저장소의 커밋 목록을 보는 명령이라고 했죠? git log 명령은 여러 유용한 옵션을 제공합니다. 대표적인 몇 개만 알아봅시다.

❶ 커밋 목록을 단순한 형태로 보고 싶다면 `git log --oneline` 명령을 입력하면 됩니다. `--oneline`은 말 그대로 커밋 목록을 커밋당 한 줄로 출력해주는 옵션입니다. 커밋이 매우 복잡하고 많이 쌓여 있는 상황에서 요긴하게 사용하지요. 이 명령은 다음과 같이 짧은 커밋 해시와 커밋 메시지 제목만을 출력합니다. 직접 입력해 보세요.

```
minchul@DESKTOP-9KULGUE MINGW64 /c/test (master)
$ git log --oneline
1f5136e (HEAD -> master) third commit
bf3c800 second commit
690e11c first commit
```

❷ 또 다른 유용한 옵션으로 `--patch`가 있습니다. 이는 해당 커밋으로 어떤 파일이 어떻게 수정됐는지를 출력합니다. `git log --patch` 또는 `git log -p`를 입력해 보세요. 각각의 커밋이 무엇을 어떻게 변경했는지 상세하게 나오죠? 명령의 결과는 일부만 첨부하겠습니다.

```
minchul@DESKTOP-9KULGUE MINGW64 /c/test (master)
$ git log -p
commit 1f5136e26f160072f09027ec06482b58dbd96fcc (HEAD -> master)
Author: Kang Minchul <tegongkang@gmail.com>
Date:   Wed Mar 9 03:57:35 2022 +0900

    third commit

    This is my third commit

diff --git a/a.txt b/a.txt
index 78bedd8..ee50a4e 100644
--- a/a.txt
+++ b/a.txt
@@ -1,3 +1,4 @@
 A
 B
+C

...
```

③ 또 다른 유용한 옵션으로 --graph도 살펴봅시다. 이는 각 커밋을 그래프의 형태로 출력하는 방법입니다. git log --graph를 입력해 보세요. 출력 결과 왼쪽에 빨간색 그래프가 보이나요?

```
minchul@DESKTOP-9KULGUE MINGW64 /c/test (master)
$ git log --graph
* commit 1f5136e26f160072f09027ec06482b58dbd96fcc (HEAD -> master)
¦ Author: Kang Minchul <tegongkang@gmail.com>
¦ Date:   Wed Mar 9 03:57:35 2022 +0900
¦
¦     third commit
¦
¦     This is my third commit
¦
* commit bf3c80007ce627c471b5cee3a847cb9ed96f8cf7
¦ Author: Kang Minchul <tegongkang@gmail.com>
¦ Date:   Wed Mar 9 03:52:30 2022 +0900
¦
¦     second commit
¦
* commit 690e11cdd57dfe3bc842f1f0e1bd01fb509390c5
  Author: Kang Minchul <tegongkang@gmail.com>
  Date:   Wed Mar 9 03:51:49 2022 +0900

      first commit
```

이는 다음과 같은 소스트리의 커밋 그래프와 유사합니다.

그림 6-22 | 소스트리의 커밋 그래프

브랜치가 여러 개로 나뉘어지고 합쳐지는 환경에서 --graph 옵션을 이용하면 브랜치별 커밋의 가독성을 높일 수 있습니다.

```
*   commit 9e81a0b1c01f4fd4d19c2932605efd33e5609765
|\  Merge: e132395 5503bfb
| | Author: Kang Minchul <tegongkang@gmail.com>
| | Date:   Tue Aug 3 21:36:00 2021 +0900
| |
| |     Merge pull request #14 from taehabox/newbranch
| |
| |     add my name is index.html
| |
| *   commit 5503bfbefeefc8c75f2c467e93bcba1e8e4d239e
| |\  Merge: 057fbf8 e132395
| |/  Author: Kang Minchul <tegongkang@gmail.com>
|/|   Date:   Tue Aug 3 21:35:53 2021 +0900
| |
| |       Merge branch 'main' into newbranch
| |
* |   commit e132395abfc0a3ac4d1f5a135dbd06d9a2c9ef0d
|\ \  Merge: 87e2f62 20d1c94
| | | Author: Kang Minchul <tegongkang@gmail.com>
| | | Date:   Tue Aug 3 21:34:37 2021 +0900
| | |
| | |     Merge pull request #11 from wogh002/addfooter
| | |
| | |     add footer
| | |
| * |   commit 20d1c942a8ea748b1df988d978ef82f354b1c65d
| |\ \  Merge: b6e1e56 87e2f62
| |/ /  Author: Kang Minchul <tegongkang@gmail.com>
|/| |   Date:   Tue Aug 3 21:34:09 2021 +0900
| | |
| | |       Merge branch 'main' into addfooter
```

마지막으로 알아볼 유용한 옵션은 --branches입니다. 이는 모든 브랜치의 커밋 목록을 조회할 수 있는 옵션입니다. git log 명령은 기본적으로 현재 브랜치를 기준으로 커밋 목록을 조회합니다. 가령 다음과 같이 커밋이 쌓여 있는 상황을 생각해 볼까요? (이 부분은 실습하지 않아도 무방합니다.)

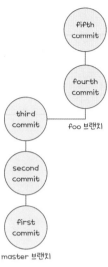

master 브랜치에는 커밋이 세 개 쌓여 있고, foo 브랜치에서는 커밋이 총 다섯 개 쌓여 있습니다. 그래서 master 브랜치로 체크아웃한 상황에서 git log 명령을 입력하면 커밋 세 개만 조회됩니다. 현재 master 브랜치에는 커밋 세 개가 쌓여 있기 때문이지요. 달리 말해, master 브랜치에서는 자신의 브랜치에 속하지 않은 커밋(fourth commit이나 fifth commit)을 볼 수 없습니다.

그림 6-23 | 현재 커밋 목록

```
minchul@DESKTOP-9KULGUE MINGW64 /c/test (master)
$ git log
commit a6eeac2d75410c7b239436e6d9b666166e9d139e (HEAD -> master)
Author: Kang Minchul <tegongkang@gmail.com>
Date:   Thu Apr 21 17:37:26 2022 +0900

    third commit

commit ce9a6b954cd26000eebc2c5abaef3cbe73083dec
Author: Kang Minchul <tegongkang@gmail.com>
Date:   Thu Apr 21 17:37:15 2022 +0900

    second commit

commit e839b5ca5c096b1dbb72fea6604fc1404a2fda04
Author: Kang Minchul <tegongkang@gmail.com>
Date:   Thu Apr 21 17:36:52 2022 +0900

    first commit
```

반면 foo 브랜치에서는 커밋이 다섯 개 쌓여 있으니 foo 브랜치로 체크아웃한 뒤 git log 명령을 입력하면 다음과 같이 커밋 다섯 개가 출력됩니다.

```
minchul@DESKTOP-9KULGUE MINGW64 /c/test (foo)
$ git log
commit 29ca406482935b8a21324221a3e019bab70d6405 (HEAD -> foo)
Author: Kang Minchul <tegongkang@gmail.com>
Date:   Thu Apr 21 17:38:01 2022 +0900

    fifth commit

commit c1f72f2e52ef617ae54751a316cdad67a3f32b93
Author: Kang Minchul <tegongkang@gmail.com>
Date:   Thu Apr 21 17:37:53 2022 +0900

    fourth commit

commit a6eeac2d75410c7b239436e6d9b666166e9d139e (master)
Author: Kang Minchul <tegongkang@gmail.com>
Date:   Thu Apr 21 17:37:26 2022 +0900

    third commit

commit ce9a6b954cd26000eebc2c5abaef3cbe73083dec
Author: Kang Minchul <tegongkang@gmail.com>
Date:   Thu Apr 21 17:37:15 2022 +0900

    second commit

commit e839b5ca5c096b1dbb72fea6604fc1404a2fda04
Author: Kang Minchul <tegongkang@gmail.com>
Date:   Thu Apr 21 17:36:52 2022 +0900

    first commit
```

이때 --branches 옵션을 붙여 git log 명령을 입력하면 모든 브랜치의 커밋 목록이 출력되기 때문에 어떤 브랜치에서 커밋 목록을 조회하든 동일한 결과를 볼 수 있습니다. 가령 master 브랜치에서 git log --branches 명령을 입력하면 이전에는 볼 수 없었던 foo 브랜치의 커밋들까지 조회할 수 있습니다.

```
minchul@DESKTOP-9KULGUE MINGW64 /c/test (master)
$ git log --branches
commit 29ca406482935b8a21324221a3e019bab70d6405 (foo)
Author: Kang Minchul <tegongkang@gmail.com>
Date:   Thu Apr 21 17:38:01 2022 +0900

    fifth commit

commit c1f72f2e52ef617ae54751a316cdad67a3f32b93
Author: Kang Minchul <tegongkang@gmail.com>
Date:   Thu Apr 21 17:37:53 2022 +0900

    fourth commit

commit a6eeac2d75410c7b239436e6d9b666166e9d139e (HEAD -> master)
Author: Kang Minchul <tegongkang@gmail.com>
Date:   Thu Apr 21 17:37:26 2022 +0900

    third commit

commit ce9a6b954cd26000eebc2c5abaef3cbe73083dec
Author: Kang Minchul <tegongkang@gmail.com>
Date:   Thu Apr 21 17:37:15 2022 +0900

    second commit

commit e839b5ca5c096b1dbb72fea6604fc1404a2fda04
Author: Kang Minchul <tegongkang@gmail.com>
Date:   Thu Apr 21 17:36:52 2022 +0900

    first commit
```

명령어로 브랜치를 다루는 방법은 다음 장에서 자세히 설명할 예정입니다. 아직 명령어로 브랜치를 다루는 방법을 익히기 전이니 git log 명령의 --branches 옵션으로 모든 브랜치의 커밋을 확인할 수 있다는 정도로만 이해해도 무방합니다.

6.3 태그 관리하기

2장에서 커밋에 태그를 붙이는 방법을 설명한 바 있습니다. 이 절에서는 명령어로 태그를 관리하는 방법을 알아보겠습니다.

git tag ⟨태그⟩: 태그 추가하기

다음과 같이 커밋이 세 개 쌓여 있다고 가정해 보겠습니다. 여기서 최근 커밋, 즉 세 번째 커밋에 v1.0.0이라는 태그를 붙이려면 어떻게 해야 할까요?

```
minchul@DESKTOP-9KULGUE MINGW64 /c/test (master)
$ git log
commit 1f5136e26f160072f09027ec06482b58dbd96fcc (HEAD -> master)
Author: Kang Minchul <tegongkang@gmail.com>
Date:    Wed Mar 9 03:57:35 2022 +0900

    third commit

    This is my third commit

commit bf3c80007ce627c471b5cee3a847cb9ed96f8cf7
Author: Kang Minchul <tegongkang@gmail.com>
Date:    Wed Mar 9 03:52:30 2022 +0900

    second commit

commit 690e11cdd57dfe3bc842f1f0e1bd01fb509390c5
Author: Kang Minchul <tegongkang@gmail.com>
Date:    Wed Mar 9 03:51:49 2022 +0900

    first commit
```

간단합니다. git tag <태그> 명령을 이용하면 됩니다. git tag <태그>는 HEAD(현재 브랜치의 최신 커밋)가 가리키는 커밋에 태그를 붙이는 명령입니다.

① git tag v1.0.0을 입력해 보세요. 최근 커밋인 third commit에 v1.0.0 태그가 붙습니다.

```
minchul@DESKTOP-9KULGUE MINGW64 /c/test (master)
$ git tag v1.0.0
```

② 커밋 목록을 조회하면 세 번째 커밋에 v1.0.0 태그가 붙은 것을 볼 수 있습니다.

```
minchul@DESKTOP-9KULGUE MINGW64 /c/test (master)
$ git log
commit 1f5136e26f160072f09027ec06482b58dbd96fcc (HEAD -> master, tag: v1.0.0)
Author: Kang Minchul <tegongkang@gmail.com>                         확인
Date:    Wed Mar 9 03:57:35 2022 +0900

    third commit

    This is my third commit

commit bf3c80007ce627c471b5cee3a847cb9ed96f8cf7
Author: Kang Minchul <tegongkang@gmail.com>
Date:    Wed Mar 9 03:52:30 2022 +0900

    second commit

commit 690e11cdd57dfe3bc842f1f0e1bd01fb509390c5
Author: Kang Minchul <tegongkang@gmail.com>
Date:    Wed Mar 9 03:51:49 2022 +0900

    first commit
```

HEAD가 가리키는 커밋이 아닌 특정 커밋에 태그를 붙이려면 git tag 〈태그〉〈커밋〉 형식으로 명령을 입력해야 합니다. 가령 두 번째 커밋에 v0.0.1이라는 태그를 붙이고 싶다면 git tag v0.0.1〈두 번째 커밋〉을 입력하면 됩니다.

❶ git log 또는 git log --oneline 명령으로 두 번째 커밋 해시를 확인해 봅시다.

```
minchul@DESKTOP-9KULGUE MINGW64 /c/test (master)
$ git log --oneline
1f5136e (HEAD -> master, tag: v1.0.0) third commit
bf3c800 second commit  확인
690e11c first commit
```

❷ git tag v0.0.1〈두 번째 커밋〉을 입력하면 두 번째 커밋에 v0.0.1 태그가 붙습니다.

```
minchul@DESKTOP-9KULGUE MINGW64 /c/test (master)
$ git tag v0.0.1 bf3c800  두 번째 커밋
```

❸ git log 또는 git log --oneline 명령으로 두 번째 커밋에 붙은 태그를 확인해 보세요.

```
minchul@DESKTOP-9KULGUE MINGW64 /c/test (master)
$ git log --oneline
1f5136e (HEAD -> master, tag: v1.0.0) third commit
bf3c800 (tag: v0.0.1) second commit
690e11c first commit               확인
```

2 git tag --list: 태그 조회하기

태그를 조회하는 실습도 해보겠습니다.

① 태그 목록을 조회하는 명령은 git tag --list 또는 git tag -l입니다. 단순히 git tag라고만 입력해도 됩니다.

```
minchul@DESKTOP-9KULGUE MINGW64 /c/test (master)
$ git tag --list
v0.0.1
v1.0.0

minchul@DESKTOP-9KULGUE MINGW64 /c/test (master)
$ git tag -l
v0.0.1
v1.0.0

minchul@DESKTOP-9KULGUE MINGW64 /c/test (master)
$ git tag
v0.0.1
v1.0.0
```

3 git tag --delete 〈태그〉: 태그 삭제하기

태그를 삭제하는 명령은 git tag --delete 〈태그〉 또는 git tag -d 〈태그〉입니다. 다음 예시로 확인해 보세요.

1 git tag 명령으로 현재 태그를 확인합니다.

```
minchul@DESKTOP-9KULGUE MINGW64 /c/test (master)
$ git tag
v0.0.1
v1.0.0
```

2 git tag --delete v0.0.1 명령으로 v0.0.1 태그를 삭제하겠습니다.

```
minchul@DESKTOP-9KULGUE MINGW64 /c/test (master)
$ git tag --delete v0.0.1
Deleted tag 'v0.0.1' (was bf3c800)
```

3 태그 목록을 조회해 태그가 삭제됐음을 확인해 보세요.

```
minchul@DESKTOP-9KULGUE MINGW64 /c/test (master)
$ git tag
v1.0.0
```

4 이번에는 git tag -d v1.0.0 명령으로 v1.0.0 태그도 삭제하겠습니다.

```
minchul@DESKTOP-9KULGUE MINGW64 /c/test (master)
$ git tag -d v1.0.0
Deleted tag 'v1.0.0' (was 1f5136e)
```

5 git tag 명령으로 현재 태그를 조회하여 태그가 삭제된 것을 확인해 보세요.

```
minchul@DESKTOP-9KULGUE MINGW64 /c/test (master)
$ git tag

minchul@DESKTOP-9KULGUE MINGW64 /c/test (master)
$
```

명령어 정리 노트

git init	로컬 저장소 만들기	
git status	작업 디렉터리 상태 확인하기	
git add	git add 〈스테이지에 추가할 대상〉	〈스테이지에 추가할 대상〉을 스테이지에 올리기
	git add .	모든 변경 사항을 스테이지에 올리기
git commit	git commit	자세한 커밋 메시지와 함께 커밋하기
	git commit --message "〈커밋 메시지〉" git commit -m "〈커밋 메시지〉"	〈커밋 메시지〉로 커밋하기
git log	git log	커밋 목록 조회하기
	git log --oneline	커밋 목록을 한 줄로 조회하기
	git log --patch git log -p	커밋별 변경 사항 목록 조회하기
	git log --graph	커밋 목록을 그래프로 조회하기
	git log --branches	모든 브랜치의 커밋 목록 조회하기
git tag	git tag 〈태그〉	〈태그〉 추가하기
	git tag 〈태그〉 〈커밋〉	〈커밋〉에 〈태그〉 추가하기
	git tag git tag --list git tag -l	태그 목록 조회하기
	git tag --delete 〈태그〉 git tag -d 〈태그〉	〈태그〉 삭제하기

명령어로
버전 관리하기 2

이 장에서는 3장과 4장에서 학습한 내용을 명령어로 수행하는 방법을 학습해 보겠습니다. 즉, 명령어로 작업을 비교하고 되돌리고 임시 저장하고 브랜치를 관리하는 방법에 대해 알아보겠습니다. 이 장도 앞선 장과 마찬가지로 빠른 호흡으로 읽어보면 되겠습니다.

이 장에서 배울 명령어

- `git diff`: 최근 커밋과 작업 디렉터리 비교하기

- `git diff --staged`: 최근 커밋과 스테이지 비교하기

- `git diff <커밋> <커밋>`: 커밋끼리 비교하기

- `git diff <브랜치> <브랜치>`: 브랜치끼리 비교하기

- `git reset <되돌아갈 커밋>`: <되돌아갈 커밋>으로 되돌아가기

- `git revert <취소할 커밋>`: <취소할 커밋>이 취소된 새로운 커밋 만들기

- `git stash`: 변경 사항 임시 저장하기

- `git stash list`: 임시 저장한 내역 조회하기

- `git stash apply <스태시>`: 임시 저장한 작업 적용하기

- `git stash drop <스태시>`: 임시 저장한 작업 삭제하기

- `git branch <브랜치>`: 브랜치 나누기

- `git checkout <브랜치>`: 체크아웃하기

- `git merge <브랜치>`: 브랜치 병합하기

- `git rebase <브랜치>`: 브랜치 재배치하기

7.1 버전 비교하기

이 절에서는 다음 네 가지를 명령어로 확인하는 방법을 알아보겠습니다.

- 최근 커밋과 작업 디렉터리의 차이점
- 최근 커밋과 스테이지의 차이점
- 커밋 간 차이점
- 브랜치 간 차이점

git diff: 최근 커밋과 작업 디렉터리 비교하기

git diff 명령은 최근 커밋과 현재 작업 디렉터리(현재 작업 내역)의 차이를 출력합니다. 이 명령은 보통 커밋한 이후로 작업 디렉터리에서 무엇을 수정했는지 확인하기 위해 사용합니다.

깃 저장소에 다음과 같이 커밋이 쌓여 있다고 가정해 보겠습니다. 첫 번째 커밋(first commit)은 문자 A가 저장된 a.txt라는 파일을 생성한 커밋입니다. 두 번째 커밋(second commit)은 a.txt 파일에 문자 B를 추가한 커밋입니다. 그리고 세 번째 커밋(third commit)은 a.txt 파일에 문자 C를 추가한 커밋입니다.

```
minchul@DESKTOP-9KULGUE MINGW64 /c/test (master)
$ git log
commit e3c986eeda0b3079d7ad929cda0135f2bbbbef80 (HEAD -> master)
Author: Kang Minchul <tegongkang@gmail.com>
Date:   Thu Mar 10 00:17:28 2022 +0900

    third commit

    This is my third commit

commit 627b7114f61a18e107bb8a66cd86faddfead94ab
Author: Kang Minchul <tegongkang@gmail.com>
Date:   Thu Mar 10 00:16:18 2022 +0900

    second commit

commit 1ab66e8aece89e84165dfe4c2ef7cd08334a42f6
Author: Kang Minchul <tegongkang@gmail.com>
Date:   Thu Mar 10 00:16:01 2022 +0900

    first commit
```

즉, 현재 a.txt 파일의 상태는 다음과 같습니다.

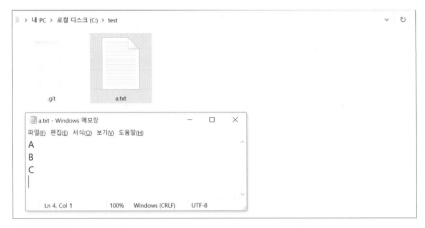

그림 7-1 | 현재 a.txt 파일의 상태

이는 6.2절의 실습 결과와 같습니다.

① a.txt 파일에 다음과 같이 마지막 줄에 문자 D를 추가한 뒤 저장합니다.

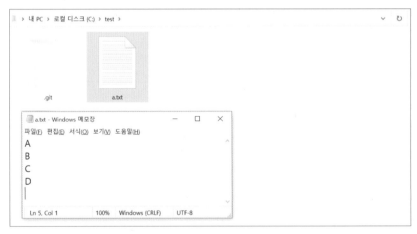

그림 7-2 | a.txt 파일에 문자 D 추가하기

② a.txt 파일에 변경 사항이 생겼죠? 여기서 `git diff`를 입력해 보세요. 최근 커밋에 비해 무엇이 달라졌는지가 출력됩니다. 최근 커밋과 비교했을 때 문자 D가 새롭게 추가됐으니 +D가 출력됩니다.

```
minchul@DESKTOP-9KULGUE MINGW64 /c/test (master)
$ git diff
diff --git a/a.txt b/a.txt
index b1e6722..8422d40 100644
--- a/a.txt
+++ b/a.txt
@@ -1,3 +1,4 @@
 A
 B
 C
+D  확인
```

2 git diff --staged: 최근 커밋과 스테이지 비교하기

스테이지에 추가된 항목과 최근 커밋의 차이를 보여주는 명령은 git diff --cached 또는 git diff --staged입니다. 이 명령으로 스테이지와 최근 커밋을 비교해 보겠습니다.

① 앞서 생성한 변경 사항을 스테이지에 추가합니다.

```
minchul@DESKTOP-9KULGUE MINGW64 /c/test (master)
$ git add a.txt
```

② git diff --staged 명령을 입력하면 스테이지에 추가된 항목과 최근 커밋의 차이가 출력됩니다.

```
minchul@DESKTOP-9KULGUE MINGW64 /c/test (master)
$ git diff --staged
diff --git a/a.txt b/a.txt
index b1e6722..8422d40 100644
--- a/a.txt
+++ b/a.txt
```

```
@@ -1,3 +1,4 @@
 A
 B
 C
+D
```

git diff 〈커밋〉 〈커밋〉: 커밋끼리 비교하기

커밋 간 차이를 비교하는 명령은 git diff 〈커밋〉 〈커밋〉입니다. 〈커밋〉에는 비교하려는 커밋의 해시를 입력하면 되는데, 짧은 커밋 해시를 이용해도 무방합니다. 이 또한 직접 실습해 보겠습니다.

① 앞서 스테이지로 올린 a.txt 파일을 커밋합니다. 커밋 메시지는 fourth commit으로 하겠습니다.

```
minchul@DESKTOP-9KULGUE MINGW64 /c/test (master)
$ git commit -m "fourth commit"
[master c47a084] fourth commit
 1 file changed, 1 insertion(+)
```

세 번째 커밋(third commit)과 네 번째 커밋(fourth commit)의 차이는 다음과 같습니다.

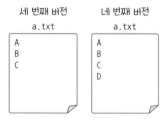

그림 7-3 | 세 번째 커밋과 네 번째 커밋의 차이

여기서 주의해야 할 포인트가 있습니다. 그림에서 네 번째 커밋은 세 번째 커밋에 비해 무엇이 다른가요? 반대로, 세 번째 커밋은 네 번째 커밋에 비해 무엇이 다른가요? 네 번째 커밋은 세 번째 커밋에 비해 문자 D가 추가됐습니다. 반면, 세 번째 커밋은 네 번째 커밋에 비해 문자 D가 없습니다.

이렇듯 무엇을 기준으로 비교하느냐에 따라 비교의 결과는 다릅니다. 따라서 명령어로 커밋 간 차이를 비교할 때는 다음과 같이 이해하는 것이 좋습니다.

```
git diff 〈이 커밋을 기준으로〉 〈이 커밋이 달라진 점〉
```

② git log 또는 git log --oneline 명령으로 세 번째 커밋과 네 번째 커밋 해시를 확인해 보세요.

```
minchul@DESKTOP-9KULGUE MINGW64 /c/test (master)
$ git log --oneline
c47a084 (HEAD -> master) fourth commit    확인
e3c986e third commit
627b711 second commit
1ab66e8 first commit
```

③ 세 번째 커밋을 기준으로 네 번째 커밋이 달라진 점을 알고 싶다면 git log 〈세 번째 커밋〉 〈네 번째 커밋〉을 입력하면 되겠죠? 세 번째 커밋에 비해 네 번째 커밋은 문자 D가 추가됐으므로 다음과 같이 명령의 결과가 +D라고 나옵니다.

```
minchul@DESKTOP-9KULGUE MINGW64 /c/test (master)
$ git diff e3c986e c47a084
diff --git a/a.txt b/a.txt
index b1e6722..8422d40 100644
--- a/a.txt
+++ b/a.txt
@@ -1,3 +1,4 @@
 A
 B
 C
+D    확인
```

④ 네 번째 커밋을 기준으로 세 번째 커밋이 다른 점도 알아봅시다. 이 경우 git log ⟨네 번째 커밋⟩ ⟨세 번째 커밋⟩을 입력하면 되겠죠? 네 번째 커밋에 비해 세 번째 커밋은 문자 D가 없으니 다음과 같이 명령의 결과가 −D라고 뜨게 됩니다.

```
minchul@DESKTOP-9KULGUE MINGW64 /c/test (master)
$ git diff c47a084 e3c986e
diff --git a/a.txt b/a.txt
index 8422d40..b1e6722 100644
--- a/a.txt
+++ b/a.txt
@@ -1,4 +1,3 @@
 A
 B
 C
 -D  확인
```

커밋끼리 비교할 때 좋은 팁을 소개하겠습니다. 커밋을 비교할 때 매번 커밋 해시를 조회하고 붙여넣는 것이 번거롭다면, HEAD를 기준으로 비교해도 됩니다. HEAD는 현재 브랜치의 최신 커밋을 가리키지요?

HEAD^ 또는 HEAD~1은 현재 브랜치의 최신 커밋에서 하나 이전 커밋을 가리킵니다. HEAD^^ 또는 HEAD~2는 최신 커밋에서 두 개 이전 커밋을 가리킵니다. 다시 말해, HEAD 뒤에 붙는 ^의 개수 또는 HEAD~ 뒤에 붙는 숫자는 'HEAD에서 몇 번째 이전을 나타내는지'를 의미합니다.

다음 예시에서 HEAD는 fourth commit을, HEAD^ 또는 HEAD~1은 third commit을, HEAD^^ 또는 HEAD~2는 second commit을, HEAD^^^ 또는 HEAD~3은 first commit을 나타냅니다.

```
minchul@DESKTOP-9KULGUE MINGW64 /c/test (master)
$ git log
commit c47a084e8fe5c3244f21b0afdbcf665ddce066e2 (HEAD -> master)
Author: Kang Minchul <tegongkang@gmail.com>
Date:   Thu Mar 10 00:24:15 2022 +0900

    fourth commit •---------------------------- HEAD


commit e3c986eeda0b3079d7ad929cda0135f2bbbbef80
Author: Kang Minchul <tegongkang@gmail.com>
Date:   Thu Mar 10 00:17:28 2022 +0900

    third commit •---------------------------- HEAD^ 또는 HEAD~1

   This is my third commit

commit 627b7114f61a18e107bb8a66cd86faddfead94ab
Author: Kang Minchul <tegongkang@gmail.com>
Date:   Thu Mar 10 00:16:18 2022 +0900

    second commit •---------------------------- HEAD^^ 또는 HEAD~2


commit 1ab66e8aece89e84165dfe4c2ef7cd08334a42f6
Author: Kang Minchul <tegongkang@gmail.com>
Date:   Thu Mar 10 00:16:01 2022 +0900

    first commit •--------------------------- HEAD^^^ 또는 HEAD~3
```

따라서 세 번째 커밋을 기준으로 네 번째 커밋을 비교하고 싶다면 git diff HEAD^ HEAD 또는 git diff HEAD~1 HEAD를 입력하면 됩니다. 반대로 네 번째 커밋을 기준으로 세 번째 커밋과의 차이를 알고 싶다면 git diff HEAD HEAD^ 또는 git diff HEAD HEAD~1을 입력하면 됩니다.

4 git diff 〈브랜치〉〈브랜치〉: 브랜치끼리 비교하기

git diff 명령으로 브랜치끼리 비교할 수도 있습니다. 아직 명령어로 브랜치를 나누고 관리하는 방법을 배우지 않았으니 지금은 실습하지 않고 참고만 해도 좋습니다.

이런 상황을 가정해 보겠습니다. master 브랜치에 a.txt 파일을 만들고, 문자 A를 저장한 뒤 커밋합니다. 여기서 foo라는 브랜치를 만들고, foo로 체크아웃한 뒤 a.txt 파일 안에 문자 B를 추가한 뒤 다시 커밋합니다. 이를 그림으로 표현하면 그림 7-4와 같겠죠?

여기서 git diff 〈브랜치〉〈브랜치〉 명령으로 두 브랜치의 차이를 알 수 있습니다. 이 명령 또한 다음과 같이 이해하는 것이 좋습니다.

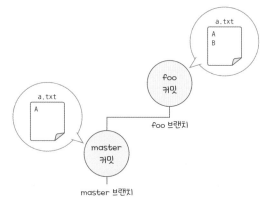

그림 7-4 | 현재 브랜치 상태

```
git diff 〈기준이 되는 브랜치〉〈기준과 비교할 브랜치〉
```

가령 master 브랜치를 기준으로 foo 브랜치가 달라진 점을 확인하려면 다음과 같이 입력합니다.

```
minchul@DESKTOP-9KULGUE MINGW64 /c/test (foo)
$ git diff master foo
diff --git a/a.txt b/a.txt
index f70f10e..35d242b 100644
--- a/a.txt
+++ b/a.txt
@@ -1 +1,2 @@
 A
+B
```

7.2 작업 되돌리기

변경 사항 또는 버전을 되돌리는 방법에는 크게 reset과 revert가 있습니다. 두 방법의 차이, reset의 세 종류(soft reset, mixed reset, hard reset)가 무엇인지는 3장에서 설명했습니다. 이 절에서는 명령어로 reset과 revert하는 방법에 대해 알아보겠습니다.

깃 저장소에 다음과 같이 네 개의 커밋이 쌓여 있다고 가정해 보겠습니다. 첫 번째 커밋(first commit)은 문자 A가 저장된 a.txt를 만든 커밋입니다. 두 번째 커밋(second commit)은 a.txt에 문자 B를 추가한 커밋, 세 번째 커밋(third commit)은 a.txt에 문자 C를 추가한 커밋, 네 번째 커밋(fourth commit)은 a.txt에 문자 D를 추가한 커밋입니다.

```
minchul@DESKTOP-9KULGUE MINGW64 /c/test (master)
$ git log --oneline
8829483 (HEAD -> master) fourth commit
9723547 third commit
ce906bc second commit
3ec0863 first commit
```

즉, a.txt 파일은 다음과 같은 과정으로 만들어졌습니다.

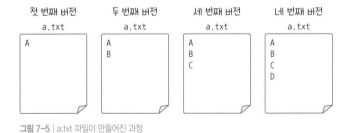

그림 7-5 | a.txt 파일이 만들어진 과정

이 과정을 더 구체적으로 표현하면 그림 7-6과 같겠죠.

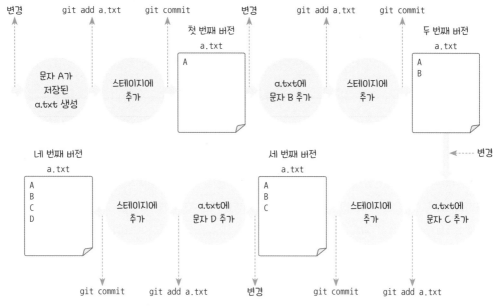

그림 7-6 | a.txt 파일이 만들어진 자세한 과정

 git reset 〈되돌아갈 커밋〉: 예전 커밋으로 되돌아가기

현재 상황에서 reset을 연습해 봅시다. reset은 저장소를 특정 커밋으로 완전히 되돌리는 방식입니다. 그리고 reset의 종류에는 soft, mixed, hard 이렇게 세 가지 방식이 있다고 했죠.

표 6-1 | reset의 종류

종류	내용
soft reset	커밋만 되돌리기
mixed reset	스테이지까지 되돌리기
hard reset	작업 디렉터리까지 되돌리기

우선 soft reset부터 알아보겠습니다. soft reset이 뭐라고 했었죠? 커밋만 되돌리는 방법이라고 했습니다. 네 번째 커밋은 a.txt 파일에 문자 D를 추가했습니다. 이를 세 번째 커밋으로 soft reset한다면 a.txt 파일에 D를 추가한 뒤 스테이지로 추가한 순간으로 되돌아갑니다. soft reset하는 명령은 `git reset --soft 〈되돌아갈 커밋〉`입니다. 세 번째 커밋으로 soft reset하는 명령은 `git reset --soft 〈세 번째 커밋〉`이 되겠죠?

① 다음과 같이 세 번째 커밋으로 soft reset해 보세요.

```
minchul@DESKTOP-9KULGUE MINGW64 /c/test (master)
$ git log --oneline
8829483 (HEAD -> master) fourth commit
9723547 third commit
ce906bc second commit
3ec0863 first commit

minchul@DESKTOP-9KULGUE MINGW64 /c/test (master)
$ git reset --soft 9723547
```

> TIP
> git reset --soft HEAD^ 또는 git reset --soft HEAD~1 명령을 입력해도 무방합니다.

② 그런 다음 git log 또는 git log --oneline으로 커밋 목록을 확인해 봅시다. 네 번째 커밋이 사라졌죠?

```
minchul@DESKTOP-9KULGUE MINGW64 /c/test (master)
$ git log --oneline
9723547 (HEAD -> master) third commit
ce906bc second commit        네 번째 커밋이 사라짐
3ec0863 first commit
```

③ 그런데 a.txt 파일을 열어보면 문자 D가 아직 적혀 있음을 볼 수 있습니다.

그림 7-7 | 아직 문자 D가 적힌 a.txt 파일

④ 또한, `git diff --staged` 명령으로 세 번째 커밋(현재 최근 커밋)과 스테이지의 차이를 보면 문자 D가 추가된 변경 사항이 스테이지로 추가되어 있는 것을 볼 수 있습니다.

```
minchul@DESKTOP-9KULGUE MINGW64 /c/test (master)
$ git diff --staged
diff --git a/a.txt b/a.txt
index b1e6722..8422d40 100644
--- a/a.txt
+++ b/a.txt
@@ -1,3 +1,4 @@
 A
 B
 C
+D   확인
```

이게 시사하는 점이 무엇일까요? 세 번째 커밋으로 soft reset하는 것은 곧 **네 번째 커밋이 만들어진 그 순간만을 되돌린다**는 것을 의미합니다. 정확하게는, 네 번째 커밋을 만들기 위해 파일을 수정하고 변경 사항을 스테이지에 추가한 순간으로 되돌아가는 것이지요. soft reset의 결과를 그림으로 표현하면 다음과 같습니다.

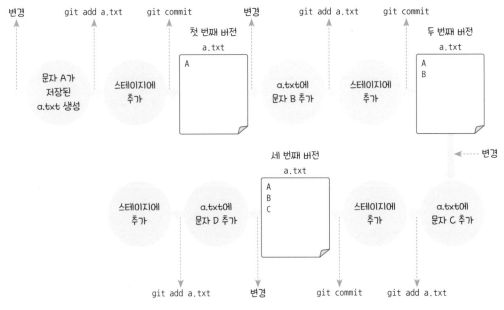

그림 7-8 | soft reset의 결과

⑤ 여기까지 이해했다면 다시 네 번째 커밋을 만들어 보겠습니다.

```
minchul@DESKTOP-9KULGUE MINGW64 /c/test (master)
$ git commit -m "fourth commit"
[master c9da5ca] fourth commit
 1 file changed, 1 insertion(+)
```

이번에는 mixed reset을 실습해 보겠습니다. mixed reset은 스테이지에 추가하고 커밋한 사실을 되돌립니다. mixed reset하는 명령은 git reset 〈되돌아갈 커밋〉 또는 git reset --mixed 〈되돌아갈 커밋〉입니다. 즉, 아무 옵션 없이 git reset 명령을 사용하면 mixed reset이 됩니다.

가령 두 번째 커밋으로 mixed reset하는 명령은 git reset --mixed 〈두 번째 커밋〉 또는 git reset 〈두 번째 커밋〉입니다.

① git log --oneline 명령으로 세 번째 커밋 해시를 확인하고 mixed reset 명령인 git reset 〈세 번째 커밋〉을 입력해 보세요.

```
minchul@DESKTOP-9KULGUE MINGW64 /c/test (master)
$ git log --oneline
c9da5ca (HEAD -> master) fourth commit
9723547 third commit  확인
ce906bc second commit
3ec0863 first commit

minchul@DESKTOP-9KULGUE MINGW64 /c/test (master)
$ git reset 9723547
Unstaged changes after reset:
M       a.txt
```

> **TIP**
> git reset HEAD^ 또는 git reset HEAD~1 명령을 입력해도 무방합니다.

② git log 또는 git log --oneline으로 커밋 목록을 확인해 봅시다.

```
minchul@DESKTOP-9KULGUE MINGW64 /c/test (master)
$ git log --oneline
9723547 (HEAD -> master) third commit
ce906bc second commit
3ec0863 first commit
```

③ a.txt 파일을 열어보면 아직 문자 D가 적혀 있는 걸 볼 수 있습니다.

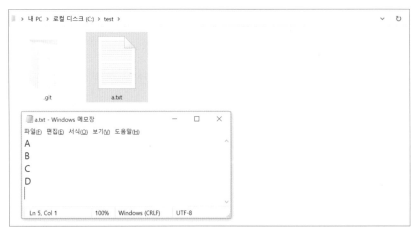

그림 7-9 | 아직 문자 D가 적혀 있는 a.txt

④ git status 명령을 입력하여 작업 디렉터리를 확인해 보세요. Changes not staged for commit 항목에 a.txt가 보이나요? 이는 a.txt 파일이 변경만 됐을 뿐 아직 스테이지에 추가되지는 않았음을 의미합니다.

```
minchul@DESKTOP-9KULGUE MINGW64 /c/test (master)
$ git status
On branch master
Changes not staged for commit:
  (use "git add <file>..." to update what will be committed)
  (use "git restore <file>..." to discard changes in working directory)      확인
        modified:   a.txt

no changes added to commit (use "git add" and/or "git commit -a")
```

즉, mixed reset은 커밋한 사실과 스테이지에 추가한 사실만을 되돌릴 뿐 파일을 수정한 내역까지 되돌리지는 않는 방식임을 알 수 있습니다. 이 결과를 그림으로 표현하면 다음과 같습니다.

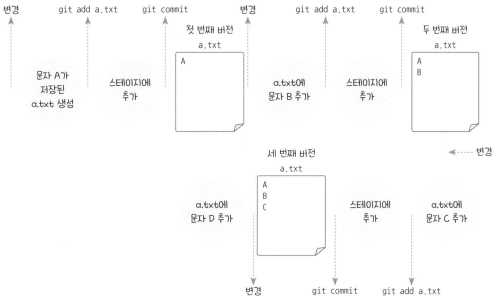

그림 7-10 | mixed reset의 결과

⑤ 확인을 마쳤다면 다시 네 번째 커밋을 만들어 보세요.

```
minchul@DESKTOP-9KULGUE MINGW64 /c/test (master)
$ git commit -am "fourth commit"
[master 84dd250] fourth commit
 1 file changed, 1 insertion(+)
```

마지막으로 hard reset을 실습해 볼까요? hard reset은 파일을 수정했던 사실까지 완전하게 되돌리는 방식입니다. 가령 세 번째 커밋으로 hard reset하면 네 번째 커밋을 만들기 위해 파일을 수정하고 스테이지에 추가하고 커밋한 사실 모두가 사라지게 되지요.

hard reset하는 명령은 `git reset --hard <되돌아갈 커밋>`입니다. 즉, 세 번째 커밋으로 hard reset하는 명령은 `git reset --hard <세 번째 커밋>`입니다. 직접 확인해 봅시다.

1 세 번째 커밋 해시를 확인합니다.

```
minchul@DESKTOP-9KULGUE MINGW64 /c/test (master)
$ git log --oneline
84dd250 (HEAD -> master) fourth commit
9723547 third commit  확인
ce906bc second commit
3ec0863 first commit
```

2 git reset --hard <세 번째 커밋> 명령을 입력합니다.

```
minchul@DESKTOP-9KULGUE MINGW64 /c/test (master)
$ git reset --hard 9723547
HEAD is now at 9723547 third commit
```

> **TIP**
> git reset --hard HEAD^ 또는 git reset --hard HEAD~1 **명령을 입력해도 무방합니다.**

3 git log 또는 git log --oneline으로 커밋 목록을 확인해 봅시다. 네 번째 커밋이 사라졌죠?

```
minchul@DESKTOP-9KULGUE MINGW64 /c/test (master)
$ git log --oneline
9723547 (HEAD -> master) third commit
ce906bc second commit
3ec0863 first commit
```

④ a.txt 파일을 열어 확인해도 네 번째 커밋의 내용(D 추가)이 사라졌음을 알 수 있습니다. 즉, hard reset을 통해 세 번째 커밋으로 완전하게 리셋된 셈입니다.

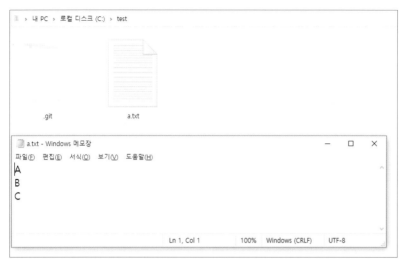

그림 7-11 | 세 번째 커밋으로 완전히 리셋된 a.txt 파일

이 결과를 그림으로 표현하면 다음과 같습니다.

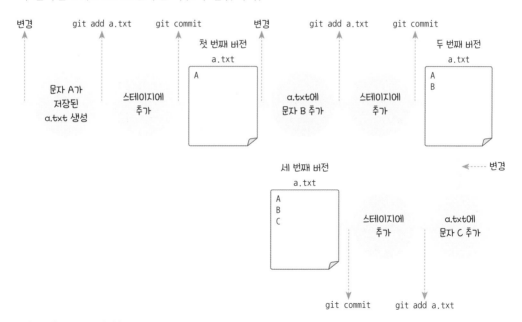

그림 7-12 | hard reset의 결과

git revert 〈취소할 커밋〉: 취소된 새로운 커밋 만들기

reset이 특정 커밋으로 되돌아가는 방식이라면, revert는 해당 커밋을 취소한 새로운 커밋을 추가하는 방식입니다. 이 또한 3장에서 학습했지요. git revert 〈취소할 커밋〉 명령을 사용하면 됩니다.

참고로, 여기서 주의해야 할 점이 있습니다. git reset은 뒤에 되돌아갈 커밋을 명시합니다. 반면 git revert는 뒤에 취소할 커밋을 명시합니다. 가령 git reset 〈두 번째 커밋〉은 두 번째 커밋으로 돌아가는 명령입니다. 반면 git revert 〈두 번째 커밋〉은 두 번째 커밋을 취소한 새로운 커밋을 추가하는 명령입니다.

자, 그럼 revert를 실습해 봅시다.

 git log 또는 git log --oneline 명령으로 현재 커밋을 조회해 봅시다. 현재 커밋이 세 개 쌓여 있습니다.

```
minchul@DESKTOP-9KULGUE MINGW64 /c/test (master)
$ git log --oneline
9723547 (HEAD -> master) third commit
ce906bc second commit
3ec0863 first commit
```

❷ 여기서 세 번째 커밋을 되돌린 새로운 커밋을 만들어 보겠습니다. git revert 〈세 번째 커밋〉 명령을 입력하면 되겠죠?

```
minchul@DESKTOP-9KULGUE MINGW64 /c/test (master)
$ git revert 9723547
```

> TIP git revert HEAD 명령을 입력해도 무방합니다.

③ git commit 명령을 입력했을 때처럼 Vim 창이 나타납니다. revert는 기존의 커밋을 취소한 새로운 커밋을 만드는 명령이기 때문에, 커밋 메시지를 작성해야 합니다. 지금 보이는 메시지, 즉 하단의 박스는 기본으로 작성된 커밋 메시지입니다.

그림 7-13 | 기본으로 작성된 커밋 메시지

④ 필자는 기본으로 작성된 메시지를 커밋 메시지로 삼겠습니다. :wq 입력 후 Enter를 누릅니다.

그림 7-14 | 커밋 메시지 저장 후 닫기

⑤ 새로운 커밋이 성공적으로 만들어졌다면 표시되는 화면은 다음과 같습니다.

```
minchul@DESKTOP-9KULGUE MINGW64 /c/test (master)
$ git revert 9723547
[master 569abaa] Revert "third commit"
 1 file changed, 1 deletion(-)
```

⑥ 자, 이제 a.txt 파일을 열어보겠습니다. 세 번째 커밋이 취소됐죠?

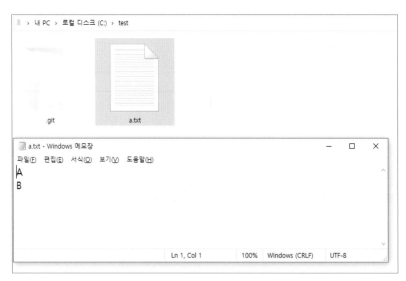

그림 7-15 | 세 번째 커밋 revert된 결과

⑦ git log로 커밋 내역을 살펴봅시다. Revert "third commit"이라는 새로운 커밋이 추가된 것을 볼 수 있습니다.

```
Author: Kang Minchul <tegongkang@gmail.com>
Date:    Thu Apr 21 06:12:05 2022 +0900

    second commit

commit 3ec0863db0ef0939732e19982811ae46b9f5679c
Author: Kang Minchul <tegongkang@gmail.com>
Date:    Thu Apr 21 06:11:58 2022 +0900

    first commit
```

❽ 추가된 새 커밋은 기존의 세 번째 커밋의 작업 내역을 뒤로 돌리는 커밋입니다. 다음과 같이 git diff 명령으로도 확인할 수 있지요.

```
minchul@DESKTOP-9KULGUE MINGW64 /c/test (master)
$ git diff HEAD^ HEAD
diff --git a/a.txt b/a.txt
index b1e6722..35d242b 100644
--- a/a.txt
+++ b/a.txt
@@ -1,3 +1,2 @@
 A
 B
-C
```

7.3 작업 임시 저장하기

소스트리에서 스태시로 작업 내역을 임시 저장할 수 있었던 것을 기억하나요? 이 절에서는
이를 명령어로 수행해 보겠습니다.

1 git stash: 변경 사항 임시 저장하기

스태시 명령은 기본적으로 tracked 상태의 파일에 대해서만 사용할 수 있기 때문에 우선 버전 하나를 만들어 보겠습니다.

1 문자 A가 저장된 a.txt 파일을 만들어 보세요.

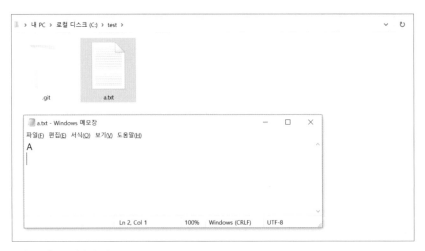

그림 7-16 | a.txt 파일 만들기

2 이를 스테이지에 추가하고 커밋합니다. 커밋 메시지는 first commit이라고 하겠습니다.

```
minchul@DESKTOP-9KULGUE MINGW64 /c/test (master)
$ git add a.txt

minchul@DESKTOP-9KULGUE MINGW64 /c/test (master)
$ git commit -m "first commit"
[master (root-commit) c81b855] first commit
 1 file changed, 1 insertion(+)
 create mode 100644 a.txt
```

③ a.txt 파일에 문자 B를 추가해 a.txt 파일을 수정합니다.

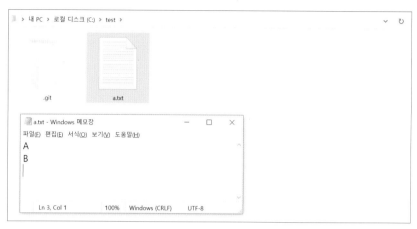

그림 7-17 | a.txt 파일에 문자 B 추가하기

④ 이제 이 수정 내역, 즉 문자 B를 추가한 작업을 임시 저장하겠습니다. 명령은 git stash 입니다.

단순히 git stash 명령을 입력해도 작업이 임시 저장되지만, git stash -m "메시지" 또는 git stash --message "<메시지>" 명령으로 간단한 메시지와 함께 임시 저장할 수도 있습니다. 이는 임시 저장할 작업에 간단한 메모를 붙여 놓는 것과 같습니다.

가령 add B라는 간단한 메시지와 함께 현재 수정 내역을 임시 저장해 보겠습니다. git stash -m "add B" 명령을 입력하면 되겠죠?

```
minchul@DESKTOP-9KULGUE MINGW64 /c/test (master)
$ git stash -m "add B"
Saved working directory and index state On master: add B
```

⑤ 이제 a.txt 파일을 다시 열어봅시다. 방금 수정했던 내용은 온데간데없고, 첫 커밋을 만든 상태로 돌아간 것을 알 수 있습니다. B를 추가한 수정 사항이 임시 저장된 것입니다.

그림 7-18 | 변경 사항을 임시 저장한 결과

⑥ 한 번 더 실습해 봅시다. 이번에는 다음과 같이 a.txt 파일에 문자 C를 추가하겠습니다.

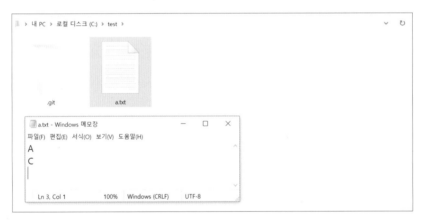

그림 7-19 | a.txt 파일에 문자 C 추가하기

⑦ 이 작업도 임시 저장해 보겠습니다. 이번에는 add C라는 메시지와 함께 작업을 임시 저장하겠습니다. 명령은 git stash -m "add C"입니다.

```
minchul@DESKTOP-9KULGUE MINGW64 /c/test (master)
$ git stash -m "add C"
Saved working directory and index state On master: add C
```

❽ 다시 a.txt 파일로 돌아와 작업한 내역이 사라진(임시 저장된) 것을 확인해 보세요.

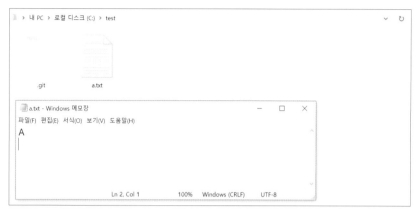

그림 7-20 | 변경 사항을 임시 저장한 결과

② git stash list: 임시 저장된 작업 내역 조회하기

앞 절에서 두 개의 작업을 임시 저장했습니다. 임시 저장된 작업을 조회해 봅시다. 스태시한
작업 목록을 조회하는 명령은 git stash list입니다. 직접 입력해 볼까요?

```
minchul@DESKTOP-9KULGUE MINGW64 /c/test (master)
$ git stash list
stash@{0}: On master: add C
stash@{1}: On master: add B
```

임시 저장한 항목이 두 개 나옵니다. 하나는 stash@{0}이고, 또 다른 하나는 stash@{1}입
니다. 임시 저장된 항목에 붙는 번호, 즉 0과 1 같은 번호는 최근에 저장된 작업일수록 숫
자가 작습니다. 만일 또 다른 작업을 임시 저장하면 문자 C를 추가한 변경 사항(add C)은
stash@{1}이 되고, 문자 B를 추가한 변경 사항(add B)은 stash@{2}가 됩니다.

잠깐만요

-m이나 --message 옵션을 사용하지 않았다면?

앞서 git stash 명령으로 작업을 임시 저장할 때 -m이나 --message 옵션으로 간단한 메시지를 함께 저장했던 것을 기억하나요? 만일 아무런 메시지도 작성하지 않은 채 git stash 명령을 입력했다면 git stash list의 결과는 다음과 같습니다.

```
minchul@DESKTOP-9KULGUE MINGW64 /c/test (master)
$ git stash list
stash@{0}: WIP on master: 1ab66e8 first commit
stash@{1}: WIP on master: 1ab66e8 first commit
```

WIP는 Work In Progress의 준말이고, 1ab66e8은 스태시가 만들어진 커밋, first commit은 스태시가 만들어졌던 커밋의 커밋 메시지입니다.

3 git stash apply ⟨스태시⟩: 임시 저장된 작업 적용하기

이제 스태시에 임시 저장된 작업을 적용해 보겠습니다. 임시 저장된 작업을 작업 디렉터리에 적용하는 명령은 git stash apply ⟨스태시⟩입니다.

가령 stash@{0}를 적용하는 명령은 git stash apply stash@{0}입니다. stash@{1}을 적용하는 명령은 git stash apply stash@{1}이지요.

스태시 이름을 명시하지 않고 그냥 git stash apply 명령을 입력할 경우 최근에 임시 저장한 항목, 즉 stash@{0}가 적용됩니다. 직접 실습해 보겠습니다.

 git stash list 명령으로 현재 임시 저장된 작업을 확인해 보세요.

```
minchul@DESKTOP-9KULGUE MINGW64 /c/test (master)
$ git stash list
stash@{0}: On master: add C
stash@{1}: On master: add B
```

❷ 이제 임시 저장된 변경 사항 stash@{0}를 적용해 보겠습니다. git stash apply stash@{0}를 입력해 보세요. a.txt 파일이 수정됐다(modified)고 나오지요?

```
minchul@DESKTOP-9KULGUE MINGW64 /c/test (master)
$ git stash apply stash@{0}
On branch master
Changes not staged for commit:
  (use "git add <file>..." to update what will be committed)
  (use "git restore <file>..." to discard changes in working directory)
        modified:   a.txt  확인

no changes added to commit (use "git add" and/or "git commit -a")
```

❸ a.txt 파일을 확인해 보세요. a.txt 파일에 문자 C를 추가했던 stash@{0}의 변경 사항이 적용된 것을 볼 수 있습니다.

그림 7-21 | 스태시가 적용된 결과

 4 git stash drop <스태시>: 임시 저장된 작업 삭제하기

스태시 내의 임시 저장된 작업을 지우는 명령은 git stash drop <스태시>입니다. 가령 stash@{0}를 스태시에서 삭제하는 명령은 git stash drop stash@{0}입니다. 이 또한 직접 실습해 보겠습니다.

① 현재 임시 저장된 항목을 확인해 봅시다.

```
minchul@DESKTOP-9KULGUE MINGW64 /c/test (master)
$ git stash list
stash@{0}: On master: add C
stash@{1}: On master: add B
```

② stash@{0}를 스태시에서 삭제해 보겠습니다. 명령은 git stash drop stash@{0}입니다.

```
minchul@DESKTOP-9KULGUE MINGW64 /c/test (master)
$ git stash drop stash@{0}
Dropped stash@{0} (0c02336f48b2fff6ef4b104157da1d35244d456d)
```

③ git stash drop stash@{0} 명령으로 스태시를 삭제하면 기존에 stash@{0}였던 작업
(add C)은 목록에서 삭제되고, stash@{1}이었던 작업(add B)이 stash@{0}가 됩니다.

```
minchul@DESKTOP-9KULGUE MINGW64 /c/test (master)
$ git stash list
stash@{0}: On master: add B   stash@{1}이 stash@{0}가 됨
```

> **TIP** 참고로 git stash clear는 임시 저장된 작업을 전부 삭제하는 명령입니다.

git stash 명령에는 이외에도 여러 유용한 명령들이 있지만, 앞에서 배운 네 가지만 알고
있어도 무리 없이 작업을 임시 저장하고 적용할 수 있습니다.

7.4 브랜치 관리하기

마지막으로 명령어로 브랜치를 관리하는 방법을 알아봅시다. 브랜치의 개념에 대해서는 4장에서 이미 설명했으니 이 절에서는 명령어로 브랜치를 나누고 체크아웃하고 병합하고 재배치하는 방법에 대해 알아보겠습니다.

① 우선 브랜치를 실습할 환경을 만들어 봅시다. 문자 A가 적힌 a.txt 파일을 만들고 커밋합니다. 커밋 메시지는 first commit으로 하겠습니다.

그림 7-22 | a.txt 파일 만들기

```
minchul@DESKTOP-9KULGUE MINGW64 /c/test (master)
$ git add a.txt

minchul@DESKTOP-9KULGUE MINGW64 /c/test (master)
$ git commit -m "first commit"
[master (root-commit) 4e353cd] first commit
 1 file changed, 1 insertion(+)
 create mode 100644 a.txt
```

② 이번에는 b.txt 파일을 만들고 B를 적은 뒤 커밋합니다. 커밋 메시지는 second commit으로 하겠습니다.

그림 7-23 | b.txt 파일 만들기

```
minchul@DESKTOP-9KULGUE MINGW64 /c/test (master)
$ git add b.txt

minchul@DESKTOP-9KULGUE MINGW64 /c/test (master)
$ git commit -m "second commit"
[master 98908f5] second commit
 1 file changed, 1 insertion(+)
 create mode 100644 b.txt
```

③ 마지막으로 C가 적힌 c.txt 파일을 만들고 커밋합니다. 커밋 메시지는 third commit으로 하겠습니다.

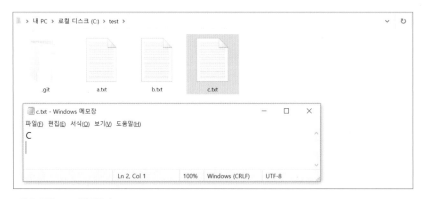

그림 7-24 | c.txt 파일 만들기

```
minchul@DESKTOP-9KULGUE MINGW64 /c/test (master)
$ git add c.txt

minchul@DESKTOP-9KULGUE MINGW64 /c/test (master)
$ git commit -m "third commit"
[master 7f51f72] third commit
 1 file changed, 1 insertion(+)
 create mode 100644 c.txt
```

지금까지 만든 세 커밋은 모두 master 브랜치에 속해 있습니다. 이를 그림으로 표현하면 다음과 같습니다.

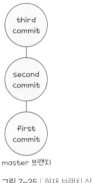

그림 7-25 | 현재 브랜치 상태

④ 현재 여러분이 어떤 브랜치에 있는지는 어떻게 알 수 있을까요? 다음 그림 속 박스처럼 깃 배시로 알 수 있습니다. (master)라고 적혀 있죠? 이는 현재 작업 중인 브랜치가 master 브랜치임을 나타냅니다.

그림 7-26 | 현재 브랜치 확인하기

⑤ 또는 git branch 명령으로도 알 수 있습니다. git branch 명령을 입력하면 현재 브랜치의 목록과 함께 현재 여러분이 작업 중인 브랜치가 *로 표시됩니다. 여러분은 현재 어떤 브랜치도 만들지 않았고, master 브랜치에서만 작업하고 있으니 git branch 명령의 결과는 다음과 같습니다.

```
minchul@DESKTOP-9KULGUE MINGW64 /c/test (master)
$ git branch
* master 확인
```

1 git branch 〈브랜치〉: 브랜치 나누기

이제 브랜치를 만들어 보겠습니다. 브랜치를 만드는 명령은 git branch 〈브랜치〉입니다. 가령 foo라는 브랜치를 만드는 명령은 git branch foo입니다. 직접 실습해 봅시다.

① git branch foo 명령을 입력해 foo 브랜치를 만듭니다.

```
minchul@DESKTOP-9KULGUE MINGW64 /c/test (master)
$ git branch foo
```

② git branch 명령으로 만들어진 foo 브랜치를 확인합니다.

```
minchul@DESKTOP-9KULGUE MINGW64 /c/test (master)
$ git branch
  foo
* master
```

git checkout <브랜치>: 체크아웃하기

체크아웃이란 해당 브랜치로 작업 환경을 바꾸는 것을 의미한다고 했습니다. 특정 브랜치로 체크아웃하는 명령은 git checkout <브랜치>입니다. 그럼 방금 만든 foo 브랜치로 체크아웃해 보겠습니다.

① foo 브랜치로 체크아웃하는 명령은 git checkout foo입니다. 이를 입력해 보세요. 깃 배시에서 (master)가 (foo)로 변경됐다면 올바르게 체크아웃한 것입니다.

```
minchul@DESKTOP-9KULGUE MINGW64 /c/test (master)
$ git checkout foo
Switched to branch 'foo'

minchul@DESKTOP-9KULGUE MINGW64 /c/test (foo) 확인
$
```

② foo 브랜치에서 커밋을 몇 번 해볼까요? 문자 D가 저장된 foo_d.txt 파일을 만들고 커밋합니다. 커밋 메시지는 fourth commit으로 하겠습니다.

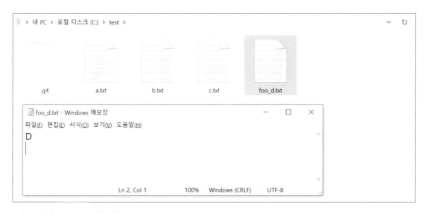

그림 7-27 | foo_d.txt 파일 만들기

```
minchul@DESKTOP-9KULGUE MINGW64 /c/test (foo)
$ git add foo_d.txt

minchul@DESKTOP-9KULGUE MINGW64 /c/test (foo)
$ git commit -m "fourth commit"
[foo 593e3ae] fourth commit
 1 file changed, 1 insertion(+)
 create mode 100644 foo_d.txt
```

❸ 이번에는 foo_e.txt 파일을 만들고 E를 적은 뒤 커밋합니다. 커밋 메시지는 fifth commit 으로 하겠습니다.

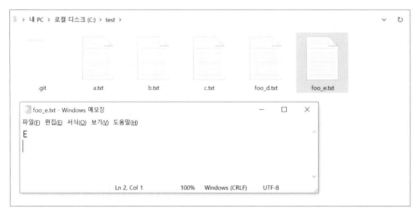

그림 7-28 | foo_e.txt 파일 만들기

```
minchul@DESKTOP-9KULGUE MINGW64 /c/test (foo)
$ git add foo_e.txt

minchul@DESKTOP-9KULGUE MINGW64 /c/test (foo)
$ git commit -m "fifth commit"
[foo 6773d6f] fifth commit
 1 file changed, 1 insertion(+)
 create mode 100644 foo_e.txt
```

자, 지금까지의 상황을 브랜치로 표현하면 다음과 같습니다. master 브랜치에는 커밋 세 개가 쌓여 있고, foo 브랜치에는 커밋 다섯 개가 쌓여 있습니다.

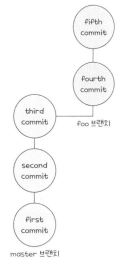

그림 7-29 | 현재 브랜치 상태

❹ git checkout master 명령으로 master 브랜치로 체크아웃해 보세요. master 브랜치로 체크아웃하는 순간, 마법처럼 파일이 세 개만 남는 것을 확인할 수 있습니다.

```
minchul@DESKTOP-9KULGUE MINGW64 /c/test (foo)
$ git checkout master
Switched to branch 'master'
```

그림 7-30 | 체크아웃의 결과

❺ 앞서 git diff 〈브랜치〉 〈브랜치〉 명령으로 두 브랜치의 차이를 확인할 수 있다고 했죠? 가령 master 브랜치에 비해 foo 브랜치가 다른 점을 확인하고 싶다면 git diff master foo 명령을 입력하면 됩니다.

```
minchul@DESKTOP-9KULGUE MINGW64 /c/test (master)
$ git diff master foo
diff --git a/foo_d.txt b/foo_d.txt
new file mode 100644
index 0000000..1784810
--- /dev/null
+++ b/foo_d.txt
@@ -0,0 +1 @@
+D
diff --git a/foo_e.txt b/foo_e.txt
new file mode 100644
index 0000000..1c50726
--- /dev/null
+++ b/foo_e.txt
@@ -0,0 +1 @@
+E
```

 잠깐만요

브랜치를 만듦과 동시에 체크아웃하기

새로운 브랜치를 만드는 명령은 git branch 〈브랜치〉, 특정 브랜치에 체크아웃하는 명령은 git checkout 〈브랜치〉라고 했습니다.

이 둘을 동시에 하는 유용한 명령이 있는데, 바로 git checkout -b 〈브랜치〉입니다. 가령 bar라는 새로운 브랜치를 만듦과 동시에 체크아웃하는 명령은 git checkout -b bar입니다(이 부분은 실습하지 않아도 무방합니다).

그림 7-31 | bar 브랜치 만들고 체크아웃하기

3 **git merge <브랜치>: 브랜치 병합하기**

자, 그렇다면 foo 브랜치를 master 브랜치에 병합해 보겠습니다. 브랜치를 병합하는 명령은 git merge <병합할 브랜치>입니다. 만일 foo 브랜치를 master 브랜치에 병합하고 싶다면 master 브랜치로 체크아웃한 뒤 git merge foo 명령을 입력하면 됩니다. 직접 해봅시다.

> **TIP**
> master 브랜치에 체크아웃되어 있지 않다면 다음과 같이 master 브랜치로 체크아웃해 주세요.
>
> minchul@DESKTOP-9KULGUE MINGW64 /c/test (foo)
> **$ git checkout master**
> Switched to branch 'master'

① 여기서 git merge foo 명령을 입력하면 foo 브랜치가 master 브랜치로 병합됩니다.

```
minchul@DESKTOP-9KULGUE MINGW64 /c/test (master)
$ git merge foo
Updating 7f51f72..6773d6f
Fast-forward
 foo_d.txt | 1 +
 foo_e.txt | 1 +
 2 files changed, 2 insertions(+)
 create mode 100644 foo_d.txt
 create mode 100644 foo_e.txt
```

② 병합 이후 작업 디렉터리를 확인하면 foo 브랜치에서 만들었던 foo_d.txt와 foo_e.txt 파일을 master 브랜치에서 볼 수 있습니다. 간단하지요?

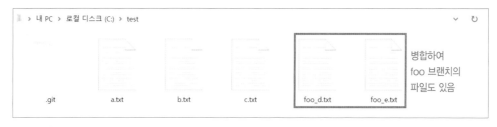

그림 7-32 | 병합 결과

4 충돌 해결

4장에서 브랜치를 병합할 때 충돌이 발생할 수도 있다고 했습니다. 명령어로 브랜치를 병합하는 과정에서 충돌이 발생할 경우, 이를 어떻게 해결할 수 있는지 알아봅시다.

1 우선 충돌이 발생한 상황을 만들어 보겠습니다. master 브랜치에서 있는 a.txt 파일을 수정합니다. 그림과 같이 master로 수정하고 커밋해 보겠습니다. 커밋 메시지는 master commit 으로 하겠습니다.

그림 7-33 | master 브랜치에서 a.txt 파일 수정 후 커밋하기

```
minchul@DESKTOP-9KULGUE MINGW64 /c/test (master)
$ git add a.txt

minchul@DESKTOP-9KULGUE MINGW64 /c/test (master)
$ git commit -m "master commit"
[master 50ddd5d] master commit
 1 file changed, 1 insertion(+), 1 deletion(-)
```

2 foo 브랜치로 체크아웃합니다.

```
minchul@DESKTOP-9KULGUE MINGW64 /c/test (master)
$ git checkout foo
Switched to branch 'foo'
```

③ 이번에는 a.txt 파일의 내용을 foo로 수정한 뒤 커밋하겠습니다. 커밋 메시지는 foo commit으로 하겠습니다.

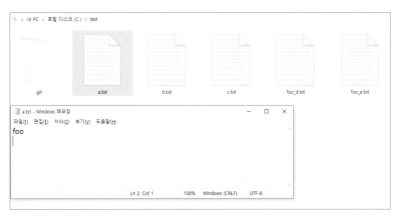

그림 7-34 | foo 브랜치에서 a.txt 파일 수정 후 커밋하기

④ 이 커밋은 foo 브랜치에서 한 커밋임에 유의해 주세요.

```
minchul@DESKTOP-9KULGUE MINGW64 /c/test (foo)
$ git add a.txt

minchul@DESKTOP-9KULGUE MINGW64 /c/test (foo)
$ git commit -m "foo commit"
[foo 4294f47] foo commit
 1 file changed, 1 insertion(+), 1 deletion(-)
```

⑤ 다시 master 브랜치로 체크아웃해 보겠습니다. 현재 master 브랜치와 foo 브랜치는 같은 파일을 서로 다르게 수정했습니다. master 브랜치에서는 a.txt 파일을 master라고 수정했고, foo 브랜치에서는 a.txt 파일을 foo라고 수정했죠. 그래서 foo 브랜치를 master 브랜치로 병합하면 충돌이 발생합니다.

```
minchul@DESKTOP-9KULGUE MINGW64 /c/test (foo)
$ git checkout master
Switched to branch 'master'
```

⑥ master 브랜치에서 git merge foo 명령으로 foo 브랜치를 master 브랜치로 병합해 보세요. 다음과 같은 메시지와 함께 병합에 실패합니다. 박스 친 부분 속 브랜치 이름을 보면 (master)가 아닌 (master|MERGING)으로 표기되는 것을 볼 수 있습니다. 이는 '현재 충돌이 발생했으니, 이를 해결하고 다시 커밋하여 병합을 완성하라'는 의미입니다.

```
minchul@DESKTOP-9KULGUE MINGW64 /c/test (master)
$ git merge foo
Auto-merging a.txt
CONFLICT (content): Merge conflict in a.txt
Automatic merge failed; fix conflicts and then commit the result.

minchul@DESKTOP-9KULGUE MINGW64 /c/test (master|MERGING) 확인
$
```

⑦ a.txt 파일을 열어보겠습니다. a.txt 파일의 내용이 다음과 같이 변경되어 있습니다.

그림 7-35 │ 충돌 발생 직후 a.txt 파일

4장에서 배운 내용을 되새겨 봅시다. 《《《《《《, ======, 》》》》》》 기호는 일종의 영역 표기라고 했습니다. ====== 기호의 윗부분은 HEAD가 가리키는 브랜치, 즉 master 브랜치의 내용이 적혀 있고, ====== 기호의 아랫부분은 foo 브랜치의 내용이 적혀 있습니다.

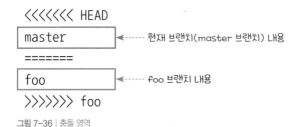

```
<<<<<<< HEAD
master
=======
foo
>>>>>>> foo
```

현재 브랜치(master 브랜치) 내용

foo 브랜치 내용

그림 7-36 | 충돌 영역

⑧ 여기서 여러분은 병합의 결과로 master 브랜치의 내용(<<<<<<< 기호와 ======= 기호 사이의 내용)을 선택할지, foo 브랜치의 내용(======= 기호와 >>>>>>> 기호 사이의 내용)을 선택할지 결정해야 합니다. 여기에서는 병합의 결과로 master 브랜치의 내용을 반영하려 합니다. a.txt 파일의 내용을 다음과 같이 수정하겠습니다.

그림 7-37 | a.txt 파일 수정하기

⑨ 이제 이를 스테이지에 추가하고, 커밋하면 성공적으로 병합됩니다. git add a.txt 명령으로 a.txt 파일을 스테이지로 추가합시다.

```
minchul@DESKTOP-9KULGUE MINGW64 /c/test (master¦MERGING)
$ git add a.txt
```

⑩ 커밋해 보겠습니다. git commit 명령을 입력하세요. 다음과 같이 미리 입력된 커밋 메시지가 나옵니다. 이 메시지 그대로 커밋 메시지로 삼겠습니다.

```
Merge branch 'foo'  기본으로 작성된 커밋 메시지

# Conflicts:
#       a.txt
#
# It looks like you may be committing a merge.
# If this is not correct, please run
#       git update-ref -d MERGE_HEAD
# and try again.



# Please enter the commit message for your changes. Lines starting
# with '#' will be ignored, and an empty message aborts the commit.
#
# On branch master
C:/test/.git/COMMIT_EDITMSG [unix] (07:08 21/04/2022)            1,1 Top
```

⑪ :wq를 입력하여 입력된 커밋 메시지를 저장하고 Vim 창을 닫아주세요.

```
Merge branch 'foo'

# Conflicts:
#       a.txt
#
# It looks like you may be committing a merge.
# If this is not correct, please run
#       git update-ref -d MERGE_HEAD
# and try again.



# Please enter the commit message for your changes. Lines starting
# with '#' will be ignored, and an empty message aborts the commit.
#
# On branch master
C:/test/.git/COMMIT_EDITMSG [unix] (07:08 21/04/2022)            1,1 Top
:wq   ❶ 입력                                    •------- ❷ Enter 입력
```

⑫ 충돌을 해결해, 성공적으로 병합했습니다. a.txt 파일을 열어볼까요? 반영하려던 브랜치의 내용, 즉 master 브랜치의 내용이 반영되어 있습니다.

그림 7-38 | master와 foo의 병합 결과

정리해 보겠습니다. 충돌이 발생했을 경우, 여러분은 충돌이 발생한 브랜치 중 어떤 브랜치의 내용을 최종적으로 반영할지 직접 선택해야 합니다. 어떤 내용을 반영할지 직접 선택한 뒤 충돌이 발생한 파일을 스테이지에 추가하고 커밋하면 병합이 완료됩니다.

5 git branch -d 〈브랜치〉: 브랜치 삭제하기

이제 브랜치를 삭제하는 방법을 알아보겠습니다. 브랜치를 삭제하는 명령은 `git branch -d 〈브랜치〉` 또는 `git branch --delete 〈브랜치〉`입니다. 가령 foo 브랜치를 삭제하려면 `git branch -d foo` 또는 `git branch --delete foo`를 입력하면 됩니다. 직접 해볼까요?

❶ 우선, foo 브랜치를 삭제하려면 foo가 아닌 브랜치로 체크아웃해야 합니다. 만일 foo 브랜치에 체크아웃되어 있다면 master 브랜치로 체크아웃하세요.

```
minchul@DESKTOP-9KULGUE MINGW64 /c/test (foo)
$ git checkout master
Switched to branch 'master'

minchul@DESKTOP-9KULGUE MINGW64 /c/test (master)
$
```

② git branch -d foo 명령으로 foo 브랜치를 삭제해 보겠습니다.

```
minchul@DESKTOP-9KULGUE MINGW64 /c/test (master)
$ git branch -d foo
Deleted branch foo (was 4294f47).
```

③ git branch 명령으로 브랜치 목록을 확인하면 foo 브랜치가 삭제됐음을 확인할 수 있습니다.

```
minchul@DESKTOP-9KULGUE MINGW64 /c/test (master)
$ git branch
* master   확인
```

 ## git rebase ⟨브랜치⟩: 브랜치 재배치하기

마지막으로 명령어로 브랜치를 재배치하는 방법, 즉 rebase하는 방법을 소개하겠습니다. 브랜치의 재배치가 뭐라고 했었죠? 브랜치가 뻗어나온 기준점을 옮기는 방법이라고 했습니다.

다음과 같이 foo 브랜치가 master 브랜치의 두 번째 커밋에서 뻗어나왔다고 해보겠습니다.

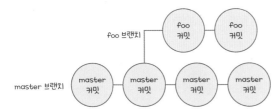

그림 7-39 | master와 foo 브랜치 예시

이때 foo 브랜치를 master 브랜치로 재배치하면 다음과 같이 foo 브랜치의 기준점이 master 브랜치의 최신 커밋으로 이동합니다.

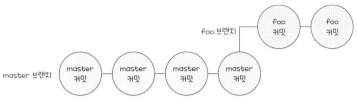

그림 7-40 | 재배치된 foo 브랜치 예시

이를 간단하게 실습해 보겠습니다.

1 지금까지 실습을 잘 따라왔다면 현재 master 브랜치에서의 커밋 목록은 다음과 같을 것입니다. `git log --oneline` 명령으로 커밋 목록을 확인합니다.

```
minchul@DESKTOP-9KULGUE MINGW64 /c/test (master)
$ git log --oneline
a4f94f2 (HEAD -> master) Merge branch 'foo'
4294f47 foo commit
50ddd5d master commit
6773d6f fifth commit
593e3ae fourth commit
7f51f72 third commit
98908f5 second commit
4e353cd first commit
```

이를 그림으로 표현하면 다음과 같겠죠?

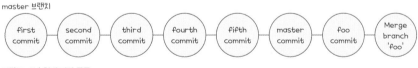

그림 7-41 | 현재 커밋 목록

2 master 브랜치에서 bar 브랜치를 만든 뒤 체크아웃하겠습니다.

```
minchul@DESKTOP-9KULGUE MINGW64 /c/test (master)
$ git branch bar

minchul@DESKTOP-9KULGUE MINGW64 /c/test (master)
$ git checkout bar
Switched to branch 'bar'
```

③ 이제 만들어진 bar 브랜치에 몇 가지 커밋을 쌓아봅시다. 필자는 다음과 같이 두 개를 커밋했습니다. 첫 번째 커밋(bar first)은 문자 A가 저장된 bar_a.txt 파일을 만든 커밋이고, 두 번째 커밋(bar second)은 문자 B가 저장된 bar_b.txt 파일을 만든 커밋입니다.

```
minchul@DESKTOP-9KULGUE MINGW64 /c/test (bar)
$ git add bar_a.txt

minchul@DESKTOP-9KULGUE MINGW64 /c/test (bar)
$ git commit -m "bar first"
[bar b9d0558] bar first
 1 file changed, 1 insertion(+)
 create mode 100644 bar_a.txt

minchul@DESKTOP-9KULGUE MINGW64 /c/test (bar)
$ git add bar_b.txt

minchul@DESKTOP-9KULGUE MINGW64 /c/test (bar)
$ git commit -m "bar second"
[bar 1be7d6a] bar second
 1 file changed, 1 insertion(+)
 create mode 100644 bar_b.txt
```

④ git log --oneline --branches 명령을 입력해 지금까지의 커밋을 확인하겠습니다.

```
minchul@DESKTOP-9KULGUE MINGW64 /c/test (bar)
$ git log --oneline --branches
1be7d6a (HEAD -> bar) bar second
b9d0558 bar first
a4f94f2 (master) Merge branch 'foo'
4294f47 foo commit
50ddd5d master commit
6773d6f fifth commit
593e3ae fourth commit
7f51f72 third commit
98908f5 second commit
4e353cd first commit
```

현재 상황을 그림으로 표현하면 다음과 같습니다. bar 브랜치는 현재 master 브랜치의 최신 커밋(Merge branch 'foo')에서부터 뻗어나와 커밋 두 개가 쌓여 있는 상태지요.

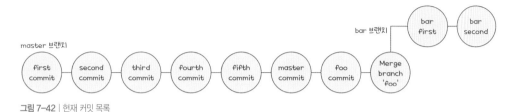

그림 7-42 | 현재 커밋 목록

⑤ 자, 그렇다면 다시 master 브랜치로 체크아웃해 보세요.

```
minchul@DESKTOP-9KULGUE MINGW64 /c/test (bar)
$ git checkout master
Switched to branch 'master'
```

⑥ master 브랜치에서도 두 개 정도의 커밋을 더 만들어 보겠습니다. 문자 D가 저장된 d.txt 파일을 만든 커밋(ninth commit), 문자 E가 저장된 e.txt 파일을 만든 커밋(tenth commit)을 만들어 보세요.

```
minchul@DESKTOP-9KULGUE MINGW64 /c/test (master)
$ git add d.txt

minchul@DESKTOP-9KULGUE MINGW64 /c/test (master)
$ git commit -m "ninth commit"
[master 690c9ea] ninth commit
 1 file changed, 1 insertion(+)
 create mode 100644 d.txt

minchul@DESKTOP-9KULGUE MINGW64 /c/test (master)
$ git add e.txt

minchul@DESKTOP-9KULGUE MINGW64 /c/test (master)
$ git commit -m "tenth commit"
[master a8f876f] tenth commit
 1 file changed, 1 insertion(+)
 create mode 100644 e.txt
```

⑦ 지금까지의 커밋을 확인해 보겠습니다.

```
minchul@DESKTOP-9KULGUE MINGW64 /c/test (master)
$ git log --oneline --branches
a8f876f (master) tenth commit
690c9ea ninth commit
1be7d6a (HEAD -> bar) bar second
b9d0558 bar first
a4f94f2 Merge branch 'foo'
4294f47 foo commit
50ddd5d master commit
6773d6f fifth commit
593e3ae fourth commit
7f51f72 third commit
98908f5 second commit
4e353cd first commit
```

이 상황을 그림으로 표현하면 다음과 같습니다.

그림 7-43 | 현재 커밋 목록

이 상황에서 bar 브랜치를 master 브랜치로 재배치하면 어떻게 될까요? 현재 bar 브랜치는 Merge branch 'foo'라는 커밋에서 뻗어나왔었죠? 즉, bar 브랜치의 현재 기준점은 Merge branch 'foo' 커밋입니다. 이때, bar 브랜치를 master 브랜치로 재배치하면 다음 그림과 같이 bar 브랜치의 기준점이 tenth commit으로 이동하게 됩니다.

그림 7-44 | bar 브랜치를 master 브랜치로 재배치한 결과

⑧ 직접 실습해 확인하겠습니다. 브랜치를 재배치하는 명령은 git rebase ⟨브랜치⟩입니다. bar 브랜치를 master 브랜치로 재배치하려면 bar 브랜치로 체크아웃한 뒤 git rebase master 명령을 입력하면 됩니다. 다음과 같은 메시지가 뜬다면 성공입니다.

```
minchul@DESKTOP-9KULGUE MINGW64 /c/test (master)
$ git checkout bar
Switched to branch 'bar'

minchul@DESKTOP-9KULGUE MINGW64 /c/test (bar)
$ git rebase master
Successfully rebased and updated refs/heads/bar.  확인
```

⑨ 이제 커밋 목록을 확인해 보겠습니다. bar first와 bar second의 위치가 달라졌습니다. rebase한 후 bar first와 bar second는 Merge branch 'foo'가 아닌 tenth commit 위에 쌓여 있음을 확인할 수 있습니다. 다시 말해, bar 브랜치의 기준점이 tenth commit으로 옮겨간 것이지요.

```
minchul@DESKTOP-9KULGUE MINGW64 /c/test (bar)
$ git log --oneline --branches
e315abe (HEAD -> bar) bar second   확인
961b7be bar first
a8f876f (master) tenth commit
690c9ea ninth commit
a4f94f2 Merge branch 'foo'
4294f47 foo commit
50ddd5d master commit
6773d6f fifth commit
593e3ae fourth commit
7f51f72 third commit
98908f5 second commit
4e353cd first commit
```

즉, foo 브랜치는 앞서 확인한 그림 7-44와 같이 재배치됐음을 알 수 있습니다.

⑩ 참고로 bar 브랜치를 master 브랜치로 재배치한 결과를 다음과 같이 커밋당 한 줄로 출력된 그래프 형태로도 확인할 수 있습니다.

```
minchul@DESKTOP-9KULGUE MINGW64 /c/test (bar)
$ git log --oneline --branches --graph
* 22d3b22 (HEAD -> bar) bar second
* 19ead19 bar first
* a8f876f (master) tenth commit
* 690c9ea ninth commit
*   a4f94f2 Merge branch 'foo'
|\
| * 4294f47 foo commit
* | 50ddd5d master commit
|/
* 6773d6f fifth commit
* 593e3ae fourth commit
* 7f51f72 third commit
* 98908f5 second commit
* 4e353cd first commit
```

git diff	git diff	최근 커밋과 작업 디렉터리 비교하기
	git diff --staged	최근 커밋과 스테이지 비교하기
	git diff 〈커밋〉 〈커밋〉	〈커밋〉끼리 비교하기
	git diff 〈브랜치〉 〈브랜치〉	〈브랜치〉끼리 비교하기
git reset	git reset --soft 〈되돌아갈 커밋〉	〈되돌아갈 커밋〉으로 soft reset하기
	git reset --mixed 〈되돌아갈 커밋〉 git reset 〈되돌아갈 커밋〉	〈되돌아갈 커밋〉으로 mixed reset하기
	git reset --hard 〈되돌아갈 커밋〉	〈되돌아갈 커밋〉으로 hard reset하기
git revert 〈취소할 커밋〉		〈취소할 커밋〉이 취소된 새로운 커밋 만들기
git stash	git stash	변경 사항 임시 저장하기
	git stash --message "〈메시지〉" git stash -m "〈메시지〉"	〈메시지〉와 함께 변경 사항 임시 저장하기
	git stash list	임시 저장된 작업 내역 조회하기
	git stash apply 〈스태시〉	임시 저장된 작업 적용하기
	git stash drop 〈스태시〉	임시 저장된 작업 삭제하기
git branch	git branch	브랜치 목록 조회하기
	git branch 〈브랜치〉	〈브랜치〉 만들기
	git branch --delete 〈브랜치〉 git branch -d 〈브랜치〉	〈브랜치〉 삭제하기
git checkout 〈브랜치〉		〈브랜치〉로 체크아웃하기
git checkout -b 〈브랜치〉		〈브랜치〉 생성하고 체크아웃하기
git rebase 〈브랜치〉		〈브랜치〉로 재배치하기

8장

명령어로
깃허브 다루기

어느덧 마지막 장입니다. 학습에 앞서 여기까지 따라온 여러분께 진심으로 감사하다는 말씀 전해드립니다. 이 장에서는 명령어로 원격 저장소와 상호 작용하는 방법과 깃허브를 다루는 방법에 대해 배우겠습니다. 이 장은 5장에서 학습한 내용을 그대로 명령어로 익힐 예정이니, 앞선 장과 마찬가지로 편한 마음으로 쭉 따라 실습하고 추후에 절 단위로 복습하면 되겠습니다.

이 장에서 배울 명령어

- `git clone`: 원격 저장소를 복제하기

- `git remote`: 원격 저장소를 추가, 조회, 삭제하기

- `git push`: 원격 저장소에 밀어넣기

- `git fetch`: 원격 저장소를 일단 가져만 오기

- `git pull`: 원격 저장소를 가져와서 합치기

- `git <명령> --help`: 매뉴얼 페이지 보기

8.1 원격 저장소와 상호 작용하기

그럼 명령어로 깃허브와 상호 작용하는 방법에 대해 알아보겠습니다. 5장에서 깃허브와 상호 작용하는 방법에는 어떤 것이 있다고 했죠? 다음 네 가지가 있다고 했습니다.

1 | 클론(clone): 원격 저장소를 복제하기

2 | 푸시(push): 원격 저장소에 밀어넣기

3 | 패치(fetch): 원격 저장소를 일단 가져만 오기

4 | 풀(pull): 원격 저장소를 가져와서 합치기

이번에는 여기에 하나를 더 추가해 보겠습니다. 두 번째에 '리모트'가 추가됐죠? 이게 무엇인지에 대해서는 해당 절에서 자세히 설명하겠습니다.

1 | 클론(clone): 원격 저장소를 복제하기

2 | 리모트(remote): 원격 저장소를 추가하고, 조회하고, 삭제하기

3 | 푸시(push): 원격 저장소에 밀어넣기

4 | 패치(fetch): 원격 저장소를 일단 가져만 오기

5 | 풀(pull): 원격 저장소를 가져와서 합치기

그럼 원격 저장소와의 다섯 가지 상호 작용을 하나씩 학습해 봅시다.

1 git clone: 원격 저장소를 복제하기

먼저 명령어로 원격 저장소를 클론해 보겠습니다. 클론이란 원격 저장소를 복제하는 방법이라 설명한 바 있습니다. 원격 저장소를 클론하는 명령은 `git clone <원격 저장소>`입니다.

가령 https://github.com/kangtegong/collaboration 링크에 접속하면 볼 수 있는 collaboration 저장소를 여러분의 컴퓨터로 클론해 볼까요?

① 원격 저장소 링크에 들어가 보세요.

URL https://github.com/kangtegong/collaboration

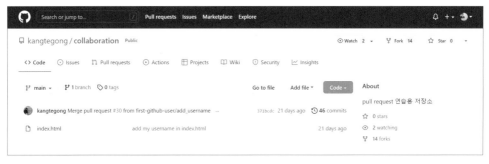

그림 8-1 | 클론받을 원격 저장소

② 다음처럼 Code를 클릭한 다음 원격 저장소 경로를 복사해 주세요.

그림 8-2 | 원격 저장소 경로 복사하기

③ 이제 이 저장소를 클론받을 위치에서 깃 배시를 열어주세요. 여기에서는 C:₩에 클론받기 위해 C:₩ 경로에서 깃 배시를 열겠습니다.

그림 8-3 | 깃 배시 열기

④ 이제 원격 저장소를 클론하겠습니다. 원격 저장소를 클론하는 명령은 git clone <원격 저장소>입니다. git clone을 입력하고, 복사한 경로를 붙여넣으면 됩니다.

```
minchul@DESKTOP-9KULGUE MINGW64 /c
$ git clone git@github.com:kangtegong/collaboration.git
Cloning into 'collaboration'...
remote: Enumerating objects: 102, done.
remote: Counting objects: 100% (102/102), done.
remote: Compressing objects: 100% (71/71), done.
remote: Total 102 (delta 16), reused 65 (delta 13), pack-reused 0
Receiving objects: 100% (102/102), 23.35 KiB | 97.00 KiB/s, done.
Resolving deltas: 100% (16/16), done.
```

특정 경로로 클론받기

git clone 〈원격 저장소〉는 암묵적으로 현재 경로(이 예시의 경우에는 C:\)에 원격 저장소를 클론합니다. 특정 경로에 원격 저장소를 클론받기 위해서는 git clone 〈원격 저장소〉 〈클론받을 경로〉 형식으로 명령을 입력하면 됩니다. 가령 다음과 같이 입력한다면 원격 저장소는 C:\test에 collaboration 저장소를 클론합니다.

```
minchul@DESKTOP-9KULGUE MINGW64 /c
$ git clone git@github.com:kangtegong/collaboration.git /C/test
Cloning into 'C:/test/collaboration'...
remote: Enumerating objects: 106, done.
remote: Counting objects: 100% (106/106), done.
remote: Compressing objects: 100% (73/73), done.
remote: Total 106 (delta 17), reused 68 (delta 14), pack-reused 0
Receiving objects: 100% (106/106), 24.20 KiB | 6.05 MiB/s, done.
Resolving deltas: 100% (17/17), done.
```

그림 8-4 | 지정한 경로(C:₩test)에 클론한 원격 저장소

⑤ 클론받은 원격 저장소를 확인해 봅니다. 확인했다면 이 저장소는 삭제해도 좋습니다.

그림 8-5 | 성공적으로 클론된 원격 저장소

2 git remote: 원격 저장소를 추가, 조회, 삭제하기

이번에는 원격 저장소와의 두 번째 상호 작용, 리모트에 대해 학습하겠습니다. `git remote`는 원격 저장소를 추가하고, 조회하고, 삭제할 수 있는 명령입니다.

이 명령을 자세히 학습하기 앞서 우선 상호 작용할 원격 저장소를 만들어 보겠습니다. 깃허브로 가볼까요?

① 원격 저장소를 생성하는 방법은 5장에서 설명했습니다. 여러분의 프로필 페이지에서 Repositories의 New를 클릭해 주세요.

그림 8-6 | 'Repositories'의 'New' 클릭하기

② 저장소 이름(Repository name)은 test-repo로 하겠습니다. 이때 원활한 실습을 위해 그림 속 박스 친 부분은 체크하지 말고 Create repository를 클릭해 주세요.

그림 8-7 | 원격 저장소 생성하기

③ 생성된 원격 저장소의 모습입니다. 이제부터 여러분은 이 절 전체에 걸쳐 이 저장소와 상호 작용하는 연습을 할 예정입니다.

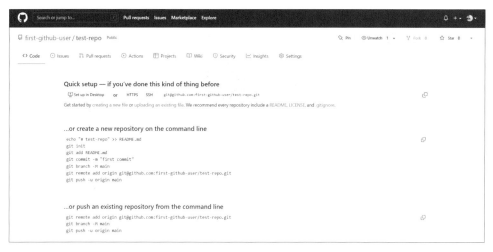

그림 8-8 | 생성된 원격 저장소의 모습

④ 원격 저장소를 만들었다면 이제 여러분의 컴퓨터에 로컬 저장소를 만들어 보겠습니다. test-repo라는 폴더를 만들고, 그 안에서 깃 배시를 열어 `git init` 명령으로 로컬 저장소를 만들어 보세요. 필자는 C:₩ 경로에 test-repo 폴더를 만들고, 그 안에서 `git init` 명령을 입력했습니다.

```
minchul@DESKTOP-9KULGUE MINGW64 /c/test-repo
$ git init
Initialized empty Git repository in C:/test-repo/.git/
```

⑤ 생성된 로컬 저장소의 모습입니다. 아직 버전을 관리할 어떤 대상도 없지요.

그림 8-9 | 생성된 로컬 저장소의 모습

현재 상황을 그림으로 표현하면 다음과 같습니다. 현재 로컬 저장소 test-repo는 원격 저장소 test-repo의 존재를 알지 못합니다. 따라서 로컬 저장소 test-repo는 원격 저장소 test-repo와 상호 작용할 수 없습니다. 로컬 저장소 test-repo가 원격 저장소 test-repo와 상호 작용하려면 원격 저장소 test-repo를 로컬 저장소 test-repo에 추가해야 합니다.

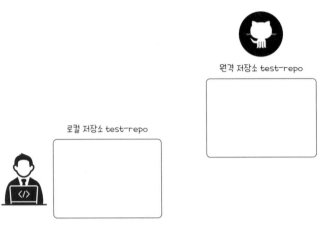

그림 8-10 | 현재 로컬 저장소와 원격 저장소의 상황

⑥ 로컬 저장소에 원격 저장소를 추가하는 명령은 git remote add 〈원격 저장소 이름〉 〈원격 저장소 경로〉입니다. 앞서 생성한 원격 저장소의 경로는 (원격 저장소에 들어가보면 확인할 수 있듯) git@github.com:first-github-user/test-repo.git입니다.

그림 8-11 | 원격 저장소의 경로 확인하기

⑦ 이 원격 저장소를 origin이라는 이름으로 로컬 저장소에 추가하겠습니다. 명령은 git remote add origin 〈원격 저장소 경로〉를 입력하면 되겠죠? 이렇게 원격 저장소를 추가하면 추후 origin이라는 이름으로 git@github.com:first-github-user/test-repo.git과 상호 작용할 수 있습니다.

```
minchul@DESKTOP-9KULGUE MINGW64 /c/test-repo (master)
$ git remote add origin git@github.com:first-github-user/test-repo.git
```

원격 저장소에서 다음 그림 속 박스를 그대로 복사-붙여넣기 해도 무방합니다.

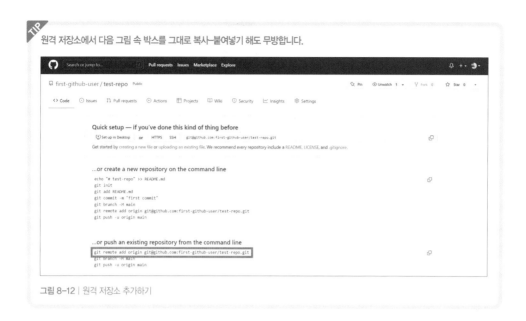

그림 8-12 | 원격 저장소 추가하기

⑧ 추가된 원격 저장소 목록은 git remote 명령으로 확인할 수 있습니다. 방금 추가했던 원격 저장소의 이름(origin)이 보이죠?

```
minchul@DESKTOP-9KULGUE MINGW64 /c/test-repo (master)
$ git remote
origin
```

⑨ git remote -v 또는 git remote --verbose 명령을 입력하면 원격 저장소의 이름과 경로를 함께 확인할 수 있습니다.

```
minchul@DESKTOP-9KULGUE MINGW64 /c/test-repo (master)
$ git remote -v
origin  git@github.com:first-github-user/test-repo.git (fetch)
origin  git@github.com:first-github-user/test-repo.git (push)
```

지금까지의 상황을 그림으로 표현하면 그림 8-13과 같습니다. 로컬 저장소에 원격 저장소를 추가했기 때문에 이제 로컬 저장소는 이 원격 저장소와 상호 작용할 수 있게 됐습니다.

원격 저장소 test-repo
git@github.com:first-github-user/test-repo.git

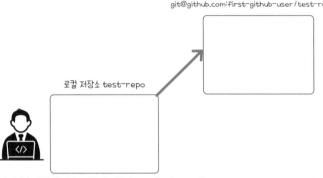

로컬 저장소 test-repo

(origin) git@github.com:first-github-user/test-repo.git

그림 8-13 | 현재 로컬 저장소와 원격 저장소의 상황

⑩ origin이라는 이름은 얼마든지 바꿀 수 있습니다. 원격 저장소의 이름을 바꾸는 명령은 git remote rename ⟨기존 원격 저장소 이름⟩ ⟨바꿀 원격 저장소 이름⟩입니다. 원격 저장소의 이름을 origin에서 changed로 바꾼 뒤 git remote 또는 git remote -v 명령으로 확인해 보세요.

```
minchul@DESKTOP-9KULGUE MINGW64 /c/test-repo (master)
$ git remote rename origin changed

minchul@DESKTOP-9KULGUE MINGW64 /c/test-repo (master)
$ git remote
changed

minchul@DESKTOP-9KULGUE MINGW64 /c/test-repo (master)
$ git remote -v
changed git@github.com:first-github-user/test-repo.git (fetch)
changed git@github.com:first-github-user/test-repo.git (push)
```

⑪ 추가한 원격 저장소를 삭제하는 방법도 알아봅시다. 추가한 원격 저장소를 삭제하는 명령은 간단합니다. git remote remove <원격 저장소 이름>입니다. 가령 원격 저장소 changed를 삭제하는 명령은 git remote remove changed입니다. 삭제한 후 git remote 명령을 쳤을 때 아무것도 나오지 않는다면 성공적으로 삭제된 것입니다.

```
minchul@DESKTOP-9KULGUE MINGW64 /c/test-repo (master)
$ git remote remove changed

minchul@DESKTOP-9KULGUE MINGW64 /c/test-repo (master)
$ git remote
```

3 git push: 원격 저장소에 밀어넣기

이제 원격 저장소와의 세 번째 상호 작용, git push에 대해 알아봅시다. 푸시는 로컬 저장소의 변경 사항을 원격 저장소에 밀어넣는 방법이라고 했습니다. 실습을 통해 익혀볼까요?

❶ 우선 버전을 관리할 대상을 만들어 보겠습니다. 로컬 저장소 test-repo에 문자 A가 적힌 a.txt 파일을 생성한 뒤 저장하세요.

그림 8-14 | a.txt 파일 만들기

② 이를 스테이지에 추가하고, first commit이라는 커밋 메시지로 커밋하겠습니다.

```
minchul@DESKTOP-9KULGUE MINGW64 /c/test-repo (master)
$ git add a.txt

minchul@DESKTOP-9KULGUE MINGW64 /c/test-repo (master)
$ git commit -m "first commit"
[master (root-commit) afd753a] first commit
 1 file changed, 1 insertion(+)
 create mode 100644 a.txt
```

현재까지의 상황을 그림으로 표현하면 다음과 같습니다. 원격 저장소에는 어떤 커밋도 없고, 로컬 저장소에는 하나의 커밋이 추가됐죠. 이 커밋을 원격 저장소에 반영하려면 원격 저장소로 푸시해야겠죠?

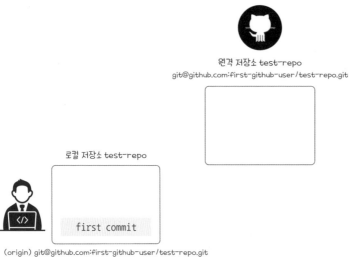

원격 저장소 test-repo
git@github.com:first-github-user/test-repo.git

로컬 저장소 test-repo

first commit

(origin) git@github.com:first-github-user/test-repo.git

그림 8-15 | 현재 로컬 저장소와 원격 저장소의 상황

③ 그럼 명령어로 푸시하는 방법을 익혀봅시다. 사실 로컬 저장소의 커밋(들)을 처음 원격 저장소로 푸시하는 경우, 그림 8-16의 박스 친 명령들을 그대로 복사-붙여넣기 하면 됩니다. 우선 이 명령들을 복사-붙여넣기 한 뒤 각 명령들의 의미를 하나씩 설명하겠습니다.

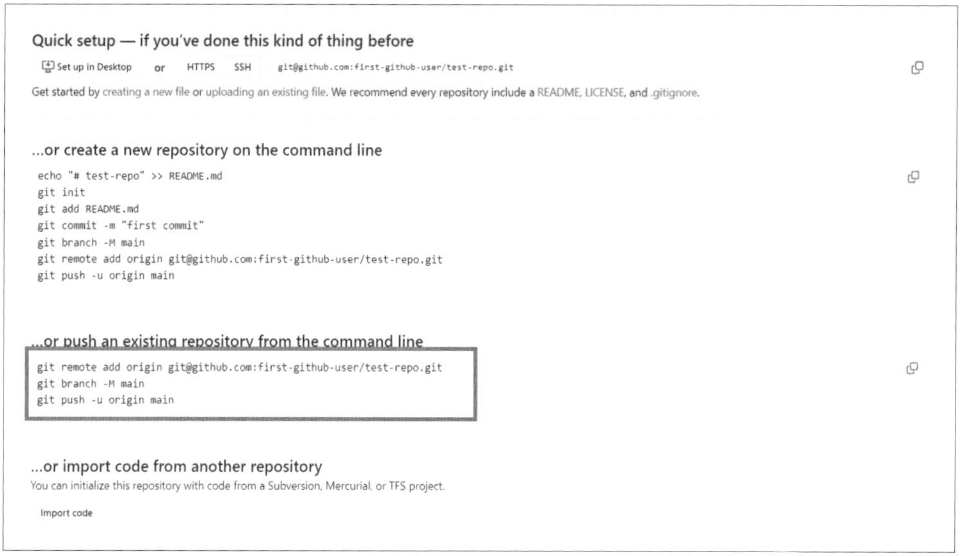

Quick setup — if you've done this kind of thing before

⊞ Set up in Desktop   or   HTTPS   SSH   git@github.com:first-github-user/test-repo.git

Get started by creating a new file or uploading an existing file. We recommend every repository include a README, LICENSE, and .gitignore.

...or create a new repository on the command line

```
echo "# test-repo" >> README.md
git init
git add README.md
git commit -m "first commit"
git branch -M main
git remote add origin git@github.com:first-github-user/test-repo.git
git push -u origin main
```

...or push an existing repository from the command line

```
git remote add origin git@github.com:first-github-user/test-repo.git
git branch -M main
git push -u origin main
```

...or import code from another repository

You can initialize this repository with code from a Subversion, Mercurial, or TFS project.

Import code

그림 8-16 | 처음 푸시하는 경우 복사-붙여넣기 할 명령들

❹ 명령들을 복사–붙여넣기 한, 성공적으로 푸시된 모습은 다음과 같습니다.

minchul@DESKTOP-9KULGUE MINGW64 /c/test-repo (main)

$ **git remote add origin git@github.com:first-github-user/test-repo.git**

minchul@DESKTOP-9KULGUE MINGW64 /c/test-repo (main)

$ **git branch -M main**

minchul@DESKTOP-9KULGUE MINGW64 /c/test-repo (main)

$ **git push -u origin main**

Enumerating objects: 3, done.

Counting objects: 100% (3/3), done.

Writing objects: 100% (3/3), 214 bytes ¦ 214.00 KiB/s, done.

Total 3 (delta 0), reused 0 (delta 0), pack-reused 0

To github.com:first-github-user/test-repo.git

 * [new branch]   main -> main

branch 'main' set up to track 'origin/main'.

그럼 이 명령들의 의미를 하나씩 알아봅시다.

- `git remote add origin git@github.com:first-github-user/test-repo.git`
  이 명령은 앞선 절에서 학습했죠? 원격 저장소 git@github.com:first-github-user/test-repo.git을 origin이라는 이름으로 추가하는 명령이었지요.

- `git branch -M main`
  `git branch -M <브랜치 이름>`은 현재 브랜치 이름을 〈브랜치 이름〉으로 바꾸는 명령입니다. 즉, 이 명령은 현재 브랜치(master) 이름을 main으로 변경하는 명령입니다(브랜치 이름을 바꾸는 경우는 비교적 드물기 때문에 앞선 장에서 따로 설명하지는 않았습니다). 깃허브에서는 기본 브랜치의 이름을 master 브랜치가 아닌 main 브랜치로 지칭합니다. 로컬 저장소의 기본 브랜치는 master이지만 깃허브의 기본 브랜치는 main이기 때문에 로컬 저장소의 기본 브랜치(master)에서 만든 변경 사항을 깃허브의 기본 브랜치(main)로 푸시하기 위해서는 이와 같이 브랜치 이름을 main으로 변경해야 합니다.

- `git push -u origin main`
  `git push <원격 저장소 이름> <브랜치 이름>`은 〈원격 저장소 이름〉으로 〈브랜치 이름〉을 푸시하는 명령입니다. 다시 말해, `git push origin main`은 원격 저장소 origin으로 로컬 저장소 main 브랜치의 변경 사항을 푸시하는 명령입니다.
  -u 옵션은 처음 푸시할 때 한 번만 사용하면 되는데, 이 옵션과 함께 푸시하면 추후 간단히 `git push`(또는 `git pull`) 명령만으로 origin의 main 브랜치로 푸시(또는 풀)할 수 있습니다.

⑤ 원격 저장소를 확인하면 로컬 저장소에서 커밋한 내용을 볼 수 있습니다.

그림 8-17 | 성공적으로 푸시된 모습

그럼 하나만 더 푸시해 볼까요?

① a.txt 파일에 문자 B를 추가한 뒤 저장하겠습니다.

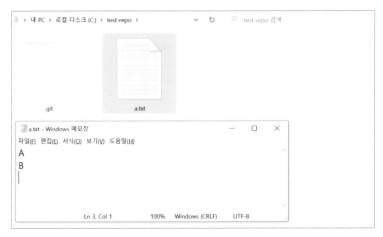

그림 8-18 | 문자 B 추가 후 저장하기

② 이를 스테이지에 추가하고, 커밋해 보세요. 커밋 메시지는 second commit으로 하겠습니다.

```
minchul@DESKTOP-9KULGUE MINGW64 /c/test-repo (main)
$ git commit -am "second commit"
[main ec7531a] second commit
 1 file changed, 1 insertion(+)
```

③ 이제 git push를 입력해 보세요. 앞서 -u 옵션과 함께 푸시했기 때문에 단순히 git push만 입력해도 됩니다.

```
minchul@DESKTOP-9KULGUE MINGW64 /c/test-repo (main)
$ git push
Enumerating objects: 5, done.
Counting objects: 100% (5/5), done.
Writing objects: 100% (3/3), 247 bytes | 247.00 KiB/s, done.
Total 3 (delta 0), reused 0 (delta 0), pack-reused 0
To github.com:first-github-user/test-repo.git
   afd753a..ec7531a  main -> main
```

④ 성공적으로 푸시된 것을 확인해 보세요. 두 번째 커밋이 원격 저장소에 잘 반영됐네요.

그림 8-19 | 성공적으로 푸시된 모습

 git fetch: 원격 저장소를 일단 가져만 오기

패치란 원격 저장소의 변경 사항을 로컬 저장소에 병합하지 않고 '일단 가져만 오는' 방법이라고 했습니다. 이 또한 실습하며 익혀보겠습니다.

① 우선 git log 명령으로 지금까지의 로컬 저장소 상황을 파악해 봅시다. 다음 그림에서 박스 친 부분을 보면 알 수 있듯, 로컬 저장소의 main 브랜치와 원격 저장소의 main 브랜치 (origin/main)에는 모두 동일하게 커밋 두 개가 쌓여 있습니다. 달리 말해, 현재 로컬 저장소와 원격 저장소의 상태는 동일한 것이죠.

② 그렇다면 깃허브에서 직접 세 번째 커밋을 추가하고, 이를 로컬 저장소로 패치해 보겠습니다. 원격 저장소로 접속한 뒤 a.txt 파일을 클릭하세요.

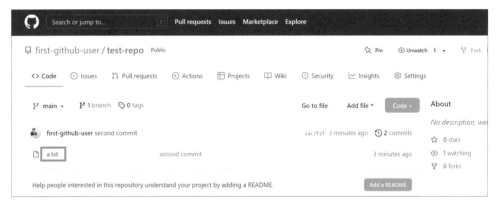

그림 8-20 | a.txt 파일 클릭하기

③ 연필 아이콘을 클릭합니다.

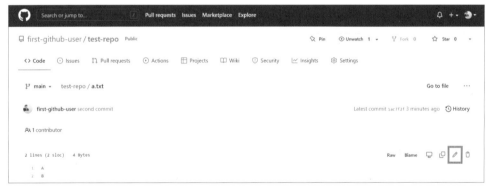

그림 8-21 | 연필 아이콘 클릭하기

④ 세 번째 줄에 문자 C를 입력하세요.

그림 8-22 | 문자 C 입력하기

⑤ 스크롤을 내려 커밋하겠습니다. 커밋 메시지는 add C in a.txt로 하겠습니다. 커밋 메시지를 입력했다면 Commit changes를 클릭하세요.

그림 8-23 | 커밋 메시지 입력 후 커밋하기

⑥ 자, 이렇게 문자 C를 추가하는 새로운 커밋이 추가됐습니다.

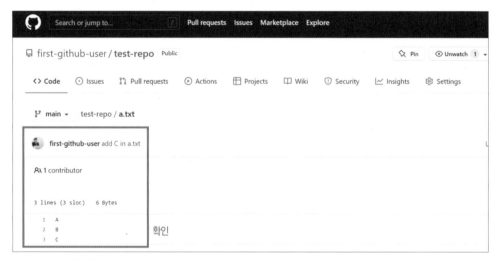

그림 8-24 | 새로운 커밋이 추가된 모습

현재까지의 상황을 그림으로 표현하면 그림 8-25와 같습니다. 로컬 저장소에는 커밋이 두 개 쌓여 있지만, 원격 저장소에는 세 개가 쌓여 있지요.

원격 저장소 test-repo
git@github.com:first-github-user/test-repo.git

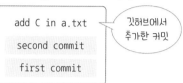

add C in a.txt

second commit

first commit

깃허브에서
추가한 커밋

로컬 저장소 test-repo

second commit

first commit

(origin) git@github.com:first-github-user/test-repo.git

그림 8-25 | 현재 로컬 저장소와 원격 저장소의 상황

❼ 이런 상황에서 패치하면 어떻게 될까요? 패치하는 명령은 git fetch 또는 git fetch 〈
원격 저장소 이름〉입니다. git fetch를 입력해 보세요.

```
minchul@DESKTOP-9KULGUE MINGW64 /c/test-repo (main)
$ git fetch
remote: Enumerating objects: 5, done.
remote: Counting objects: 100% (5/5), done.
remote: Total 3 (delta 0), reused 0 (delta 0), pack-reused 0
Unpacking objects: 100% (3/3), 617 bytes ¦ 25.00 KiB/s, done.
From github.com:first-github-user/test-repo
   1ac7f2f..644b54a  main        -> origin/main
```

❽ git status를 입력해 보세요. 잘 읽어보면 Your branch is behind 'origin/main' by 1
commit이라는 메시지를 볼 수 있습니다. 현재 브랜치는 origin/main 브랜치에 비해 커밋 하
나가 뒤쳐진다는 의미입니다. 달리 말해, origin/main 브랜치는 현재 main 브랜치에 비해 한
커밋 앞서 있다는 의미입니다.

```
minchul@DESKTOP-9KULGUE MINGW64 /c/test-repo (main)
$ git status
On branch main                              확인
Your branch is behind 'origin/main' by 1 commit, and can be fast-forwarded.
  (use "git pull" to update your local branch)

nothing to commit, working tree clean
```

패치 직후 main 브랜치가 origin/main 브랜치에 비해 커밋 하나가 뒤쳐지는 이유는 패치는
원격 저장소의 변경 사항을 origin/main 브랜치로 가져올 뿐 main 브랜치는 변함이 없기 때
문입니다. 즉, 패치는 원격 저장소의 변경 사항을 '일단 가지고 올 뿐' 로컬 저장소의 브랜치
로 병합하지는 않는다는 걸 알 수 있습니다.

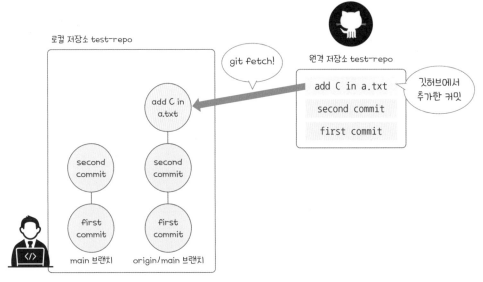

그림 8-26 | git fetch 직후 main 브랜치는 한 커밋 뒤쳐짐

⑨ 6장에서 브랜치 간 차이를 비교하는 명령은 git diff라고 했죠? git diff main
origin/main 명령으로 로컬 저장소의 main 브랜치와 원격 저장소 origin의 main 브랜치를
비교해 보세요. 깃허브에서 추가한 변경 사항, 즉 +C가 보인다면 성공입니다.

```
minchul@DESKTOP-9KULGUE MINGW64 /c/test-repo (main)
$ git diff main origin/main
diff --git a/a.txt b/a.txt
index 35d242b..b1e6722 100644
--- a/a.txt
+++ b/a.txt
@@ -1,2 +1,3 @@
 A
 B
```
+C 확인

⑩ 그럼 원격 저장소의 브랜치로 체크아웃해 봅시다. git checkout origin/main 명령을
입력하세요.

```
minchul@DESKTOP-9KULGUE MINGW64 /c/test-repo (main)
$ git checkout origin/main  ·································· origin/main 브랜치로 체크아웃
Note: switching to 'origin/main'.

You are in 'detached HEAD' state. You can look around, make experimental
changes and commit them, and you can discard any commits you make in this
state without impacting any branches by switching back to a branch.

If you want to create a new branch to retain commits you create, you may
do so (now or later) by using -c with the switch command. Example:

  git switch -c <new-branch-name>

Or undo this operation with:

  git switch -

Turn off this advice by setting config variable advice.detachedHead to false

HEAD is now at 644b54a add C in a.txt
```

패치한 결과를 가리키는 FETCH_HEAD

git checkout FETCH_HEAD 명령으로도 체크아웃할 수 있습니다. FETCH_HEAD는 최근에 패치한 브랜치의 최신 커밋을 가리키기 때문이지요. 이 예시의 경우 FETCH_HEAD는 깃허브에서 추가한 커밋(add C in a.txt)을 가리킵니다.

```
minchul@DESKTOP-9KULGUE MINGW64 /c/test-repo (main)
$ git checkout FETCH_HEAD
Note: switching to 'origin/main'.

You are in 'detached HEAD' state. You can look around, make experimental
changes and commit them, and you can discard any commits you make in this
state without impacting any branches by switching back to a branch.

If you want to create a new branch to retain commits you create, you may
do so (now or later) by using -c with the switch command. Example:

  git switch -c <new-branch-name>

Or undo this operation with:

  git switch -

Turn off this advice by setting config variable advice.detachedHead to false

HEAD is now at 644b54a add C in a.txt
```

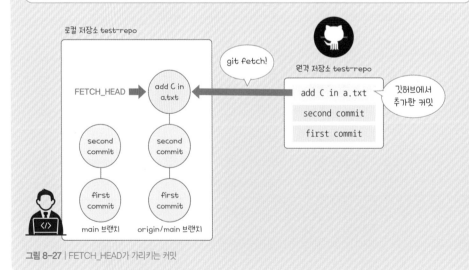

그림 8-27 | FETCH_HEAD가 가리키는 커밋

⑪ git log로 origin/main의 커밋 목록을 봅시다. 깃허브에서 추가한 세 번째 커밋을 확인할 수 있습니다.

```
minchul@DESKTOP-9KULGUE MINGW64 /c/test-repo ((644b54a...))
$ git log
commit 644b54adb03696add430eb1b7d71ef60f2a7abaf (HEAD, origin/main)   확인
Author: Kang Minchul <tegongkang@gmail.com>
Date:   Thu Mar 24 02:48:34 2022 +0900

    add C in a.txt

commit 1ac7f2fe1bdbbb8f737af76ff0b502286c476f43 (main)
Author: Kang Minchul <tegongkang@gmail.com>
Date:   Thu Mar 24 02:44:44 2022 +0900

    second commit

commit abf6d7de46d0585bc02e293ad1657f0bcea2b945
Author: Kang Minchul <tegongkang@gmail.com>
Date:   Thu Mar 24 02:44:28 2022 +0900

    first commit
```

⑫ 자, 이제 패치한 결과를 로컬 저장소의 main 브랜치로 병합해 보겠습니다. 다시 main 브랜치로 체크아웃하세요.

```
minchul@DESKTOP-9KULGUE MINGW64 /c/test-repo ((644b54a...))
$ git checkout main
Previous HEAD position was 644b54a add C in a.txt
Switched to branch 'main'
Your branch is behind 'origin/main' by 1 commit, and can be fast-forwarded.
  (use "git pull" to update your local branch)
```

⑬ git merge origin/main 명령으로 원격 저장소 origin/main 브랜치를 로컬 저장소의 main 브랜치로 병합하겠습니다.

```
minchul@DESKTOP-9KULGUE MINGW64 /c/test-repo (main)
$ git merge origin/main
Updating 1ac7f2f..644b54a
Fast-forward
 a.txt ¦ 1 +
 1 file changed, 1 insertion(+)
```

> TIP git merge FETCH_HEAD 명령을 이용해도 무방합니다.

⑭ 성공적으로 병합했다면 git log 명령 결과는 다음과 같습니다. 깃허브에서 추가한 세 번째 커밋을 main 브랜치로 병합했습니다.

```
minchul@DESKTOP-9KULGUE MINGW64 /c/test-repo (main)
$ git log
commit 644b54adb03696add430eb1b7d71ef60f2a7abaf (HEAD -> main, origin/main)
Author: Kang Minchul <tegongkang@gmail.com>          main 브랜치로 병합
Date:   Thu Mar 24 02:48:34 2022 +0900

    add C in a.txt

commit 1ac7f2fe1bdbbb8f737af76ff0b502286c476f43
Author: Kang Minchul <tegongkang@gmail.com>
Date:   Thu Mar 24 02:44:44 2022 +0900

    second commit

commit abf6d7de46d0585bc02e293ad1657f0bcea2b945
Author: Kang Minchul <tegongkang@gmail.com>
Date:   Thu Mar 24 02:44:28 2022 +0900

    first commit

minchul@DESKTOP-9KULGUE MINGW64 /c/test-repo (main)
$
```

⑮ a.txt 파일을 직접 열어 깃허브에서 만든 변경 사항을 확인해 봅시다. 잘 반영됐죠?

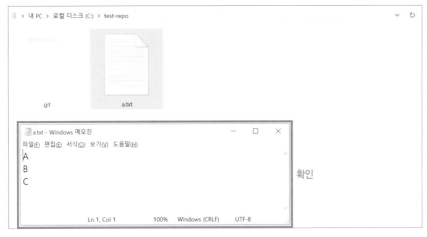

그림 8-28 | 병합 결과 확인하기

5 git pull: 원격 저장소를 가져와서 합치기

원격 저장소와의 마지막 상호 작용, 풀에 대해 학습해 봅시다. 풀은 앞서 설명한 패치와 병합을 동시에 하는 방식입니다. 어려운 개념이 아닌 만큼, 바로 실습해 보겠습니다.

① 깃허브에서 새로운 커밋을 추가하겠습니다. 깃허브에서 a.txt 파일을 클릭해 보세요.

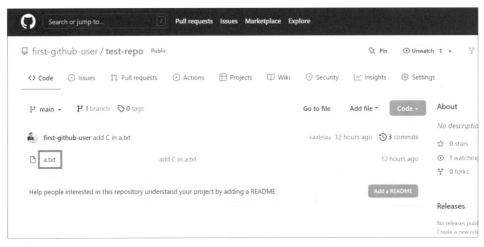

그림 8-29 | a.txt 파일 클릭하기

② 파일을 깃허브에서 직접 수정하기 위해 연필 아이콘을 클릭합니다.

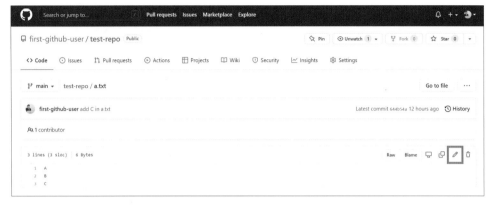

그림 8-30 | 연필 아이콘 클릭하기

③ 마지막 줄에 다음과 같이 문자 D를 추가하세요.

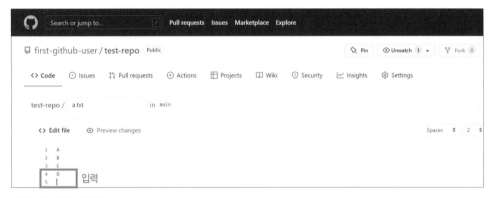

그림 8-31 | 문자 D 추가하기

④ 스크롤을 내려 커밋하겠습니다. 커밋 메시지로 add D in a.txt를 입력하고 Commit changes를 클릭하세요.

그림 8-32 | 커밋 메시지 입력 후 커밋하기

⑤ 이렇게 문자 D를 추가하는 새로운 커밋을 추가했습니다.

그림 8-33 | 새로운 커밋이 추가된 모습

현재 상황 그림으로 표현하면 다음과 같습니다. 원격 저장소에는 로컬 저장소에는 없는 커밋을 추가했습니다.

그림 8-34 | 현재 로컬 저장소와 원격 저장소의 상황

⑥ 원격 저장소의 변경 사항을 풀하기 전에 git log 명령으로 현재 로컬 저장소의 커밋 목록을 확인해 보세요.

```
minchul@DESKTOP-9KULGUE MINGW64 /c/test-repo (main)
$ git log
commit 644b54adb03696add430eb1b7d71ef60f2a7abaf (HEAD -> main, origin/main)
Author: Kang Minchul <tegongkang@gmail.com>
Date:   Thu Mar 24 02:48:34 2022 +0900

    add C in a.txt

commit 1ac7f2fe1bdbbb8f737af76ff0b502286c476f43
Author: Kang Minchul <tegongkang@gmail.com>
Date:   Thu Mar 24 02:44:44 2022 +0900

    second commit

commit abf6d7de46d0585bc02e293ad1657f0bcea2b945
Author: Kang Minchul <tegongkang@gmail.com>
Date:   Thu Mar 24 02:44:28 2022 +0900

    first commit
```

⑦ 자, 이제 원격 저장소의 변경 사항을 풀 해보겠습니다. 명령은 git pull 또는 git pull <원격 저장소 이름>입니다. git pull을 입력해 보세요.

```
minchul@DESKTOP-9KULGUE MINGW64 /c/test-repo (main)
$ git pull
remote: Enumerating objects: 5, done.
remote: Counting objects: 100% (5/5), done.
remote: Total 3 (delta 0), reused 0 (delta 0), pack-reused 0
Unpacking objects: 100% (3/3), 617 bytes | 30.00 KiB/s, done.
From github.com:first-github-user/test-repo
   644b54a..5bf1925  main        -> origin/main
Updating 644b54a..5bf1925
Fast-forward
 a.txt | 1 +
 1 file changed, 1 insertion(+)
```

⑧ 다시 git log 명령으로 로컬 저장소의 커밋 목록을 확인해 보세요. 앞서 깃허브에서 추가한 커밋이 main 브랜치에 병합된 것을 확인할 수 있습니다.

```
minchul@DESKTOP-9KULGUE MINGW64 /c/test-repo (main)
$ git log
commit 5bf19256408ff3329432e03b2f09012a0a588e23 (HEAD -> main, origin/main)
Author: Kang Minchul <tegongkang@gmail.com>
Date:   Thu Mar 24 14:50:11 2022 +0900

    add D in a.txt
```

확인

```
commit 644b54adb03696add430eb1b7d71ef60f2a7abaf
Author: Kang Minchul <tegongkang@gmail.com>
Date:   Thu Mar 24 02:48:34 2022 +0900

    add C in a.txt

commit 1ac7f2fe1bdbbb8f737af76ff0b502286c476f43
Author: Kang Minchul <tegongkang@gmail.com>
Date:   Thu Mar 24 02:44:44 2022 +0900

    second commit

commit abf6d7de46d0585bc02e293ad1657f0bcea2b945
Author: Kang Minchul <tegongkang@gmail.com>
Date:   Thu Mar 24 02:44:28 2022 +0900

    first commit
```

⑨ 직접 a.txt 파일을 확인해 보세요. 깃허브에서 추가한 문자 D를 확인할 수 있습니다.

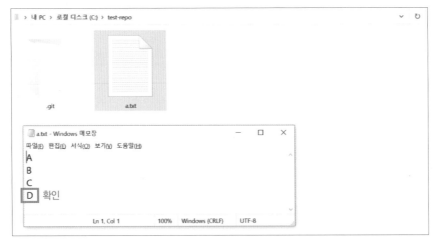

그림 8-35 | 풀 결과 확인하기

즉, 풀은 원격 저장소의 변경 사항을 로컬 저장소로 가져옴과 동시에 병합까지 해주는 방식임을 알 수 있습니다. 다시 말해, 풀은 패치와 달리 원격 저장소를 '가져와서 합치는' 방식이라는 점을 알 수 있지요.

8.2 깃 명령으로 풀 리퀘스트 보내기

5장에서 풀 리퀘스트를 통해 협업하는 방법을 학습했습니다. 풀 리퀘스트를 보내는 과정은 다음과 같았습니다.

1 | 기여하려는 저장소를 본인 계정으로 포크하기

2 | 포크한 저장소를 클론하기

3 | 브랜치 생성 후 생성한 브랜치에서 작업하기

4 | 작업한 브랜치 푸시하기

5 | 풀 리퀘스트 보내기

깃 명령으로 풀 리퀘스트를 보내는 방법도 이와 다르지 않습니다. 이 과정을 그대로 따라 하면 되지요. 이 절에서는 5장의 풀 리퀘스트 실습을 명령어로 다시 한번 해보겠습니다.

❶ 풀 리퀘스트의 첫 번째 단계는 '기여하려는 저장소를 본인 계정으로 포크하기'입니다. 5장과 마찬가지로 kangtegong 계정의 collaboration 저장소로 풀 리퀘스트를 보낼 예정이므로 https://github.com/kangtegong/collaboration에 접속한 후 **Fork**를 눌러보세요.

URL https://github.com/kangtegong/collaboration

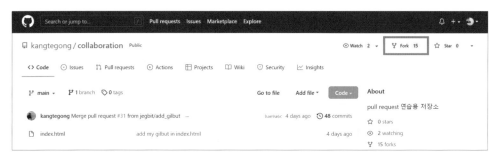

그림 8-36 | 리퀘스트를 보낼 저장소 포크하기

 잠깐만요

만일 이미 collaboration 저장소가 포크되어 있다면?

5장에서 이미 collaboration 저장소를 여러분의 계정으로 포크했을 경우, 포크한 저장소를 클론하기 전에 잊지 말고 확인해야 하는 단계가 있습니다.

여러분의 계정으로 포크된 저장소로 들어가보면, 다음 그림 속 박스처럼 This branch is X commits behind kangtegong/collaboration:main 메시지가 떠 있을 수 있습니다.

그림 8-37 | 원본 저장소에 비해 뒤처진 포크된 저장소

이 메시지는 포크된 저장소가 원본 저장소에 비해 몇 커밋 뒤처져 있다는 것을 의미합니다. 포크가 뭐라고 했었죠? 여러분의 계정으로 원격 저장소를 복제하는 것이라 했습니다.

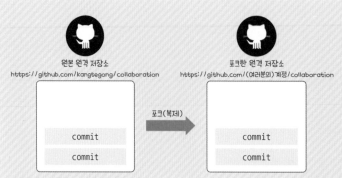

그림 8-38 | 원격 저장소를 복제하는 포크

여러분의 계정으로 원격 저장소를 포크(복제)한 이후로도 원래의 원격 저장소(kangtegong/collaboration)에는 계속해서 새로운 커밋이 쌓일 수 있습니다. 이 경우 여러분의 계정으로 포크한 원격 저장소는 원본 저장소에 비해 몇 커밋 뒤쳐지게 되겠지요.

그림 8-39 | 원본 저장소에 비해 뒤쳐지게 되는 포크된 저장소

그래서 이 경우 여러분의 계정으로 포크한 원격 저장소가 원본 저장소에 비해 뒤쳐지지 않도록 맞춰주어야 합니다. 이는 Fetch upstream을 클릭한 후 Fetch and merge를 클릭하면 됩니다. 참고로 upstream은 포크했던 원본 저장소, 이 예제의 경우에는 kangtegong 계정의 collaboration 저장소를 의미합니다.

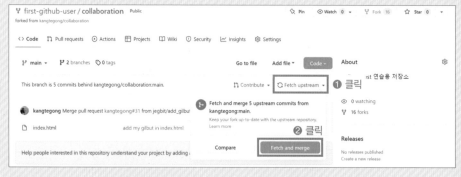

그림 8-40 | 'Fetch and merge' 클릭하기

This branch is up to date with kangtegong/collaboration:main 메시지가 뜬다면 여러분의 계정으로 포크한 저장소와 kangtegong 계정의 collaboration이 동일하게 맞춰진 것입니다. 이제 포크한 여러분의 저장소를 클론받으면 됩니다.

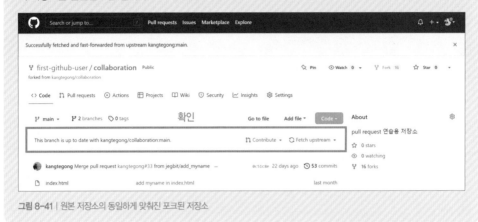

그림 8-41 | 원본 저장소의 동일하게 맞춰진 포크된 저장소

② 포크된 저장소의 모습입니다. 이제 이 저장소를 여러분의 컴퓨터로 클론하겠습니다. 클론하는 방법은 앞선 절에서 설명했죠? Code를 클릭하고 SSH를 클릭한 후 원격 저장소 경로를 복사해 주세요.

이때 kangtegong 계정의 collaboration 저장소가 아닌 여러분 계정으로 포크한 collaboration 저장소를 클론받아야 합니다.

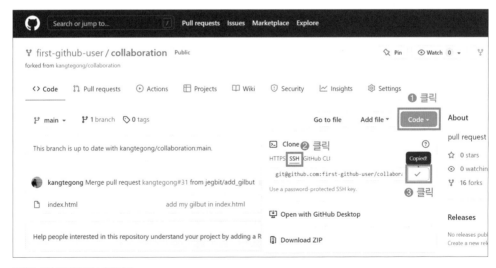

그림 8-42 | 포크된 저장소 클론하기

③ 클론받으려는 경로에서 깃 배시를 열어주세요. 여기에서는 C:₩ 경로에 클론받기 위해 이 경로에서 깃 배시를 열겠습니다. 그런 다음 git clone을 입력한 후 복사한 경로를 붙여 넣습니다. 원격 저장소를 클론하는 명령은 git clone ⟨원격 저장소⟩였습니다.

```
minchul@DESKTOP-9KULGUE MINGW64 /c
$ git clone git@github.com:first-github-user/collaboration.git
Cloning into 'collaboration'...
remote: Enumerating objects: 106, done.
remote: Counting objects: 100% (106/106), done.
remote: Compressing objects: 100% (73/73), done.
remote: Total 106 (delta 17), reused 67 (delta 14), pack-reused 0
Receiving objects: 100% (106/106), 24.20 KiB | 136.00 KiB/s, done.
Resolving deltas: 100% (17/17), done.
```

④ 자, 이렇게 포크한 원격 저장소를 여러분의 컴퓨터로 클론받았습니다.

그림 8-43 | 클론받은 원격 저장소

⑤ cd ⟨경로⟩ 명령은 ⟨경로⟩로 이동하는 명령입니다. cd collaboration 명령을 입력하여 클론받은 원격 저장소로 이동하세요.

```
minchul@DESKTOP-9KULGUE MINGW64 /c
$ cd collaboration/
```

⑥ 풀 리퀘스트의 세 번째 단계는 '브랜치 생성 후 생성된 브랜치에서 작업하기'입니다. 브랜치를 만드는 명령은 앞선 장에서 배운 적이 있었습니다. git branch ⟨브랜치 이름⟩이었죠? 브랜치 이름은 자유롭게 정해도 무방합니다. 가령 add_myname이라는 브랜치를 만들고 싶다면 git branch add_myname 명령을 입력하면 됩니다.

```
minchul@DESKTOP-9KULGUE MINGW64 /c/collaboration (main)
$ git branch add_myname
```

⑦ 브랜치를 만들었다면 이제 만들어진 브랜치로 체크아웃하겠습니다.

```
minchul@DESKTOP-9KULGUE MINGW64 /c/collaboration (main)
$ git checkout add_myname
Switched to branch 'add_myname'
```

> **TIP**
> 브랜치를 만듦과 동시에 체크아웃하는 명령도 배웠습니다. git checkout -b <브랜치 이름>이었지요. 즉, git branch add_myname 명령과 git checkout add_myname 명령을 연이어 입력하는 대신 git checkout -b add_myname 명령을 입력해도 됩니다.

⑧ 지금까지 여러분은 포크한 저장소에서 브랜치를 만들고, 해당 브랜치로 체크아웃까지 했습니다. 이제 여기서 여러분이 하려던 작업(<li> 태그로 깃허브 아이디 추가하기)을 하면 됩니다. 메모장이나 코드 편집기로 index.html을 열어주세요. 필자는 Visual Studio Code라는 코드 편집기로 index.html을 열어보겠습니다. 현재 index.html의 모습은 다음과 같습니다.

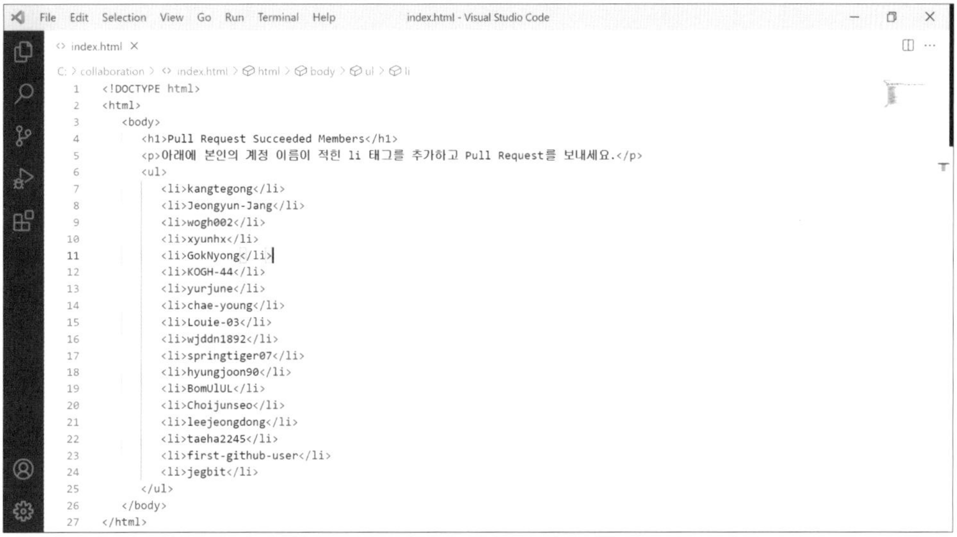

```
1   <!DOCTYPE html>
2   <html>
3       <body>
4           <h1>Pull Request Succeeded Members</h1>
5           <p>아래에 본인의 계정 이름이 적힌 li 태그를 추가하고 Pull Request를 보내세요.</p>
6           <ul>
7               <li>kangtegong</li>
8               <li>Jeongyun-Jang</li>
9               <li>wogh002</li>
10              <li>xyunhx</li>
11              <li>GokNyong</li>
12              <li>KOGH-44</li>
13              <li>yurjune</li>
14              <li>chae-young</li>
15              <li>Louie-03</li>
16              <li>wjddn1892</li>
17              <li>springtiger07</li>
18              <li>hyungjoon90</li>
19              <li>BomUlUL</li>
20              <li>Choijunseo</li>
21              <li>leejeongdong</li>
22              <li>taeha2245</li>
23              <li>first-github-user</li>
24              <li>jegbit</li>
25          </ul>
26      </body>
27  </html>
```

그림 8-44 | index.html의 모습

⑨ </ul> 태그 위에 다음과 같이 줄을 맞춰 여러분의 깃허브 아이디를 적어주세요.

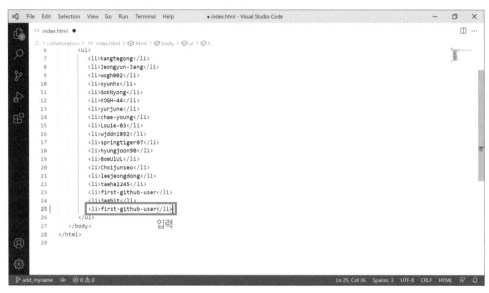

그림 8-45 | 깃허브 아이디 입력 후 저장하기

⑩ 이제 이 변경 사항을 커밋하고 푸시하면 됩니다. 커밋하기 전, `git diff` 명령으로 변경 사항이 올바르게 만들어졌는지 확인해 보세요. 다음과 같이 <li>여러분의 깃허브 아이디</li> 한 줄이 추가됐다면 올바르게 작업한 것입니다.

```
minchul@DESKTOP-9KULGUE MINGW64 /c/collaboration (add_myname)
$ git diff
diff --git a/index.html b/index.html
index 032d3be..07002ab 100644
--- a/index.html
+++ b/index.html
@@ -22,6 +22,7 @@
         <li>taeha2245</li>
         <li>first-github-user</li>
         <li>jegbit</li>
+        <li>first-github-user</li>  확인
      </ul>
    </body>
 </html>
```

⑪ 이제 index.html을 커밋하세요. 필자는 커밋 메시지를 add myname in index.html로 하겠습니다.

```
minchul@DESKTOP-9KULGUE MINGW64 /c/collaboration (add_myname)
$ git add index.html

minchul@DESKTOP-9KULGUE MINGW64 /c/collaboration (add_myname)
$ git commit -m "add myname in index.html"
[add_myname 01779fc] add myname in index.html
 1 file changed, 1 insertion(+)
```

⑫ 이제 풀 리퀘스트의 네 번째 단계, '작업한 브랜치 푸시하기'입니다. add_myname이라는 브랜치를 원격 저장소 origin에 푸시하겠다는 의미로 git push origin add_myname 명령을 입력하면 add_myname 브랜치가 원격 저장소 origin에 푸시됩니다.

```
minchul@DESKTOP-9KULGUE MINGW64 /c/collaboration (add_myname)
$ git push origin add_myname
Enumerating objects: 5, done.
Counting objects: 100% (5/5), done.
Delta compression using up to 8 threads
Compressing objects: 100% (2/2), done.
Writing objects: 100% (3/3), 298 bytes ¦ 298.00 KiB/s, done.
Total 3 (delta 1), reused 0 (delta 0), pack-reused 0
remote: Resolving deltas: 100% (1/1), completed with 1 local object.
remote:
remote: Create a pull request for 'add_myname' on GitHub by visiting:
remote:        https://github.com/first-github-user/collaboration/pull/new/
add_myname
remote:
To github.com:first-github-user/collaboration.git
 * [new branch]      add_myname -> add_myname
```

⑬ 자, 마지막으로 풀 리퀘스트를 보냅시다. 포크한 원격 저장소로 돌아가보면 **Compare &**
pull request 버튼이 생겼을 겁니다. 이를 클릭해 보세요.

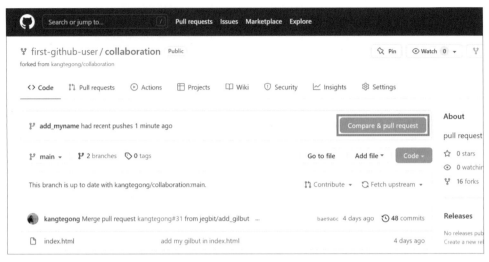

그림 8-46 | 'Compare & pull request' 클릭하기

⑭ 풀 리퀘스트를 보내는 화면입니다. **Create pull request** 버튼을 클릭하세요.

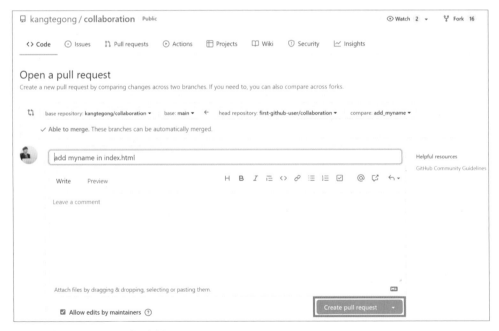

그림 8-47 | 'Create pull request' 클릭하기

⑮ 이렇게 kangtegong 계정의 collaboration 저장소에 pull request가 생성됐습니다.

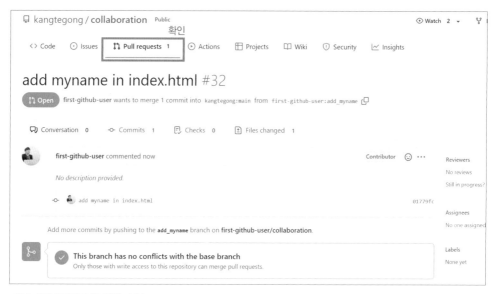

그림 8-48 | 성공적으로 생성된 풀 리퀘스트

⑯ 여기까지 잘 했다면 여러분의 할 일은 끝입니다. 이제 collaboration 저장소의 소유자인 kangtegong(필자)이 여러분의 풀 리퀘스트를 병합해 주거나, 댓글을 달아줄 겁니다. 다음 사진은 collaboration 저장소의 소유자 시점에서 바라본 여러분의 풀 리퀘스트입니다.

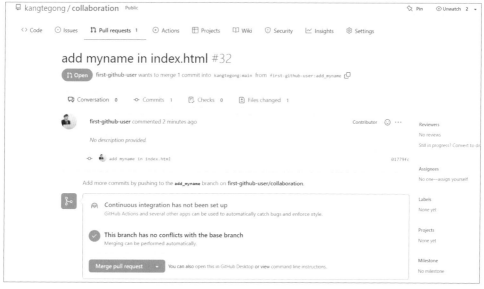

그림 8-49 | 저장소 소유자 시점에서 본 풀 리퀘스트

⑰ 풀 리퀘스트가 병합된 모습과 간단한 댓글이 달린 모습은 다음과 같습니다. 풀 리퀘스트가 병합됐다면 이제 kangtegong의 collaboration 저장소에서 여러분의 변경 사항을 확인할 수 있습니다.

그림 8-50 | 풀 리퀘스트가 병합된 모습과 댓글이 달린 모습

8.3 더 나아가기

지금까지 명령어로 깃을 다루는 방법에 대해 알아보았습니다. 비록 이 책에서는 분량상 깃의 수많은 명령과 옵션을 전부 다루지는 않았지만, 지금까지 설명한 명령들만 제대로 숙지해도 여러분이 추후 깃을 활용하는 데는 큰 지장이 없습니다.

```
minchul@DESKTOP-9KULGUE MINGW64 /c/collaboration (add_myname)
$ git
Display all 68 possibilities? (y or n)
add                 config                      log              restore
am                  credential-helper-selector  maintenance      revert
apply               describe                    merge            rm
archive             diff                        mergetool        send-email
askpass             difftool                    mv               shortlog
askyesno            fetch                       notes            show
bisect              flow                        prune            show-branch
blame               format-patch                pull             sparse-checkout
branch              fsck                        push             stage
bundle              gc                          range-diff       stash
checkout            gitk                        rebase           status
cherry              grep                        reflog           submodule
cherry-pick         gui                         remote           switch
citool              help                        repack           tag
clean               init                        replace          update-git-for-windows
clone               instaweb                    request-pull     whatchanged
commit              lfs                         reset            worktree
```

그림 8-51 | 수많은 깃 명령어

이 책을 마무리하며, 만일 여러분이 이 책에서 다루지 않은 깃 명령을 더 학습하고 싶다면 무엇을 참고하는 것이 좋을지 알려드리겠습니다.

 git 〈명령〉 --help: 매뉴얼 페이지 보기

필자가 가장 추천하는 방법입니다. 깃 명령 뒤에 --help를 치면 해당 명령에 대한 자세한 설명이 담긴 매뉴얼 페이지가 브라우저로 열립니다.

① 가령 git commit 명령에 대한 자세한 설명을 보기 위해 git commit --help를 입력해 볼까요?

```
minchul@DESKTOP-9KULGUE MINGW64 /c
$ git commit --help
```

② 브라우저에 다음과 같은 페이지가 열립니다.

git-commit(1) Manual Page

NAME

git-commit - Record changes to the repository

SYNOPSIS

git commit [-a | --interactive | --patch] [-s] [-v] [-u<mode>] [--amend]
     [--dry-run] [(-c | -C | --squash) <commit> | --fixup [(amend|reword):]<commit>]]
     [-F <file> | -m <msg>] [--reset-author] [--allow-empty]
     [--allow-empty-message] [--no-verify] [-e] [--author=<author>]
     [--date=<date>] [--cleanup=<mode>] [--[no-]status]
     [-i | -o] [--pathspec-from-file=<file> [--pathspec-file-nul]]
     [(--trailer <token>[(=|:)<value>])...] [-S[<keyid>]]
     [--] [<pathspec>...]

DESCRIPTION

그림 8-52 | git commit 매뉴얼 페이지

이 매뉴얼 페이지에는 git commit 명령에 대한 자세한 설명이 담겨 있습니다. git commit 명령은 무엇인지, 어떻게 사용해야 하는지, 이 명령과 함께 사용할 수 있는 옵션에는 어떤 것들이 있는지 등 자세한 설명이 적혀 있지요. 영어로 되어 있지만, 이보다 신뢰성 높고 자세한 자료는 없다고 보아도 무방합니다.

❸ 스크롤을 내려보면 여러분들이 학습한 -m 옵션도 보입니다. -m 옵션은 간단한 커밋 메시지를 통해 커밋할 때 사용한다고 했죠? `git commit -m "커밋 메시지"` 이렇게요.

-m \<msg\>

--message=\<msg\>

Use the given \<msg\> as the commit message. If multiple -m options are given, their values are concatenated as separate paragraphs.

The -m option is mutually exclusive with -c , -C , and -F .

그림 8-53 | git commit에서 사용할 수 있는 옵션

❹ 다른 명령어도 마찬가지입니다. 이번에는 `git log` 명령에 대한 매뉴얼 페이지도 볼까요?

```
minchul@DESKTOP-9KULGUE MINGW64 /c
$ git log --help
```

❺ 마찬가지로 git log와 관련한 정보를 자세히 담고 있는 매뉴얼 페이지가 나타납니다.

---

git-log(1) Manual Page

NAME

git-log - Show commit logs

SYNOPSIS

git log [\<options\>] [\<revision-range\>] [[--] \<path\>...]

DESCRIPTION

Shows the commit logs.

List commits that are reachable by following the parent links from the given commit(s), but exclude commits that are reachable from the one(s) given with a ^ in front of them. The output is given in reverse chronological order by default.

You can think of this as a set operation. Commits reachable from any of the commits given on the command line form a set, and then commits reachable from any of the ones given with ^ in front are subtracted from that set. The remaining commits are what comes out in the command's output. Various other options and paths parameters can be used to further

---

그림 8-54 | git log 매뉴얼 페이지

매뉴얼 페이지에 나오는 모든 내용을 알아야 한다는 부담감은 갖지 않아도 됩니다. 앞서 설명했듯 이 책에서 설명한 명령만 잘 파악해도 기본적인 깃 사용에는 큰 지장이 없기 때문입니다.

여기까지 읽었다면 이미 깃에 대한 입문은 잘 끝마친 셈이니, 매뉴얼 페이지에서 생소한 내용을 접하더라도 부담 갖지 말고 '깃의 고수가 되기 위한 과정' 정도로 생각해 주세요.

2 git-scm.com: 공식 사이트

두 번째로 추천하는 학습 방법입니다. 깃을 처음 내려받고 설치했던 사이트를 기억하나요?
다시 한번 접속해 볼까요?

① 다음 URL에 접속한 다음 Documentation을 클릭해 보세요.

`URL` https://git-scm.com

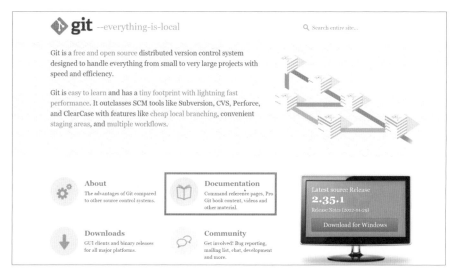

그림 8-55 | 깃 공식 페이지 접속 화면

② Reference를 클릭하세요.

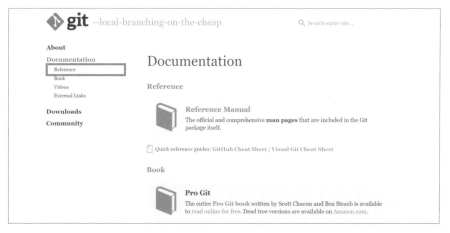

그림 8-56 | 'Reference' 클릭하기

❸ Reference에서는 --help 옵션으로 볼 수 있었던 매뉴얼을 볼 수 있습니다.

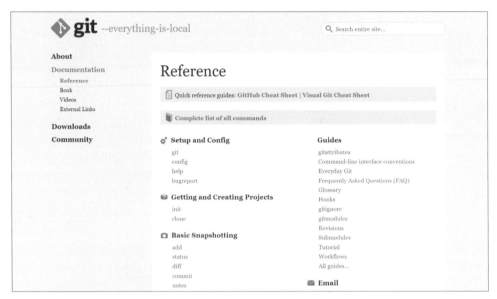

그림 8-57 | 깃 공식 페이지의 'Reference' 페이지

❹ --help 명령을 쳤을 때와 비슷하게 대부분의 문서가 영어로 되어 있지만, 간혹 한국어로 번역된 문서를 볼 수도 있습니다.

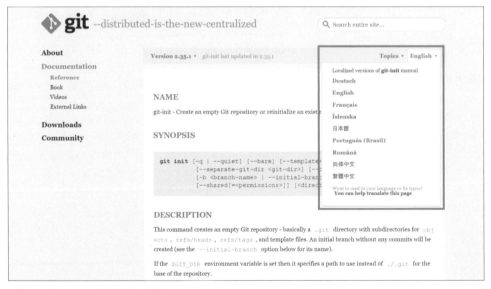

그림 8-58 | Reference 페이지의 다국어 지원

⑤ 이번에는 Book을 클릭해 보세요. 깃을 자세히 학습할 수 있는 『Pro Git』이라는 책을 소개하는 페이지로 이동합니다. 이는 웹 사이트에서도 읽을 수 있고, pdf 파일로 내려받아 읽어볼 수도 있습니다.

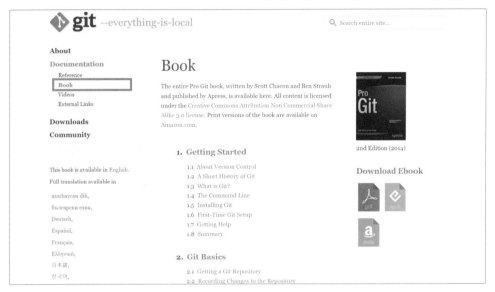

그림 8-59 | 'Book' 클릭하기

⑥ 좌측을 보면 **한국어**가 있지요? 이를 클릭해 보세요.

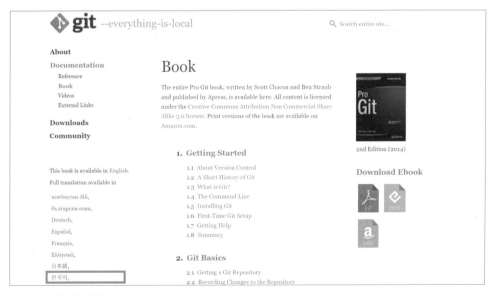

그림 8-60 | '한국어' 클릭하기

❼ 한국어판『Pro Git』을 볼 수 있습니다.

그림 8-61 | 한국어판 Pro Git

『Pro Git』은 깃의 동작과 깃 명령을 자세히 학습할 수 있는 좋은 참고 도서입니다. 매우 좋은 책이지만, 깃을 처음 배우는 초심자에게는 다소 어려울 수 있는 책이기도 하지요. 하지만 여러분은 이 책『모두의 깃&깃허브』로 깃의 기본 원리를 익혔기 때문에 이제는 심화 학습 자료나 백과사전으로 『Pro Git』을 선택해도 무리는 없을 것입니다.

③ **모두의 심화 학습 저장소**

마지막은 필자의 심화 학습 저장소를 이용하는 방법입니다.

추후 깃, 깃허브, 소스트리에 주요한 변동이 생기거나, 여러분이 알면 좋을 만한 심화 자료가 생긴다면 관련 내용을 다음 깃허브 저장소에 지속적으로 업로드할 예정입니다.

URL https://github.com/kangtegong/git-for-everyone

꼭 알고 싶은 깃 관련 개념이 있다면 위 저장소에 이슈를 남기거나 필자(tegongkang@gmail.com)에게 이메일을 보내주세요. 위 저장소에 업로드하겠습니다.

또한, 모두와 나누고 싶은 깃 관련 개념이 있다면 위 저장소로 풀 리퀘스트를 보내는 것도 좋습니다.

명령어 정리 노트

git clone 〈원격 저장소〉	원격 저장소를 복제하기	
git remote	git remote add origin 〈원격 저장소 이름〉 〈원격 저장소〉	〈원격 저장소〉 추가하기
	git remote	원격 저장소 이름 조회하기
	git remote --verbose git remote -v	원격 저장소 이름과 경로 조회하기
	git remote rename 〈기존 원격 저장소 이름〉 〈바꿀 원격 저장소 이름〉	원격 저장소 이름을 〈기존 원격 저장소 이름〉에서 〈바꿀 원격 저장소 이름〉으로 변경하기
	git remote remove 〈원격 저장소 이름〉	원격 저장소 삭제하기
git push	git push 〈원격 저장소 이름〉 〈브랜치〉	〈원격 저장소 이름〉에 〈브랜치〉를 밀어넣기
git fetch	git fetch 〈원격 저장소 이름〉	원격 저장소를 일단 가져만 오기
git pull	git pull 〈원격 저장소 이름〉	원격 저장소를 가져와서 합치기
git 〈명령〉 --help		〈명령〉에 대한 매뉴얼 페이지 보기

찾아보기